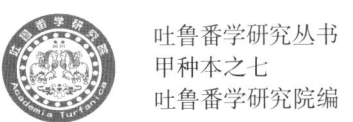

吐鲁番学研究丛书
甲种本之七
吐鲁番学研究院编

General Records of the Small and Medium Grottes in Turfan

吐鲁番中小型石窟内容总录

陈爱峰 主编

上海古籍出版社

2018年度国家社会科学基金项目"吐鲁番藏传佛教遗存调查与研究"（18BZJ025）阶段性成果受"新疆石窟寺专项调查"与"吐鲁番学研究院石窟研究工作室"资金资助

主　编

陈爱峰

副主编

路　莹　高春莲　李亚栋

编　委

仲生浩　曹洪勇　卡哈尔·阿布力米提　陈爱峰　王　龙

摄　影

张永兵　张海龙

测　绘

舍秀红　蒋金国

线　描

徐东良　王小雄

调　查

陈爱峰　张海龙　张永兵　路　莹　高春莲　李亚栋
王小雄　舍秀红　蒋金国　祖白旦古丽·艾尼瓦尔
尤丽吐孜·阿不力米提　陈玉珍　仵　婷　崔　琼　田利萍

目 录

前 言 ··· 1

第 一 章　胜金口石窟 ··· 23
第 二 章　伯西哈石窟 ··· 61
第 三 章　七康湖石窟 ··· 81
第 四 章　乌江布拉克石窟 ··· 101
第 五 章　雅尔湖石窟 ··· 117
第 六 章　亚尔乡石窟 ··· 143
第 七 章　大桃儿沟石窟 ·· 155
第 八 章　小桃儿沟石窟 ·· 175
第 九 章　葡萄沟石窟 ··· 189
第 十 章　忙得古力石窟 ·· 223
第十一章　苏贝希石窟 ··· 239
第十二章　连木沁石窟 ··· 247

图　版 ··· 251

前　言

吐鲁番，古称高昌，与于阗、龟兹，并称西域三大佛教中心。这里，留下了众多的佛教遗迹，石窟寺无疑是其中最耀眼的。吐鲁番的石窟，除了吐峪沟石窟和柏孜克里克石窟这两处大型石窟外，现在依然留有13处中小型石窟遗址，这些窟室大多散落在火焰山各条冲沟的崖壁上，自西向东依次是雅尔湖石窟、库鲁特卡石窟、亚尔乡石窟、大桃儿沟石窟、小桃儿沟石窟、葡萄沟石窟、乌江布拉克石窟、伯西哈石窟、胜金口石窟、七康湖石窟、苏贝希石窟、连木沁石窟、忙得古力石窟。

一、洞窟分布及形制

这13处窟室留存有100余个窟室，按建筑形制可分为：中心柱窟、长方形横券顶窟、长方形纵券顶窟、长方形平顶窟、方形穹隆顶窟5类，按功能可分为：禅窟、礼拜窟、僧房窟和影窟（埋藏高僧骨灰与舍利的洞窟）4类。

在这些石窟中作为核心的，无疑是那些曾经塑有尊像、全窟装饰壁画的礼拜窟。根据现在的残基看来，这些礼拜窟往往设有平面方形、进深窄于横宽的横券顶前室。亚尔乡3号窟、大桃儿沟3号窟主室为穹隆顶窟室，前室残基仍旧留有横向起券的痕迹；多个礼拜洞窟共有的前室，往往以泥坯砌成横券，最典型的例子便是拥有3个礼拜窟室的胜金口3号窟，此外还有葡萄沟12、13号窟共有的前室。横券顶窟室也可作为塔庙窟（即中心柱窟）的主室，不同于龟兹地区者，吐鲁番所见大多塔庙窟的主室为横券，且后室甬道整体平面宽度基本与主室齐平，现存者仅伯西哈3号窟前室为开凿于山体内部的纵券。当然，横券形窟室也可作为单独的窟室用于礼拜，出现在胜金口1号窟和3号窟中。此外，参考柏孜克里克（下简称柏）82窟形制为横券，功能为瘗窟，或许部分横券窟也用于瘗埋舍利，勒柯克曾在胜金口发现不少装在器具中的骨灰藏在墙后，惜其语焉不详，难以知晓具体位置及窟形，但我们可以期待未来考古发掘能有所收获。

礼拜窟的主室、甚至再进一道的后室形制便丰富许多，早期较为常见的是中心柱窟，林立先生便认为高昌的佛塔尤其是塔庙，实则是鄯善与龟兹两地融合的结果，并且是凉州模式中的重要一环，[1]

---

[1] 林立：《古代高昌佛塔及佛寺中心塔柱研究》，《西域研究》2020年第3期，第149—162页。

在吐鲁番这些中小型石窟寺中几乎都余有残迹，尤以七康湖石窟遗留最多。这些小型石窟中留存下的中心柱，早期并不会在除正壁以外的三壁凿龛，或许早前也并不放置塑像，[1]仅以壁画装饰。中心柱上似乎在西州时期开始出现开龛现象——这些窟龛中曾经摆放佛三尊像，龛两侧的弟子像或许与之构成佛五尊，且龛下壁面堆出一道叠涩，结构绵延至中心柱壁面转折，这或许是吸收了全新的造塔技术，如龟兹中心柱窟常在券面与壁面之间堆塑如此；而后期则无或仅在龛正下塑像台。最为典型的是七康湖13号窟，我们考虑此一中心柱后壁曾经历过补绘，于是画风粗拙的同时，也未如左右两侧留有线脚。而高昌回鹘时期则对西州时期的中心柱形式有所继承，我们从伯西哈3号窟可以明确看到类似的形式，即便龛内的壁画已经残毁殆尽，但龛两侧的弟子形象依旧记录着二者之间的亲缘关系。此外在高昌回鹘时期，除伯西哈3号窟外，或许都只对前期塔庙进行翻修或补绘；直到蒙元时期，虽然并未废止中心柱窟——我们在伯西哈石窟的前室遗址处留下的壁画残片中仍见到了穿蒙古服饰供养人的肖像和藏文题记，但似乎并不再开凿新的中心柱窟。

在中小型石窟可辨认窟型的69个洞窟中，方形纵券顶窟无疑最多，在单体基础上依据功能所需，在地面布置中心佛坛或紧贴壁面的塑像台座，又或在壁面上再开凿窟龛或耳室，既可用于礼拜、坐禅，亦可用于起居乃至瘗葬。纵券形式的洞窟往往也深入山体，在侧壁开凿耳室可用于坐禅，一些耳室中或许也曾装饰有壁画，胜金口5号窟虽然侧壁三个龛窟中并未留下任何痕迹，但我们从胜金口2号遗址中可以知晓，其中或绘有许多高僧及其学派弟子肖像；而纵券窟又可在正壁开凿窟龛用于礼拜，雅尔湖4号窟在正壁便为观音布置了一场小小的法会。

一部分起券弧度不太明显的纵券窟，也可被归为平顶窟，他们往往是作为僧房起居室使用，如胜金口7号窟与8号窟，它们邻近6号中心柱窟，其中7号窟券顶绘制有葡萄藤，或许是同与之对称的6号窟左侧的5号窟一般，模仿山林静地。伯西哈1、2、5号窟也是围绕中心柱窟的平顶窟室，这些窟室后来也被改造用于佛事礼拜。正如前述，虽然近来尚未发现遗骨，但柏83号窟纵券窟室作为影窟，也提示我们此种纵券抑或平顶窟室有瘗埋舍利的功能，尤其为草木装点者。

虽然吐鲁番现存早期窟室也有此种结构，但穹隆顶窟更多见于高昌回鹘时期开凿的窟室，除现存亚尔乡3号窟平面近似圆形，与现存胜金口6号遗址近似，大多数高昌回鹘时期的穹隆顶，和早期一样是构建在方形窟上，但在处理转接处的空隙时，相比早期手法更为巧妙，采用四块帆拱而非直接与水平顶面交接，此一来可以卸去穹隆顶一部分的自重，使结构更趋稳定。类似于胜金口3号窟几个后室的双层窟顶，关于其结构设计往往有两种猜测，一种可能性是上层结构起到保护下层的作用，但同时很难排除另一种可能性，即下层是上层窟顶坍塌后的翻修，出于规模限制又或是信仰转向，胜金口3号窟的2号、3号后室被改作了券形顶。

但整体看来，吐鲁番的石窟窟室规模在高昌回鹘早期达到巅峰后逐渐变小，不少禅窟也在后续时期被改造为礼拜窟，例如雅尔湖4号窟，洞窟功能自早期的禅修转变为礼拜后，侧壁的禅室便

---

[1] 格伦威德尔则在柏孜克里克18窟中心柱后壁获得了一铺三身像，见[德]格伦威德尔著，赵崇民、巫新华译：《新疆古佛寺：1905—1907年考察成果》，中国人民大学出版社，2007年，第432页。

被封堵形成完整壁面，装饰了新的题材。而胜金口6号窟虽然绘有壁画但似乎始终是禅窟，我们可以参考胜金口2号佛寺的壁画装饰，不过其含义还有待进一步考察。晚期还出现了正壁呈弧形，与侧壁连为整体的窟室，如小桃儿沟6号窟。

二、壁画内容与艺术风格

吐鲁番中小型石窟中的塑像损毁殆尽，现保存有壁画的洞窟近30个，内容包括佛、菩萨、天王等尊像画，说法图，经变画，供养人像，山水花鸟画和装饰图案等题材。

（一）正壁

礼拜窟主室正壁也几乎不存，一般以塑绘结合的形式表现尊像，现存不见小乘内容，大乘显密皆有。仅从现有的残迹看来，中心柱正壁往往安置释迦，伯西哈4号窟、雅尔湖4号窟（后室）、乌江布拉克6号窟正壁则表现观音，尤其后两者浮塑出须弥山作为背景；而胜金口3号窟2号后室正壁，则见有楼阁及化佛图样，当是一铺净土经变。

（二）侧壁

主室的两侧壁早期往往绘制横栏本生、佛传故事一类，如七康湖4号窟。而后期则受汉风影响，往往绘制整铺经变一类，如胜金口6号窟主室左壁残存净土图像，类同库木吐喇唐风洞窟所绘；伯西哈3号窟则出现回鹘风之维摩诘经变，其中维摩诘姿态则是中唐之前敦煌常见之"吴家样"，4号窟两侧壁则分别绘制中唐式的东西方净土；后期出现更多全新的题材，如小桃儿沟5号窟两侧壁的善财童子五十三参、大桃儿沟9窟两侧壁的八十四大成就者，但就表现形式而言，这一类图像往往通过横竖分割完整壁面，在每一部分中表现同一部经典内容的不同情节，类似于高昌回鹘早期柏17窟券顶。

千佛也是侧壁题材之一，在早期和晚期均有出现，早期往往是千佛环绕说法图，无论纵券窟室如雅尔湖7号窟（图Q-1），或是中心柱窟如忙得古力6号窟、七康湖4号窟后室甬道内壁——后者甬道外壁则仅装饰方格千佛；晚期则如七康湖3号窟。而中心柱窟后室甬道内壁，在后期以开龛塑像取代了早期平面的说法图，在七康湖13号窟可见一佛二菩萨三尊像在壁面绘制的华盖图像，或是对前期佛三尊的继承；而外壁也有经变画出现，如七康湖13号窟，或是禅观比丘图、史迹图等横栏故事画，如伯西哈3号窟。

值得注意的是，现存的小型石窟仅雅尔湖4号窟留存有誓愿画一类说法图，但其形式并不如常见者为立佛，而似早期横栏故事画，佛陀跏趺于金刚座上。

（三）顶部

窟顶内容也极为丰富，但大体而言是寓意净土世界。以莲花化生表现净土图景，如雅尔湖7号窟最为明确。前期往往在平棋图案中绘制莲花及涡卷状水纹，如七康湖所存；而到后期装饰性超越了明确的含义指向，多以富丽的宝相花纹代指，或是更为简易的莲花图样，直到七康湖3号窟券顶仍可见类似表现。千佛亦是重要的表现题材，往往布置在洞窟主室券顶，现在雅尔湖4号窟千佛

图 Q-1　雅尔湖第 7 窟主室

更是在侧旁题写汉文题记,出自"阙议人名今附梁录"版本之《现在贤劫千佛名经》,[1]而小桃儿沟5号窟、大桃儿沟10号窟券顶千佛则呈现浓郁藏风;如果我们比对吐峪沟38号窟,可知七康湖4号窟券顶或许也曾布置伎乐天抑或是立佛图像(图Q-2),近似于敦煌后期在前室甬道、或主室顶部布置的瑞相形式,或许也可归入广义的千佛一类。

其功能涉及礼忏的洞窟中,券顶布置曼荼罗一类坛城,如大桃儿沟6号窟较为典型的五方佛曼荼罗。此外吐鲁番有一种常见的窟顶形式,笔者拟将之称为"泛曼荼罗",这些图像实则与曼荼罗结构、功能近似甚至一致,但类比"杂密"与"纯密",使用这一称呼是为了区别有后期仪轨固定的曼荼罗。其形式表现为:将乘马或乘象的梦王图像[2]放置窟顶中央,其中乘马的茂特罗吐鲁番出土较多,如伯西哈2号窟顶,虽则胜金口6号遗址与高昌故城 β 遗址中的图像可以明确指向逾城出家,不过近似图像之间不排除相互同化或是一图多用的可能,此处图像和建筑程序的相似性更提示这些图像的亲缘,因而此两处的骑马者当也具有茂特罗的梦王身份;而吐峪沟斯坦因编6号窟

---

[1] 汤士华、陈玉珍:《雅尔湖石窟4号窟千佛图像研究》,新疆吐鲁番学研究院编:《吐鲁番学研究:第三届吐鲁番学暨欧亚游牧民族的起源与迁徙国际学术研讨会论文集》,上海古籍出版社,2010年,第906页。
[2] 学界往往将这一类骑马图像统一识别为逾城出家,而近来马兆民先生考证莫高窟第431窟中图像是出于《大方等陀罗尼经》的十二梦王。见马兆民:《莫高窟第431窟中的"乾基罗"和"茂特罗":乾基罗、茂特罗与乘象入胎、夜半逾城图像的对比分析研究》,《敦煌研究》2018年第4期,第58—66页。

图 Q-2 七康湖第 4 窟后室甬道内壁

顶骑兽则可见象牙与长鼻,当是一例乾基罗;当然此一图像有时也可省略。梦王之现身,实则有教授《陀罗尼经》之意义,经云:

> 尔时佛告文殊师利法王子,若我在世若去世后,若有善男子善女人,来诣汝所欲求陀罗尼经者,汝当教求十二梦王。若得见一王者,汝当教授七日行法。文殊师利白佛言:云何名为十二梦王?云何名曰七日行法?[1]

《大方等陀罗尼经》由北凉沙门法众译于高昌,[2] 吐峪沟北凉44号窟中心情况不明,而从其残缺可知或也是类似梦王的图像。而外环绕蔓草或是莲花,抑或是省略中心图案后只保留中央莲花。之外再有神祇或多方佛陀,其作用是为构筑此一洞窟中佛国世界之地理方位,如胜金口6号遗址中二十八宿;而由于亚尔乡3号窟券顶与胜金口6号遗址一般与壁面直接交接,千佛下四方天王

---

[1]《大方等陀罗尼经》卷三:"尔时佛告文殊师利法王子。若我在世若去世后。若有善男子善女人。来诣汝所欲求陀罗尼经者。汝当教求十二梦王。若得见一王者。汝当教授七日行法。文殊师利白佛言。云何名为十二梦王。云何名曰七日行法。"(CBETA 2019. Q3, T21, no.1339, p.652a5—9)

[2]《开元释教录》卷一二:"大方等陀罗尼经四卷(一名方等檀持陀罗尼经),北凉沙门法众于高昌郡译(出宝唱录)"(CBETA 2019. Q3, T55, no.2154, p.602a27—28)。另一说则是在张掖译出,见《开元释教录》卷四:"沙门释法众。高昌郡人。亦以永安年中。于张掖为河西王蒙逊。译大方等陀罗尼经一部。宝唱录云。在高昌郡译。未详孰是。"(CBETA 2019. Q3, T55, no.2154, p.519b26—c4)

1. 胜金口6号遗址 券顶茂特罗

2. 高昌β遗址 壁画残块

3. 伯西哈2号窟 券顶

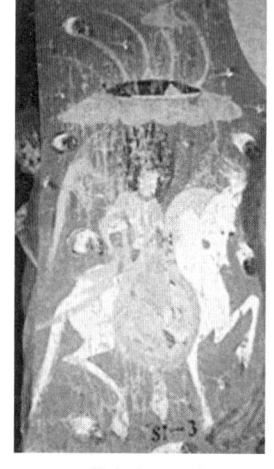
4. 莫高窟431窟

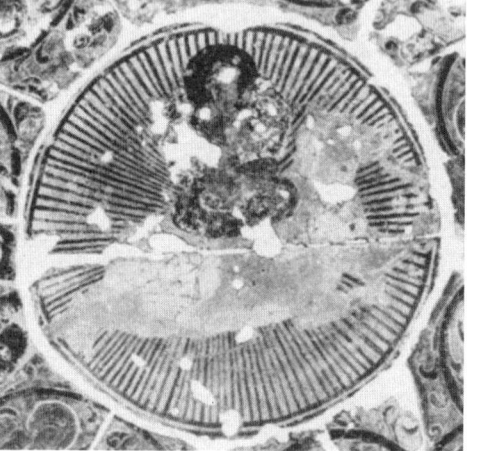
5. 吐峪沟斯坦因编号Ⅵ窟 券顶

6. 莫高窟431窟 乾基罗

图Q-3 窟顶马或乘象的梦王图像

及神祇也有此含义；伯西哈4号窟四隅四身跏趺菩萨，再早则可以追溯至吐峪沟北凉44号窟穹隆顶之外的四身天王，是为坛场功能（参见图Q-3）。[1]

而伯西哈3号窟比较特殊，前辈学者认为此处为曼荼罗，其中心人物身份也在月天[2]、大日如来[3]、月宫太子[4]之间未定，而笔者认为此处同属于"泛曼荼罗"结构，其内容可能同柏17号窟、柏18号窟主室一样，券顶绘制了狭义的经变画——且此三者都描绘了西方世界的神祇，[5]即伯西哈3号窟券顶参考阿弥陀三尊并五十菩萨图样，绘制了阿弥陀三尊并八大菩萨。此一情节虽然典出《药师经》，而其中阿弥陀佛的形象又可能参考了《诸法观察行经》中化现月轮中的童子，即如前此"泛曼荼罗"形式，中心画面承载了"提点功用"的作用，若窟顶图像现梦王者即提示此坛场将传授

---

[1] 赖鹏举：《敦煌石窟造像思想研究》，文物出版社，2009年，第55—64页。
[2] 赵敏主编：《中国壁画全集：新疆·6·吐鲁番》，辽宁美术出版社，1995年，第164页。
[3] 贾应逸：《伯西哈石窟研究》，见氏著《新疆佛教壁画的历史学研究》，人民大学出版社，2010年，第456—458页。
[4] 新疆维吾尔自治区文物局编：《新疆佛教遗址》下册，科学出版社，2015年，第558页。
[5] 格伦威德尔：《新疆古佛寺：1905—1907考察成果》，第465—466页。

陀罗尼,窟顶绘制虚空示现的童子者提示此处将传授三昧法;而它们又与周边的神祇构成具体授受修习的"内容",若伯西哈3号窟者即是表现命终得见的西方世界来迎者,因而中心画面所脱胎的经典可能与整铺顶面图像指向并非同一部。

《观察诸法行经》卷三《先世勤相应品》中有一世法灭后,有说法者曾为无数天人菩萨说法,当其为阎浮洲一名法王说法时,云:

> 尔时,无边功德宝振声净行聚说法者,知彼王心已于先世相应成就、决定发行阿耨多罗三藐三菩提,彼于寂静夜中变化自身作摩那婆像入月轮中。彼王在殿诸内宫围绕,时从彼林王升虚空中——犹如鴈王而无所著——诣彼多人无忧普欲喜音王所已,出月轮中作梵色像,于彼王前空中而住,普遍宫殿作光明已,即为彼王而说歌颂……[1]

此一名在月轮中现童子状的说法者,正是无量寿如来。[2]这里的月光中现身的童子,似乎又与月光童子有关。月光童子入藏经典中的身份,一类是释迦侍从、请问正法,另一类是叙述前生;而在疑伪经中,则是作为法灭之后弥勒出世之前的护法者。对于伪经中的身份,学界大多认同月光童子信仰的产生,与北朝社会流行的弥勒信仰、末法思想等因素有关。且学界的兴趣似乎不在宗教学、尤其是佛教中月光童子的演变过程,但至少伪经的内容以及后续学者对于伪经诞生语境的还原,可以默认月光童子救世主身份的创造是基于3个佛教特征:(1)由佛亲传三昧;(2)法灭后出世;(3)护持正法,与外道争斗。而《观察诸法行经》中月光中现童子的时刻也正值法灭;此外,徐汉杰先生认为"最晚至四世纪,月光童子的圣君形象已经被中国社会所接受了",[3]此处童子即是为转轮圣王讲法。而此中童子现身月轮会否也有弥勒上生天宫讲法的意涵?

同时,此一经典李灿先生认为是失传的鸠摩本《贤劫经》的三昧分,[4]而阿弥陀并五十二菩萨图又脱胎自千佛化现的舍卫城大神变,[5]那么伯西哈3号窟券顶图像是否又将多一分意涵,不仅呼应前壁《药师变相》中的情节,又有虚空示现教授三昧,且与高昌回鹘时期洞窟常见千佛图像相呼应,是现在贤劫千佛涌现的寓意?但以上猜想均还需再讨论。

此外还有将修行者图像画出者,最早如吐峪沟20号窟券顶骑鸟兽的比丘,而至回鹘时期则有伯西哈4号窟券顶身缠瑜伽带的成就者。高昌回鹘时期在券顶再现的梦王形象,抑或是修行者、成

---

[1]《观察诸法行经》卷三:"喜王!尔时,无边功德宝振声净行聚说法者,知彼王心已于先世相应成就、决定发行阿耨多罗三藐三菩提,彼于寂静夜中变化自身作摩那婆像入月轮中。彼王在殿诸内宫围绕,时从彼林王升虚空中——犹如鴈王而无所著——诣彼多人无忧普欲喜音王所已,出月轮中作梵色像,于彼王前空中而住,普遍宫殿作光明已,即为彼王而说歌颂……"(CBETA 2019. Q3, T15, no.649, pp.737c28—738a7)
[2]《观察诸法行经》卷三:"如彼时节中有说法者名无边功德宝振声净行聚,汝意疑耶:'异耶?'莫如是见。何以故?无量寿如来是彼时节中说法也。"(CBETA 2019. Q3, T15, no.649, p.738c8—11)
[3] 徐汉杰:《月光童子:伪撰佛典建构下的中古救世主》,《内蒙古师范大学学报(哲学社会科学版)》2019年第2期,第98—100页。
[4] Li Can, "A Preliminary Report on some New Sources of the Bhadrakalpika—sūtra(1)",中国人民大学国学院、清华大学人文与社会科学高等研究所、冯其庸学术馆主编:《大师垂范大国学——庆祝冯其庸学术馆建立五周年国际学术讨论会》会议论文集,2015年,第235页,又参李灿:《〈贤劫经〉最新资料与相关研究——犍陀罗语与梵语部分》,《文献》2015年第4期,第141页。
[5] 张同标:《阿弥陀佛三尊五十菩萨像源流考》,《艺术考古》2012年第3期,第98—105页。

就者的图像,可见高昌本地的图像传统无疑在回鹘时期依旧在延续。

(四)其他壁面

洞窟前室大多不存,以理度之,当有壁画。门道亦多塌毁,参考国外探险家留下的资料来看,两侧绘制的可能是护法神。而门道顶部当是同敦煌一样,往往绘制有救难度亡功能的菩萨或是佛陀,如雅尔湖4号窟绘制比丘装地藏菩萨。

前壁两侧多绘供养人像,不过早期供养人像往往与誓愿画结合,将供养人绘入立佛的胁侍中,这在伯西哈3号窟中有所体现。而前壁门顶部位,横券顶洞窟往往不存在这一区域;纵券窟室就仅存图像看来伯西哈4号窟为愿文,伯西哈3号窟主室处虽为药师变,但佛陀座下绘制了供养人竖幡、燃灯、放生,当也是发愿功能,胜金口3号窟2号后室可能绘制的是不空罥索观音,我们参考柏42号窟此处之供养人像,此一区域或类同敦煌五代、宋时期洞窟,往往有度亡祈愿、接引佛国的含义。

部分洞窟的地面绘有图画,现遗存者几为回鹘时期,大多绘制土红底色净土,如胜金口1号窟,留有菩萨或龙王(?)等人物,又有瑞兽、蔓草、莲花。

除上述装点券顶的宝相花纹、平棋图案外,在壁面之间起承接作用的装饰纹样,回鹘时期比较常见的便是垂缦纹样,用以过渡券顶与侧面;此外也吸收有龟兹地区常见的三角立柱纹样;而到回鹘中后期出现一种白描式样的土红色卷草纹,作为分割画面的条带绘制在边缘。葡萄沟7号窟正壁似乎也曾满绘卷草纹样(图Q-4)。

窟室中每一个壁面虽然统摄于洞窟的整体构建下,但对于壁面的构图一般还是遵循建筑结构进行区分,在单一壁面上表现单独的题材,或是在一个壁面上表现多个。但也不乏将壁面视作连续的画布者,如柏孜克里克26、36、51号窟所见礼拜窟;此外以观音为主尊的窟室内,侧壁则作为

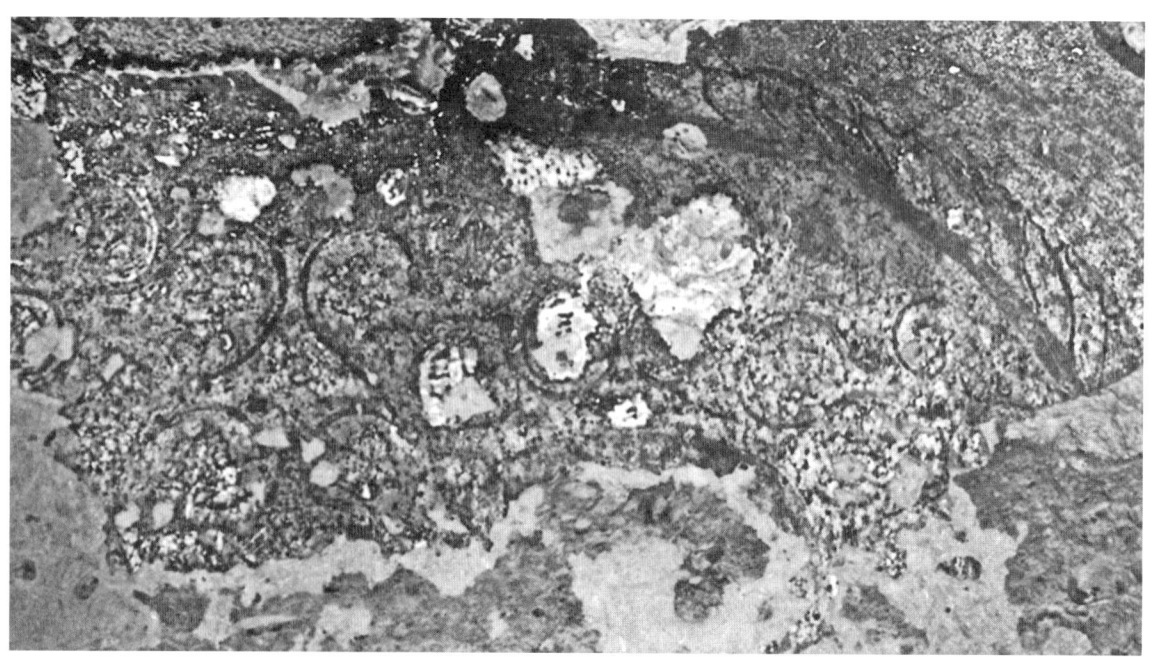

图Q-4 葡萄沟第7窟 正壁

正壁延续，绘制观音眷属或其他护法神像，如雅尔湖4号窟正壁所开窟龛，又或乌江布拉克6号窟。禅窟则如胜金口5号窟，正壁连同侧壁绘制树木、飞鸟以及树下读书的比丘。

对于吐鲁番的壁画遗存，可以有一个共识：我们很难从宽泛的汉式、龟兹式或藏式上去界定吐鲁番回鹘时期的壁画；[1]毕丽兰也将"回鹘风"简记为多种风格变形之后融汇成的一种综合风格（metamorphosed various stylistic influences into a new synthesis）；[2]实则在一铺壁画中，大多时候会忽略不同时期、来源的图像样式在视觉上的差异，而将彼此并置在一起。因而除了成熟期形成的誓愿画外，很难从式样方面对回鹘风有一个明确的界定。不过处在东西交会处的高昌人，创造力不止体现在巧妙融合上，我们在人物塑造、经营位置、用色赋彩方面还是可以把握其本土特色，并且可见其中蕴含一种趋于平面的思维方式。

高昌地区现遗存的龟兹风格壁画与克孜尔新1窟呈现的较为接近，而对比龟兹的构图也还是有差异，并且无论是在哪一个时期，人像的绘制都显得十分拙朴，脑袋大大、五官饱满，身子矮矮、身形厚实，这点如果对比受龟兹回传图样影响之伯西哈3号窟券顶或是前壁上纤瘦的尊像，将特别明显，而吐鲁番早期窟室例如柏17窟前壁供养人则也如龟兹供养人一般细瘦颀长，至于后期则丰满健康；或者将立姿菩萨与敦煌的立像比较也可见其特征（参图Q-5）。

在构图方面，回鹘人不重视营造壁面上的"幻觉"空间，不执着于在画面上营造纵深感；故事情节中的人物总是紧紧围绕主尊在平面上直接排布，即便叠列也无近大远小的透视关系，或是对其所处空间关系的暗示——仿佛将单一图像元素视作纸片，拼贴在画布之上，互相之间形成的遮挡关系似乎只是"纸片"之间的叠压——由此规则形成的坐佛说法图或是立佛誓愿画，可以说是此一时期画作的变形基础。

这种特点在部分重视营造净土风貌的经变画中体现甚深，吐鲁番地区图像绘制亭台楼阁无疑受汉风影响，然中心人物往往（一般为佛三尊）占据巨大画幅，在视觉上带来极强的扁平感，而楼、台、池等建筑元素仅仅作空白处的填补，如同誓愿画往往在侧上添置楼阁一般，其透视效果也十分稚拙，与立体感无涉，似乎仅以符号身份存在提示此是佛陀在净土说法，自回鹘早期胜金口6号窟主室左壁，直至晚期大桃儿沟10号窟右壁《观经变》中都可见到（图Q-6）；或如北庭西大寺E204龛中绘制弥勒天宫图景，我们也极难在其中获得明确的院落围合感，整铺画面仿佛只在平面上以建筑进行了上下几层的切割；甚如伯西哈3号窟药师净土则是彻底省去空间构筑，仅把不鼓自鸣绘在最上。

而在用色上面，早期受到龟兹影响，在使用青绿色的同时，也点缀褐赭一类颜色用以调节，红与绿、蓝三色交织，呈现偏向冷调的中性色调，又不掩红色打眼，使窟室在色彩上形成强烈冲击，纷繁缭乱，尤以七康湖4号窟方格千佛平棋图案的组合呈现最为淋漓尽致（图Q-7）。红色实际并不独为回鹘时期使用，而是贯穿始末，只是回鹘时期更显浓郁艳丽，偏好朱红一类；再早则更多运用绛色。且回鹘时期洞窟主体色调偏向暖色，早期尚会使用饱和度不高、明度较低的石蓝色用以平衡；

---

[1] 刘玉权：《关于沙州回鹘洞窟的划分（摘要）》，《敦煌研究》1988年第2期，第3页。
[2] Lilla Russell-Smith, *Uygur Patronage in Dunhuang: Regional Art Centres on the Northern Silk Road in the Tenth and Eleventh Centuries*, Leiden: Koninklijke Brill NV, 2005, pp.11–13.

图Q-5

1：公元6—7世纪 克孜尔67窟 窟顶（局部）（图像采自《西域美术全集·8·克孜尔石窟壁画·2》） 2：公元10世纪中叶—11世纪 伯西哈3窟 券顶（局部） 3：柏孜克里克18窟 前壁右侧 誓愿画（局部）（图像采自《新疆古佛寺1905—1907年考察成果》，第461页图531a） 4：吉美博物馆藏MG 17665 绢本设色 观音（局部）（图像采自国际敦煌项目） 5：莫高窟76窟 东侧壁门北 八大灵塔变 猕猴奉蜜第七塔（局部）（图像采自《敦煌石窟全集·19·动物画卷》第160页图142） 6：伯西哈3窟 正壁上部东侧 灌顶图（图像采自《伯西哈石窟、克孜尔石窟佛传壁画"佛洗病比丘"释读》图1） 7：克孜尔34窟 券顶（局部）（图像采自《伯西哈石窟、克孜尔石窟佛传壁画"佛洗病比丘"释读》图2）

图Q-6 大桃儿沟石窟第10窟主室右壁 观无量寿经变

图Q-7 七康湖第4窟 后室券顶 平棋图案

图 Q-8 伯西哈 3 号窟 主室券顶

至盛期则将背景颜色一并替换为土红；而至回鹘中后期，不少龟兹式样回传的同时，又将青绿色调带回高昌，使得洞窟中土红与青绿再次相会碰撞，对比强烈，最典型者便是伯西哈3号窟（图Q-8）。

在敷彩方式上有一个大概的趋势，即从凹凸染法到白描淡彩，贯穿始终的则是铁线描出的轮廓。不过即使如早前运用凹凸染法，似乎也并未预期塑造出立体结构，只是依据样式在相当位置特别是自轮廓线向内部进行由深入浅的晕染，似乎并不在乎所描绘形象实际解剖结构或光影效果，手法虽然前后略出入，但可谓自始至终都是与"随类赋彩"如出一辙的色彩认识。[1]

三、分期与年代

在这些小型石窟中雅尔湖、七康湖石窟始建南北朝时期，当为最早。七康湖1号窟中被德国探险家割取的伎乐天图像，便带有浓郁的龟兹风格；此外七康湖4号窟券顶平棋图案中部分花纹有类似于金饰的锁扣，类似吐峪沟42窟券顶，因此七康湖的年代可以向前延伸。

---

[1] 杨新：《中国画鉴赏》，杨新、班宗华等著：《中国绘画三千年》，台北：联经出版事业公司，1999年，第2页。

图Q-9 德国柏林亚洲艺术博物馆藏 七康湖1号窟 伎乐天（图像采自《新疆佛教遗址》下册第589页）

七康湖4号窟、忙得古力6号窟与吐峪沟38号窟同为中心柱窟，其中所绘自壁画风格到题材配置几近一致，相同的布局还可在同时期的莫高窟北魏洞窟中见得，区别只在于本来绘制在甬道平顶上的平棋图案，在吐鲁番被绘制在券顶弧面上，无疑是对平棋图案的直接挪用，[1] 而依照如此思路，或许横券顶便是人字披在吐鲁番的本土化形式；而雅尔湖7号窟虽然与前两者窟型不同，但壁面千佛围绕说法图之形式，券顶所绘化生童子形象也近似莫高窟北魏洞窟券顶所见，颇具凹凸染法，当为同期。

唐西州时之遗存在这些石窟中也可见到，七康湖13号窟右甬道外侧壁说法图已漫漶，但从现存图像来看，其中佛像坐姿及莲座纹饰，颇有柏69号窟唐风韵味；侧壁龛中华盖形式也不同于高昌回鹘时期，摩尼宝珠在其上生发火焰，亦是库木吐喇唐风洞窟中常见。而窟中曾见口中衔蛇的金翅鸟，也常见于龟兹地区的天象图中，[2] 可能是安西都护府设于龟兹时一并传来。而七康湖1号窟后室甬道绘制立姿菩萨的布置，近似于库木吐喇窟群区12号窟（下简称库12号窟）及胜金口6号窟，而菩萨面容也与回鹘时期常见者略有出入，一旁残存千佛身下也没有高昌回鹘常见矫饰的三道弧弯褶襞，可见此处的壁画年代虽晚于前室，但也当在回鹘之前，或也属唐西州之遗存。吐鲁番学研究院此前以亚尔乡3号窟所出牛角项光之毗沙门，判断此窟开创时间可能为吐蕃占西州时期相对稳定的贞元八年（792）到贞元十八年（802）；[3] 此外，顶上千佛同高昌回鹘时期大多一般趋于矫饰，在跏趺双腿下有三道弧弯表现褶襞；洞窟也开凿粗糙、装点匆忙，布置作坛场似也蕴含祈求天王护国、武运昌隆之意故，极可能开创于吐蕃与回鹘角逐高昌之时。

现存的窟室大多都经历高昌回鹘时期的翻修，或有新开凿者，如乌江布拉克6号窟，其与柏17

---

[1]［法］玛雅尔著，耿昇译：《中世纪初期吐鲁番绿洲的物质生活》，中国国际广播出版社，2012年，第105—106页。
[2] 赵莉、杨波：《龟兹石窟"天相图"演变初探》，《敦煌学辑刊》2018年第3期，第60页。
[3] 高春莲：《交河沟北一号台地石窟调查简报》，载《丝绸之路研究集刊》第六辑，商务印书馆，2021年，第208—218页。

号窟图像布局一致,当属同期;又如伯西哈石窟当为高昌回鹘新开凿者,洞窟前壁誓愿画中的供养像或属于某位回鹘公主。[1]高昌回鹘继承了唐西州的一整套行政管理体制,宋代时,高昌回鹘更是尊中朝(宋)为舅,自称西州外甥,经常赴中原朝贡,以此确立臣属关系,使得高昌回鹘时期的石窟壁画基本是以汉风作为底色,兼及杂糅其他地区风格、题材,上引伯西哈3号窟中壁画既有敦煌曹氏时期图像粉本痕迹,又见有龟兹遗风。而胜金口6号窟后室甬道中的建筑和图像程序[2]似乎可比上引七康湖者,更可参考库木吐喇窟群区12号窟,绘制的尊像画还留有一些眼睛,而在右甬道入口处也还留有向主室走去的佛脚及锡杖支地的尾端,刘韬先生考证库木吐喇者为药师佛,[3]无谓身份仅依凭此两者共享锡杖与钵的图像学特征,至少我们能够知道此两窟的图像结构极为近似;但两者还是有一定的差异,首先库12号窟主室是纵券顶窟,主室侧壁各开两龛,两侧甬道内壁未开龛装饰文殊普贤变壁画;而胜金口6号窟主室是横券顶,侧壁绘制净土经变(其下方极可能是供养人像),后室中心柱三壁开龛。除此之外,库12号窟中世俗供养人是一身回鹘装扮的男子携领一位汉装妇人,这似乎是装束制式中"妇人从华夏"的体现,故此窟供养人极可能是归顺回鹘的汉人,而胜金口6号窟中用色上大量使用蓝色,年代也当属高昌回鹘早期,因而我们至少可以推测胜金口6号窟中出现的唐风图像,极可能是由龟兹再回传(图Q-10)。

而伯西哈3号窟券顶画风无疑也是龟兹风与唐风折中的产物,其中菩萨装束人物同时身被项光、背光的方式,无疑是沾染唐风;而装束则又是龟兹早期洞窟常见;此外伯西哈3号窟经变边缘纹样的构成方式与库12号窟也较为近似,更趋简略概括。而其甬道图像结构则与七康湖13号窟近似,券顶交接处并非垂缦纹而是布置三角立柱纹,也与七康湖13号窟近似。实则伯西哈3号窟主室上部图像(即前壁门上半圆壁面、主壁上部半圆壁面及券顶)可说是统摄在龟兹唐风之下,此外的下部图像则出现了不少回鹘特色,例如人物肘部的弧弯,或是绕耳双匝的发式,且其前壁图像与柏18号窟前壁风格更近。这种风格之间的直接并置,极可能与特殊的历史事件相关联,而联系伯西哈3号窟前壁出现的灌顶图像,源自龟兹菱格本生,却又出现于莫高窟76号窟前壁八塔变相中,似乎可以向北宋初年入印求法一事稍作联想,然此是后话,至少伯西哈3号窟断代当与胜金口6号窟同时(图Q-11)。

与我国各地石窟类似,早期石窟的开凿无疑与禅修有着密切关联,雅尔湖4号窟的封堵也证明了洞窟功能的转向,柏36号窟券顶及雅尔湖4号窟券顶均为汉文榜题的千佛,千佛样式也如出一辙。柏36号窟垂缦纹样较为特殊,此处垂幔雪白,每个组合以彩带区隔,正中又有一土红布结再做区隔,分割后更显瘦窄的左右部分正中及布结上各装饰一枚铃铛,褶襞则以靛青色若兰叶描法绘出,在形式的构成上更接近敦煌五代时期的垂幔;而回鹘常见则为土红色,布面平整,上常常有网格式的缨络进行装饰,每个组合以彩带区隔,正中也是以一布结再做区隔,左右则再垂挂一条正中

---
[1] 酌松井太君释读门壁回鹘文题记。
[2] [德]格伦威德尔著,管平译:《高昌故城及其周边地区的考古工作报告(1902—1903年冬季)》,文物出版社,2015年,第155页。
[3] 刘韬:《唐与回鹘时期龟兹石窟壁画研究》,文物出版社,2017年,第98页。

1 2

图 Q-10

1：中唐 莫高窟159窟 楼阁式木塔（线描图局部）（图像采自《敦煌建筑研究》第159页图一〇五）
2：胜金口6号窟 主室左侧壁（局部）（图像采自《新疆佛教遗址》下册第549页）

1. 库木吐喇石窟 窟群区 12 窟 主室及左甬道（图像采自《新疆佛教艺术》下册第 517 页图 232）

2. 伯西哈石窟 第 3 窟 主室右侧壁（局部）

3. 库木吐喇石窟 窟群区 12 窟 后室甬道（线描图局部）（刘韬绘，图像采自《唐与回鹘时期龟兹石窟壁画研究》第 95 页图 2.16）

4. 德国柏林亚洲艺术博物馆藏 III 8822 库木吐喇石窟 窟群区 12 窟 后室甬道顶部壁画残片（局部）（图像采自《唐与回鹘时期龟兹石窟壁画研究》第 96 页图 2.17）

图 Q–11

悬三颗宝珠的璎珞。从供养人像来看的话，莫高窟148号窟、西千佛洞16号窟甬道内壁者也接近雅尔湖4号窟主壁龛两侧的表现，手捧大放光明的摩尼宝珠。而966年五月曹元忠及夫人请僧于莫98号窟中抄写《大佛名经》，遣使送至西州，补充其大藏所缺，[1]雅尔湖4号窟改建上限或在此；但是胜金口2号佛寺与10号佛寺（即胜金口石窟）5号窟的垂幔装饰，则证明其时代当属高昌回鹘，如此看来在早期禅窟的基础上既模仿了清谧幽静的环境，又将禅修的方法与成就刻画在了壁面上，这种回鹘时期的禅修图像可以说是与吐峪沟中禅修图像一脉相承。

此外还有一种土红色卷草纹样可以作为11—12世纪高昌回鹘壁画的一个特征，[2]粗略区分我们可大概分为双线型和单线型，雅尔湖4号窟出现在说法图之间的分割处者，属单线型，同样的样式出现在柏50号窟（佛项光内）、柏29号窟较晚洞窟中。而除吐鲁番外也出现在敦煌榆林39号窟、莫高窟207号窟中，则属于余下一类双线型，此种变体较多，以伯西哈3号窟出现者最为繁复但逻辑清晰。

13世纪初，高昌回鹘在西域诸国中率先归顺蒙元，蒙古统治者更是与畏兀儿亦都护家族联姻，小桃儿沟留下的供养妇女像，佩戴有较高规格的罟罟冠，交代其本来身份归属于蒙元贵族，反映了蒙古统治者与畏兀儿亦都护家族的联姻，便是一则例证。[3]此外大桃儿沟10号窟券顶千佛形式，更近似于榆林3号窟；小桃儿沟5窟的券顶千佛我们暂时未在敦煌找到对应的形式，只见头光略有桃尖，穿插进马蹄形的身光中，露出部分较多，并且在交接处有卷草纹样，近似于单线型土红色蔓草纹的一个单元，可能是模仿窣堵波上的叠涩结构。

此外西夏与高昌回鹘关系密切，自是藏传佛教陆续传入吐鲁番，及至蒙元时期达到高峰，葡萄沟、大桃儿沟、小桃儿沟遗留下了众多遗存，而伯西哈4号窟券顶也留下了身缠瑜伽带的修行者形象。可能不同于前人的认知，我们考虑伯西哈5号窟的黄色颜料，和敦煌莫高窟北区464号窟、榆林2号窟中西夏壁画出现者近似，虽然整个洞窟氛围并非青绿，仍然保持了高昌回鹘的土红。综合1、2、4、5号窟中卷草手法不如3窟流畅的同时也并非一种图案，以及1、2、5号窟形制起券不明显接近平顶，显然我们可以考虑他们和伯西哈3号窟并非同一时期的作品，并可能是借鉴了3号窟风格对原有僧房进行改绘。伯西哈4号窟三壁均绘制经变画的构成，很近似于柏14、40号窟等晚期洞窟，只是不同于后两者，前者是观音坐落正壁，所以我们可以考虑1、2、4、5号窟壁画上限在11世纪中叶。

胜金口1号窟中后室左侧壁绘制的普贤变相中，普贤手中牵拿托有经夹的莲花，此一形式近似吐鲁番出土的藏式版画，但整体风格又接近柏39号窟两侧壁的文殊、普贤化现图，同样是一种吸纳新元素后的折中；而在前室中地面绘制朱红底色的净土画面，在柏48号、14号窟等较晚期洞窟中可见到；再考虑同属南寺院的胜金口3号窟侧壁经变中的化佛形式接近柏51号窟，胜金口北寺上

---

[1] Ch.00207背面文书，图片来自网络，见敦煌国际项目 http://idp.bl.uk/database/oo_scroll_h.a4d?uid=2462851638;recnum=40519;index=1。
[2] 王玉冬：《柏孜克里克石窟佛教洞窟分期试论》，佛光山文教基金会编：《中国佛教学术论典》第87册，高雄：佛光出版社，2003年，第400页。
[3] 任平山：《吐鲁番壁画善财童子五十三参：格伦威德尔笔记小桃儿沟石窟图考》，《西域研究》2018年第1期，第93—98页。

限当在11世纪中叶。葡萄沟3号窟券顶的坐佛残迹，常使人联想到莫高窟464号窟主室券顶的折衷风格，而葡萄沟7号窟侧壁可见人物披有马蹄形身光，正壁的卷草纹样可参莫高窟330号窟，但更近藏式版画佛陀身后者。葡萄沟Ⅲ区残存壁画中也有马蹄形身光，无疑可将其下限向下延伸至元。

13世纪末，高昌回鹘王室东迁甘肃永昌。14世纪晚期，伊斯兰教被以战争等强制手段推广到吐鲁番盆地。15世纪中叶，随着伊斯兰教的传播，大大小小的石窟寺在战争中遭到破坏，逐渐沦为废墟。

因而综合考虑之下可将现存壁画大致分为五期：

第一期有七康湖1、2、4号窟，忙得古力6号窟，雅尔湖7号窟，年代为5世纪至7世纪中叶。

第二期有七康湖13号窟、七康湖1号窟后室甬道、亚尔乡3号窟，年代为7世纪中叶至9世纪中叶。

第三期有胜金口5、6、7号窟，乌江布拉克6号窟，伯西哈3号窟，年代为9世纪中叶至11世纪中叶。

第四期有雅尔湖4号窟（第二层壁画）、伯西哈1、2、4、5号窟、胜金口1、3号窟、七康湖3号窟，年代为11世纪中叶至12世纪末。

第五期有乌江布拉克8号窟、葡萄沟Ⅰ、Ⅲ区、库鲁特卡石窟、大桃儿沟石窟、小桃儿沟石窟、苏贝希石窟，年代为13世纪至14世纪。

四、宗教与历史地位

相比后期成为高昌回鹘王庙的柏孜克里克石窟，洞窟虽多而集中，但现存壁画时代及其供养人社会地位、信仰偏好相近，壁画内容与风格存在同质化的倾向，吐鲁番小型石窟则附属于不同城池，时代跨度大，窟型多样，壁画内容与风格也呈现出多种样态，补充了我们对于高昌回鹘晚期，尤其元代佛教遗址的认知。

同时这些石窟寺并非孤立存在于山崖之上，其中窟室大多沿崖壁上下多层分布，下层建筑往往围绕上层一个或一组主要的礼拜窟室，还要组合山崖之上的佛塔，才构成一座完整的佛寺。下层的窟室或建筑往往毁损严重，难以辨别形制，但在残基上常常发现灶台一类的生活设施，推测曾当作僧房一类日常使用。柏孜克里克崖前废墟中，出土有贞元六年（790）《麹氏修功德记碑》，记述有麹上人"凿悬崖，创营龛窟；持莲华，复立精舍"，可见龛窟开凿的同时也伴随着寺庙建筑的成立，这些中小石窟寺的布局方式无疑为今后的研究提供了生动的例证。

这些石窟寺在山崖之上常常耸立佛塔，虽然今时今日只余残迹，佛塔与窟寺围绕佛塔建设礼拜窟的布局，是中亚地区山地寺院常见的，在新疆其他区域的石窟寺中也有见到。[1]而诸如七康湖4号窟这种窟塔垂直组合的关系，在莫高窟中也可找到相似的实例，[2]不少学者认为"莫高窟这种塔、窟垂直组合的形式，明显地受到了吐蕃本土的影响，其建筑涵义来源于密教中的'宝楼阁'，

---

[1] 贾应逸：《森木塞姆石窟概述》，新疆龟兹研究所主编：《森木塞姆石窟内容总录》，文物出版社，2009年，第13页。
[2] 莫高窟实例爬梳可参沙武田：《吐蕃对敦煌石窟影响再探：吐蕃因素影响下的归义军首任节度使张议潮功德窟》，四川大学中国藏学研究所主编：《藏学学刊》第9辑，中国藏学出版社，2014年，第40—42页。

建筑形式最初可能源于印度"。[1]我们在柏孜克里克也可找到之上有对应佛塔的18窟,并且两者窟形都采用的是塔庙窟,其中壁画最早也可追溯至回鹘立国之前。此外,在吐鲁番石窟中的"宝楼阁"结构,塔之下并非如敦煌在中心设"当阳"佛坛,而是设置更明确有佛塔象征意味的中心柱窟,即在吐鲁番是将窟室更为明确地与其上佛塔加以联系。此外大、小桃儿沟、乌江布拉克石窟在地面佛寺之下崖壁上都有开凿窟龛,而这三处石窟山崖之上的佛寺,为"回"字形结构,内有穹隆中心殿堂,外侧环绕甬道,这种佛堂形制往往被认为脱胎于塔庙窟,因而这些佛寺也蕴含佛塔意味,无疑与其下窟室合为"宝楼阁"的一种变体。虽然具体内涵仍值得深思论证,但无疑我们在印度与敦煌之间又找到一些实例。

柏孜克里克下层河湾区80号窟西侧废墟中,出土有唐伊西北庭节度使杨袭古及天山军聂公等人于贞元年间《重修宁戎窟寺功德记碑》,碑中记有在窟下造厅四所、冬厨一所。吐鲁番的崖体结构松散,使得大部分洞窟在开凿之后都会再使用砌体加固,也会使用同样建筑材料在窟下修筑宗教场所或生活设施,如胜金口石窟寺分为上下两层,在洞窟之外有依崖体而建的窟室,之下10号窟为僧房修有灶,侧壁凿有储物龛,而上层6号为中心柱形礼拜窟、两侧为5、7号禅窟,可以说是僧人的日常生活都被囊括在这一区域中,而根据文献记载吐鲁番每座寺庙都有禅师、僧徒,他们每日都以诵经斋戒为务,阿斯塔那193号墓所出《武周证圣元年(695)高昌县崇福寺转经历》,记载全寺11人每日早、晚各诵读《大智度论》一卷,其中有"新入度"者3人,还应"人各读《法华》两卷"。[2]又如伯西哈3号窟应为最早修造者,为了将后续4个礼拜窟归入一体而修造了统一的窟前建筑,伯西哈石窟在沟谷南岸设有一座非礼拜功用的6号窟,或许是用于储存法器之类的事物,同时在石窟对岸留下了窟室和地面佛寺遗址。七康湖1—4号窟前也留下有佛寺建筑基础;现在坍塌的5—11号洞窟,也可能共同组合成一个类似胜金口石窟的多层佛寺建筑,雅尔湖石窟也是类似的结构。

如果这些屋舍是出家僧人生前生活遗存,那么死后遗存则留在那些不与窟室对应的佛塔中,崖壁高处还修建有埋葬高僧舍利或骨灰的窟,围绕石窟构筑了出家僧人从生到死的完整轨迹。德国探险家在20世纪初时曾在胜金口的佛塔中有所发现。我们在敦煌藏经洞出P.t.993号纸画《吐蕃寺庙图》中也看到寺院正中宝塔矗立,寺院之外也散落高高矮矮的佛塔,尤其可与胜金口9号遗址对照分析(图Q-12)。

图Q-12　P.t.993号纸画《吐蕃寺庙图》

---

[1] 赵晓星:《吐蕃统治时期敦煌密教研究》,甘肃教育出版社,2017年,第196页。
[2] 吐鲁番出土文书整理小组:《吐鲁番出土文书》(录文本)第七册,文物出版社,1986年,第487页。

这些中小型石窟寺沿火焰山周边绿洲地带分布，靠近水源既是为了满足宗教仪轨，又是为了方便日常生活，同时围绕寺庙的多是厚田。"杨公重修寺院碑"记载了时任北庭大都护、伊西庭节度使的杨袭古曾经在此重修寺院，并在窟下广栽葡萄的史实，柏孜克里克石窟下层靠近河岸区域，至今仍然是一片种植葡萄的沃土。高昌国时期，不论官府吏员，还是寺庙，一律都入供，似乎只要占有田亩，就须按亩入供，而不问其田亩来源及占田人身份，但在计田承役方面对佛寺寺主有优待；在唐西州时期均田制的农业背景下，寺院的僧田和官员的职田占比较大，而至高昌回鹘时期吐鲁番出土回鹘文《豁免佛教寺院捐税徭役的敕令》，[1]记录了回鹘王卡迪尔毗伽腾里陛下，于羊年腊月廿八日给穆路特鲁克寺庙免除各种捐税劳役。

部分僧侣修习农禅，既需要修行也需要劳作，不过从吐鲁番出土世俗文书看来，自高昌国时期便有僧人参与农田租借、买卖活动，这些寺田大多可能是佃给农民耕种，[2]使得寺庙与世俗聚落密不可分。连木沁石窟和忙得古力石窟邻近临川城；胜金口石窟紧邻新兴城；雅尔湖石窟、亚尔乡石窟与交河故城在雅尔乃孜沟干河床的不同台地上，雅尔湖石窟在唐西州时期又被称作西谷寺，或许得名于其位在交河城西河谷；乌江布拉克石窟附属于乌江布拉克古城，即宁戎城，伯西哈石窟也去此城不远，此外唐西州时期柏孜克里克石窟名为"宁戎窟"，在成为高昌回鹘王庙之前，或许也由宁戎城居民供养。七康湖所在区域在高昌国时为永昌县，唐代为永昌城；葡萄沟石窟所在区域，高昌国时为洿林县，以盛产葡萄而闻名，唐代降格为洿林城，虽然永昌城与洿林城在回鹘时期不见于文献记载，但这些石窟的存在说明了高昌回鹘时期尤其是中晚期，这些城池中仍有民众，尤其是僧侣在此生活。

大的范围来说，石窟、水源、城池（包括附近的墓葬）构成了一个不可分割的整体历史空间。小的范围来讲，石窟又囊括附着于崖壁的洞窟、地面寺院和佛塔，也是不可分割的整体，缘此我们在总录中特意加上了地面寺院和佛塔的内容。

（执笔：崔琼）

---

[1] 李经纬编：《吐鲁番回鹘文社会经济文书研究》，新疆人民出版社，1996年，第221—222页。
[2] 陈国灿编：《高昌社会的变迁》，新疆人民出版社，2013年，第79页。

胜金口石窟

第一章　胜金口石窟

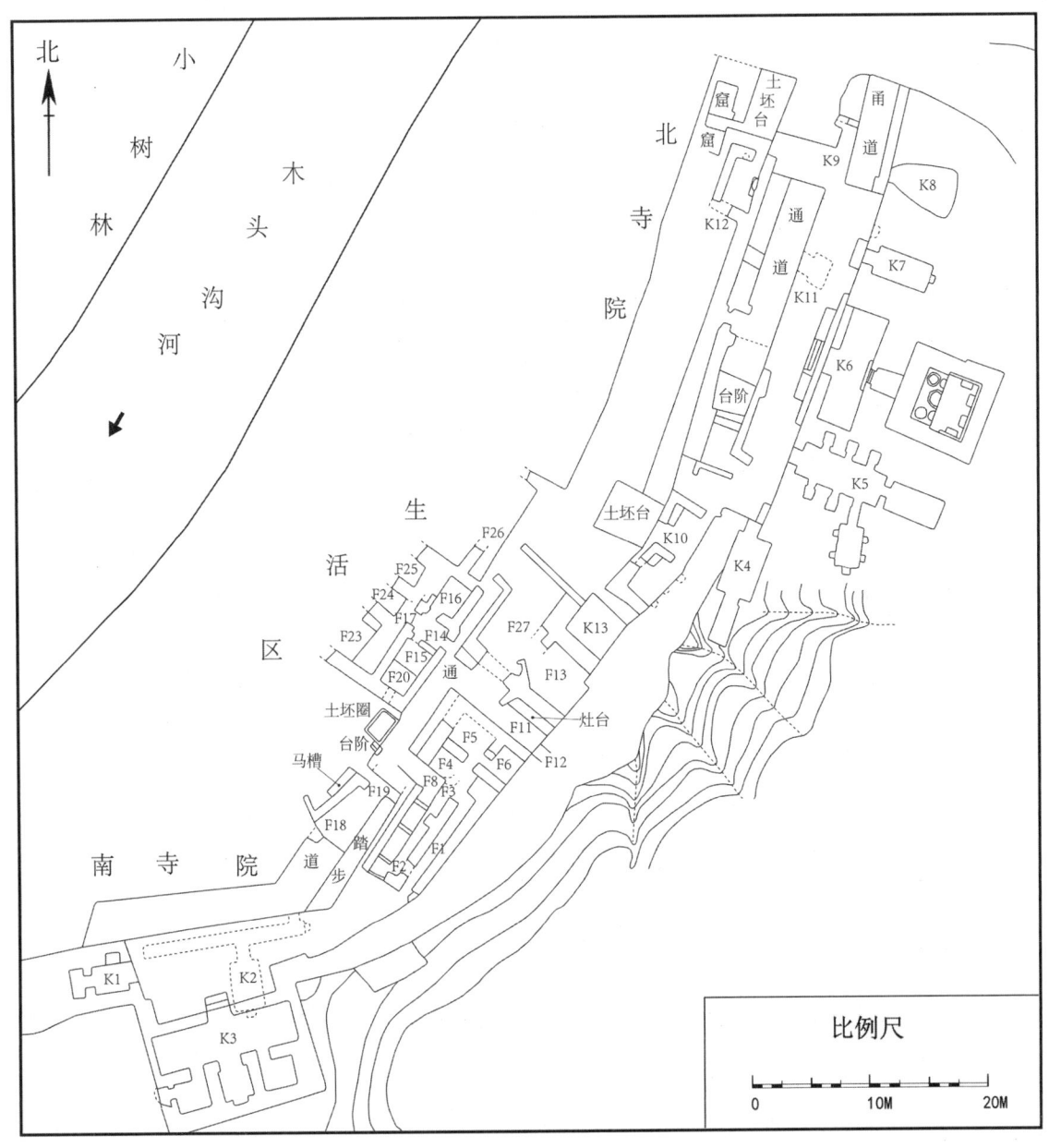

图1-1　胜金口石窟分布图[1]

---

[1] 该平面图引自新疆文物考古研究所《新疆吐鲁番胜金口石窟发掘报告》,《考古学报》2016年第3期。报告将石窟分为南、北寺院和中间的生活区,其中南寺院自下而上分为五级,有洞窟3个;北寺院自下而上分为四级,有洞窟9个,生活区为一座三层结构的建筑群,有房屋27间,洞窟1个。

图1-2 胜金口石窟立面图

胜金口石窟位于吐鲁番市高昌区胜金乡胜金口大桥东南,紧邻312国道。2006年,被国务院公布为全国重点文物保护单位。该石窟修建于唐西州时期(640—791年),持续使用至14世纪。现存洞窟13个,有壁画的洞窟5个。石窟分为南寺院、北寺院及生活区三部分,其中南寺院现存3个洞窟(编号为第1—3窟),北寺院现存9个洞窟(编号为第4—12窟),生活区现存1个洞窟(编号为第13窟)。

胜金口佛教遗址包括石窟与地面寺院,俄国探险家克列缅茨将其分为12个遗址,其中1、2、5、6、7、9、11、12为地面寺院,3、4、8、10为石窟。大家熟知的胜金口石窟,即10号寺院。另外,根据实地调查,11与12号寺院之间还有一个洞窟,编号为11⁺洞窟。

第1窟

位置

位于南寺院第三级南侧。方向79°。

形制

长方形纵券顶窟。通长5.6、宽2.35米。主室平面呈长方形,长2.9、宽2.35米。中部有一基座,平面呈方形,边长1.01、残高0.15米。南、西、北侧回廊宽约0.67、东回廊宽约1米。门位于东墙中部,宽0.95米。残存南侧墙基宽0.9、北侧墙基宽0.8米。后室略呈长方形,横券顶。窟室长2.35、宽1.1、高2.15米。门位于东墙中部,宽1、进深0.8米(图1-3)。

内容与现状

主室窟顶及墙体损毁。地面上围绕中心基座抹一层草拌泥,其上绘一幅彩色地画。地画图案主要由圆涡纹组成,内填人物、动物、植物花卉纹样及回鹘文题记,部分纹样和题记漫漶不清,可辨识人物有供养人及菩萨(佛)等。供养人为一西域胡人,头戴伞状帽,帽尖上有缨穗,深目高鼻,唇上及颔下有髭须,双手合十,身体南侧墨书回鹘文题记。菩萨(佛)形象,仅存脸部上半部分。可辨

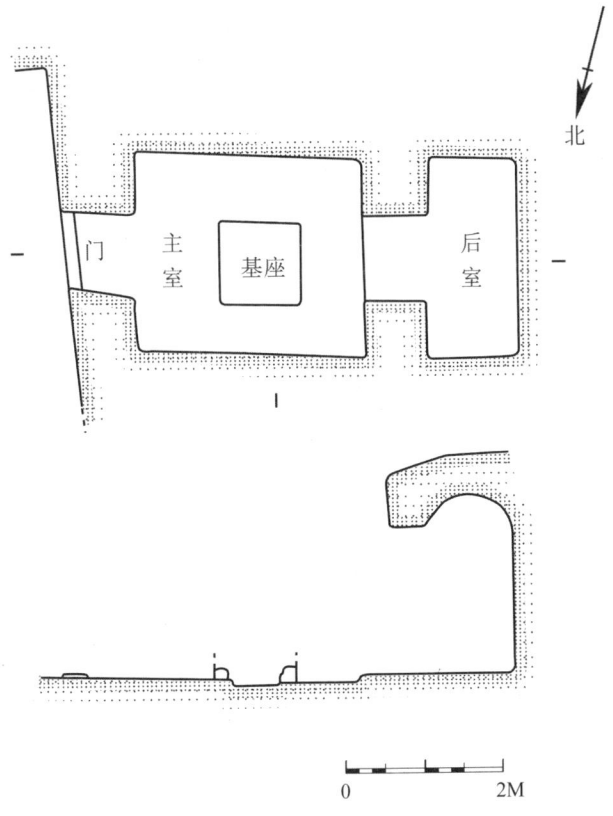

图1-3 第1窟平、剖面图

识的动物有龙、仙鹤等瑞兽,植物有莲花、蔓草等纹样。

后室壁面抹草拌泥再刷白石灰后上绘壁画。**正壁**应为观音菩萨像,亦因壁面剥落过于严重,无法辨认;正壁左侧靠近西北角绘有1身人物像,残存圆形头光。**前壁**东北角处绘有用璎珞状饰物捆绑的垂帐。**左侧壁**壁画整体剥落严重,漫漶不清,云纹组成的大圆环内绘普贤菩萨,头戴宝冠,面部及身体剥落,右手执莲花,莲花上置智慧经,又名《般若波罗蜜多经》。下部隐约可辨认普贤菩萨的坐骑大象,蹄踏莲花,背驮莲花座。象腿之间有2身俗世人物,很可能为回鹘男女供养像。通过圆形头光可依稀辨认云纹圆环右侧有4身天人,其中一身立姿天人着半裙。云纹圆环四周绘有楼宇、山川、树木。**右侧壁**对应的壁画可能为文殊变,因剥落过于严重,仅可辨认出部分云纹。**顶部**绘有大朵莲花,莲花间穿插卷草纹、云纹,四周绘有连珠纹、三角纹、垂帐纹,垂帐纹上缀有珠状饰物,以赭色为主。

第2窟

位置

位于南寺院第二级,南邻第1窟。方向350°。

形制

长方形纵券顶窟。前室平面为长方形,横券顶,窟室长13.4、宽0.86—1.16、高2—4米。前室西端有一实心拱顶,东端有宽0.2—0.4米拱形支撑。门位于北壁东端,宽0.82、进深1.1、高1.9米。门西侧壁距地面高2.45米处有明窗二个,残宽1、残高2.45—3.85米,门内侧东壁凿一龛,宽0.57、进深0.45、高0.4米,距地面高1.65米。主室平面近长方形,纵券顶,窟室进深3.95、宽2.6、高3.2米。门

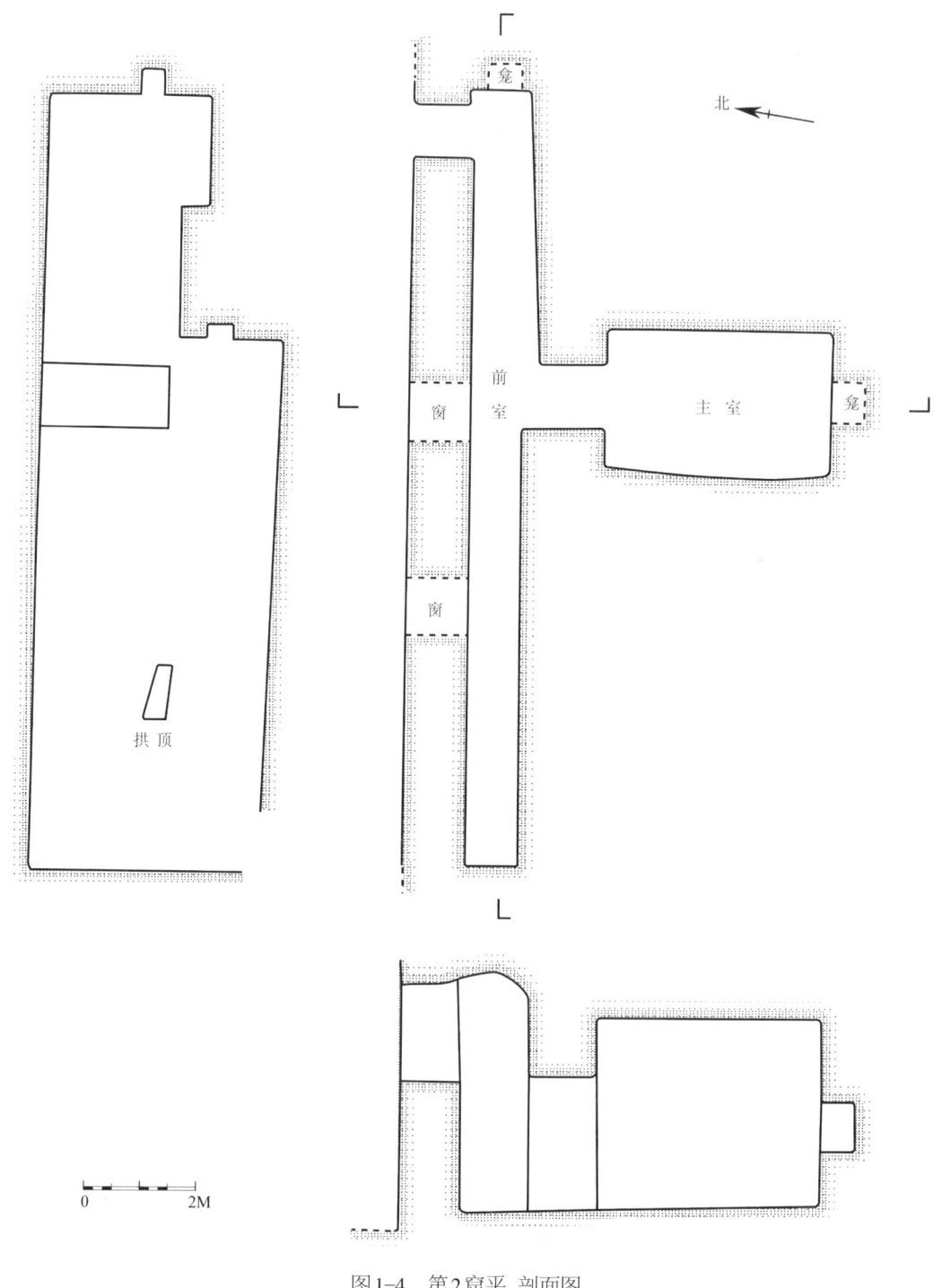

图1-4 第2窟平、剖面图

位于北壁中部，宽1.15、进深1.1—1.6、拱高2.35米。距地面高约0.95米处凿一龛，宽0.8、进深0.6、高0.84米（图1-4）。

内容与现状

主室四壁抹一层草拌泥，上敷白灰，局部可见墨书回鹘文及汉文朱书题记，字迹多漫漶不清，在主室左壁仅释读出"来"和"我喜欢（愿意）"等字。红色汉文题记在一长条横框内，可见汉字有"众……敬孝？竭力……"回鹘文题记均为竖行书写，有墨书、朱书两种，墨书较多，呈片状出现，朱书字体较大，散落于墨书行间。

第3窟

位置

位于南寺院第三级中部，左前方为第1窟，正前下方为第2窟。方向342°。

形制

长方形横券顶窟。**前室**平面为长方形，横券顶，窟室长11.5、宽3.2、高5.15米。门位于北壁中部，宽1.8、进深残高2.4米。门前有二级土坯台阶，长1.7、宽0.4—0.5米，每级台阶高0.2米。门两侧墙距地表1.1米处各开一窗，东窗宽1、残高1.2米，西窗宽1.05、残高1.1米。**后室**3座（H1—H3），均呈长方形。**H1**平面呈长方形，窟室长2.6、宽2.25、高2.6米。双重横券顶，顶间距3米。门位于北墙西端，残宽1.03、进深0.95、高1.4米。壁面有烟熏痕迹。**H2**平面呈长方形，窟室长2.95、宽2.35、高3.3米。双重顶，下层顶为纵券顶，上层顶为穹隆顶，顶间距2米。门位于北壁中部，梯形，宽1.2—1.45、进深1米。正壁有一拱顶佛龛，宽1.1、进深0.6、高2.3米。**H3**平面呈长方形，窟室长2.7、宽2.35、残高3.1米。横券顶，上部为穹隆顶残，现已修复，可见修复土坯垒砌横券顶痕迹，不可见穹隆顶。门位于北壁东端，宽1.1、进深0.95米。门左侧北壁距地面高0.95米处凿一龛，宽0.44、进深0.3、高0.33米。穹隆顶残，西壁有一禅室，长1.65、宽1.15米（图1-5）。

内容与现状

窟前地面铺一层方砖。**前室**土坯垒砌，壁面被现代人用草拌泥覆盖，仿绘千佛。**H1**土坯垒砌。四壁抹一层草拌泥，上敷白灰，壁面有烟熏痕迹，无壁画。**H2**下端壁面上有火烧痕迹，四壁抹二层草拌泥。**正壁**佛龛顶部残留零星绘画。**前壁**门上部弧形区域内绘一组壁画。正中为一坐姿菩萨，具尖桃形身光，面部漫漶不清，衣饰华丽，双手自然垂搭于双膝。菩萨头部左右两侧绘一菩萨、一世俗人物，仅剩头部。菩萨右侧绘一组乐器，乐器下方为一世俗女性，其前绘表现地狱的火焰纹。菩萨左侧若干人物图像，残存6身。**两侧壁**绘经变画，漫漶不清，右侧壁可辨认出数身千佛和绘制在云纹内的十方佛（五佛一组）。此外，两侧壁和窟顶连接处绘倒三角纹、垂帐纹和卷草纹。**窟顶**绘六排千佛（均为坐佛），每排应为9身，因壁面剥落，现存35身；千佛空隙处饰花卉。**H3**四壁抹草拌泥上敷白灰，左侧壁有一禅室。此外，在两侧壁面残留大量墨书回鹘文与少量汉文题记。

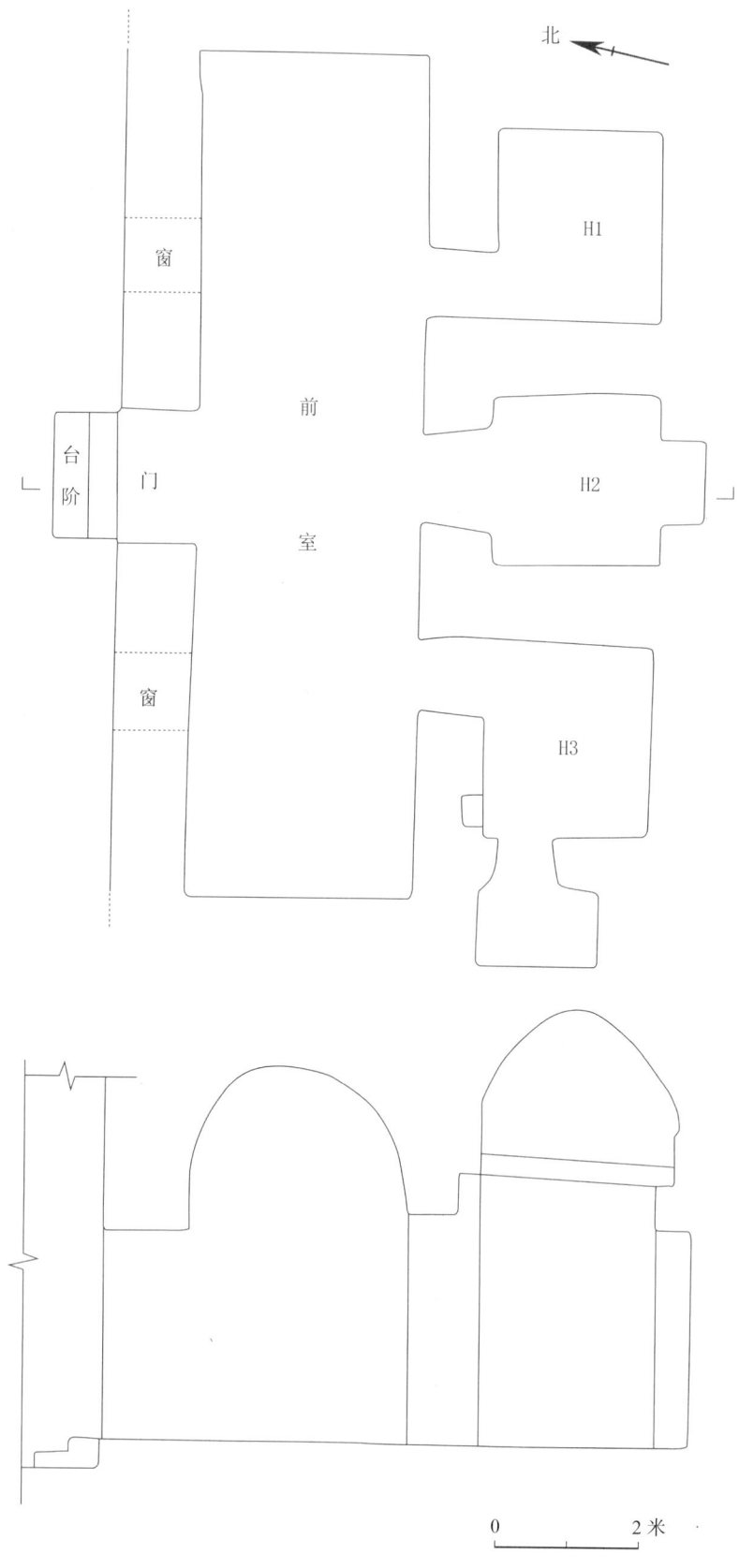

图1-5 第3窟平、剖面图

第4窟

位置

位于北寺院第三级,西为第10窟,右前方为第5窟。方向12°。

形制

长方形纵券顶窟。**主室**平面为长方形,纵券顶,窟室进深5.09、宽3.03、高3.4米。门位于北墙偏西,宽1.24、进深0.45、高1.83米。门前右侧有长方形土台一座,长1.75、宽0.8、高0.25米。**后室**略呈梯形,纵券顶,进深3.5、宽1.45—1.6、高2.65米。门位于北壁,宽1.26、进深0.46、高1.83米。门位于北壁,宽1.26、进深0.46、高1.83米(图1-6)。

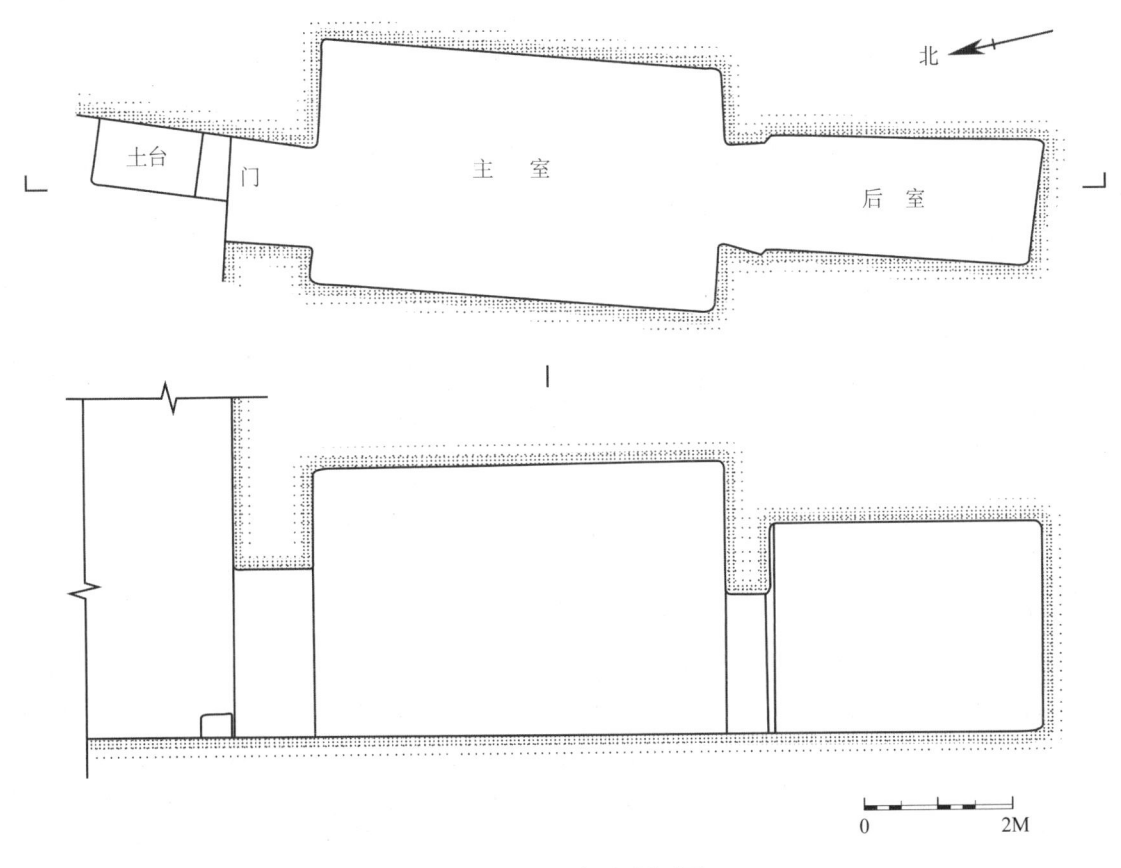

图1-6 第4窟平、剖面图

内容与现状

主室门洞顶呈弧形,墙体上有一层草拌泥,局部残留少量墨书回鹘文题记。

后室墙体上仅有一层草拌泥,无壁画。

第5窟

位置

位于北寺院第三级,南为第4窟,北为第6窟。方向288°。

形制

长方形纵券顶窟。**主室**平面为长方形,纵券顶。窟室进深7.45、宽2.7、高3.5米。窟门位于西侧,拱顶,宽2.24、进深0.76、高3.1米。南、北两侧壁下部各凿对称布局的禅室三间,底部与主室地面齐平,纵券顶。**C1**,门洞宽0.4米,禅室进深1.28、宽0.8、高1.6米。**C2**,门洞宽0.45米,禅室进深1.47、宽0.76、高1.5米。**C3**,门洞宽0.4米,禅室进深1.42、宽0.8、高1.6米。**C4**,门洞宽0.5米,禅室进深1.44、宽0.74、高1.62米。**C5**,门洞宽0.55米,禅室进深1.64、宽0.74、高1.58米。**C6**,门洞宽0.65米,禅室进深1.53、宽0.8、高1.5米。门洞两侧有填补痕迹。禅室内连一小室,平面呈长方形,纵券顶。窟室进深3.4、宽2.1、高1.65—2.35米。东、西壁距地面约1米处各凿二龛,南壁距地面0.6米处凿一龛,宽0.45—0.8、进深0.35—0.45、高0.33—0.7米。后室平面为长方形,纵券顶。窟室进深4.7、宽2.45、顶高1.78米。门洞凿于主室正壁,拱顶,宽0.7、进深0.5、高2.05米(图1-7)。

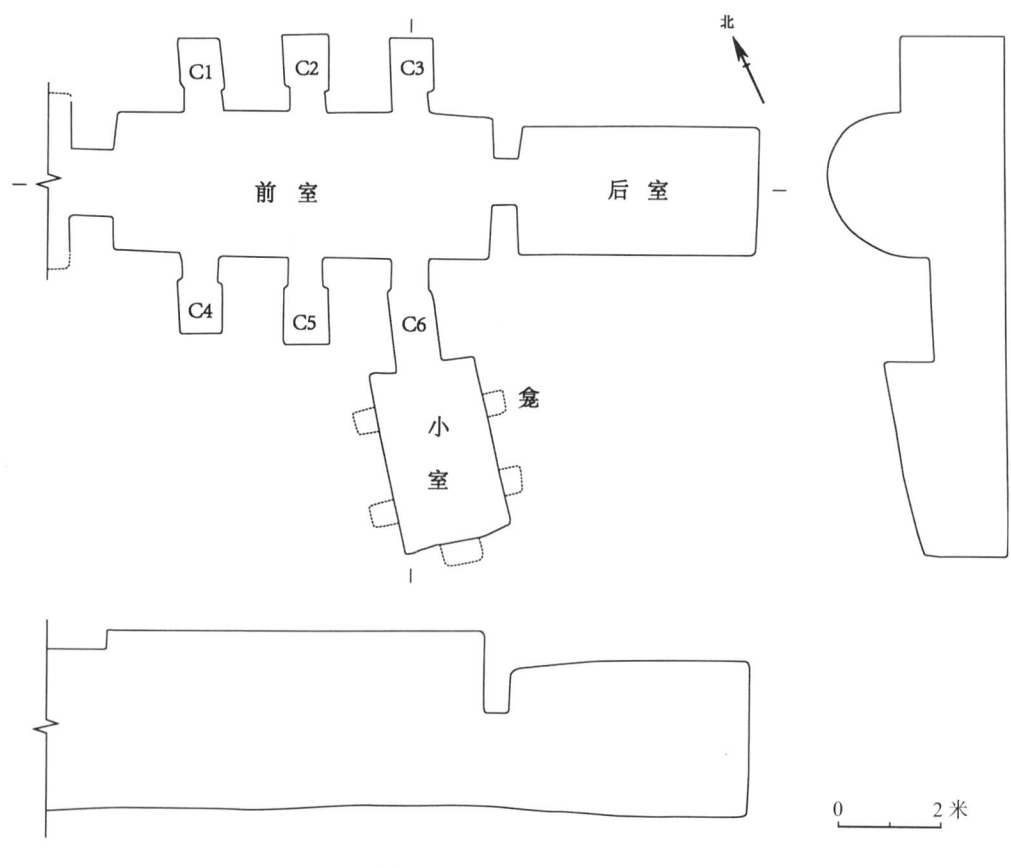

图1-7 第5窟平、剖面图

内容与现状

主室前壁坍塌（后修补），其余三壁均为原始壁面。壁面上部和窟顶残留部分壁画，画面多有烟熏痕迹；下部被黄泥涂抹覆盖。**正壁**下部为后室门，门顶弧形壁上绘两棵相互交叉的树，树两侧应各绘有一人物，旁有榜题框。目前仅可看出右侧的比丘，背后有焰肩，面部和下半身色彩脱落严重（图1-8）。**两侧壁**各绘三组花木，树木上部保存较好，下部树干及根部被黄泥涂抹覆盖，有飞鸟自由翱翔于林木之中，树旁有红色榜题（图1-9）。窟顶和两侧壁连接处绘联珠纹、锯齿纹、倒三角纹和垂帐纹，垂帐纹上缀有璎珞状饰物，中间装饰流苏。**窟顶**绘宝相花图案，空隙处饰以卷草纹与花卉。壁画颜色有黑色、褐色、白色、赭色、金黄色及咖啡色等。画面笔触细腻，构图较繁缛，具有浓郁生活气息（图1-10）。**后室**无壁画。

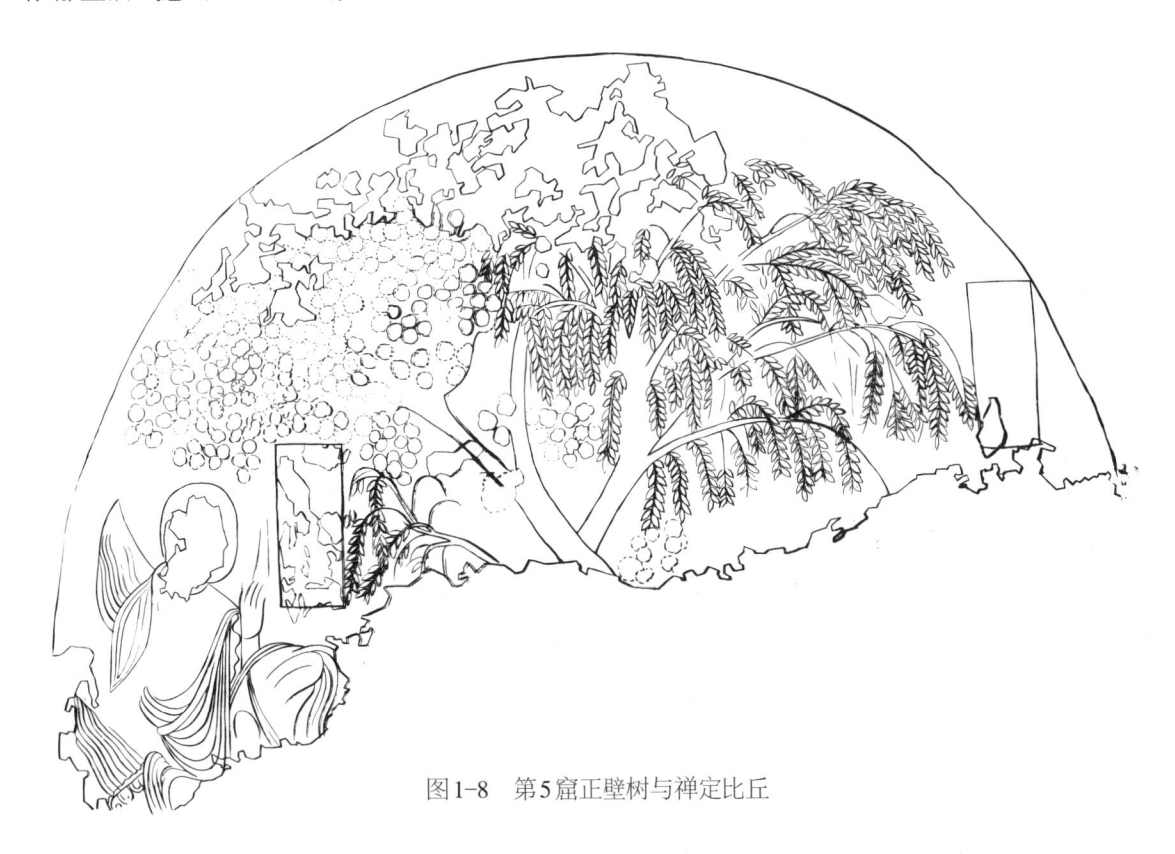

图1-8　第5窟正壁树与禅定比丘

图1-9　第5窟右侧壁垂幔与花树（局部）

图1-10　第5窟券顶宝相花图案（局部）

第6窟

位置

位于北寺院第三级，南为第5窟，北邻为第7窟。方向292°。

形制

中心柱窟。通长14.5、最宽9.45米。**前室**平面呈南北向长方形，长约9.4、宽约3.1、高约5.2米。横券顶，窟顶坍塌。门位于前壁中部，宽2.1—2.2、残高1.3米。门两侧各有一窗，北窗宽0.9、距地面高0.9米，南窗宽0.7、距地面高0.9米。门前有三级台阶，长约2.5、宽约0.3米，每层台阶高约0.3米。正壁及左、右壁依崖体垒砌，前壁为单独垒砌，残宽1.1—1.3、残高1.25—3.45米。窟顶起券处距地面3.7、土坯长0.36—0.37、宽0.18、厚0.1—0.11米。前、后室间有一条梯形过道，长2.3、宽2、残高2.15米。过道门宽1.1、进深0.5米。门槛宽0.22、高0.07米。过道前室东壁下有一级台阶，长2.5、宽0.25、高0.27米。**主室**为中心柱窟，平面略呈"回"字形，长9.54、宽7.75米。中心柱长4.95、宽2.85。左、右及后回廊宽1.4、高2.5—2.6米。回廊宽3.45、高4.6米。中心柱左、右及正壁下部内收成二级台阶，宽0.05—0.2、高0.07—0.25米。左壁有一佛龛，拱顶，宽0.95、进深0.45、高0.85米。右壁有一佛龛，拱顶，宽1、进深0.5、高1米。后壁有二佛龛，宽0.95、进深0.5—0.55、高0.85—0.88米。中心柱正面有一座基坛，长4.3、宽1.75、高0.35米。基坛上置覆莲座五个，中心座最大，两侧各有一大一小，左、右呈对称分布。中心座为五边形，长1.45、宽0.95、残高0.25米。两侧基座呈椭圆形，长0.5—0.75、残高0.2米。左前侧和右前侧基座呈圆形，直径0.9—1、残高0.25米（图1-11）。

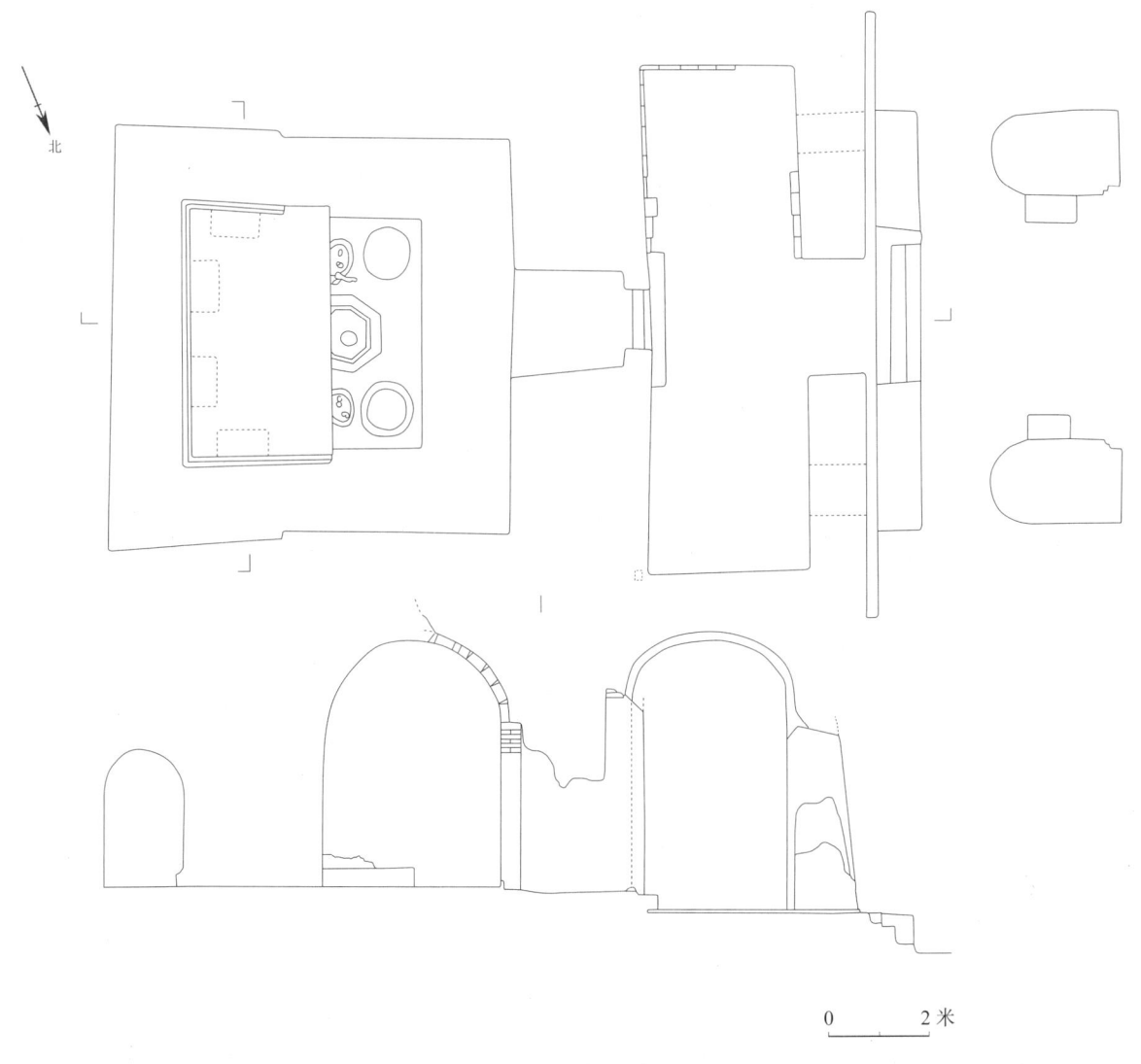

图1-11　第6窟平、剖面图

内容与现状

前室、过道及主室前半部分坍塌。**前、主室间过道**，两侧壁上抹三层草拌泥，残留少量壁画，漫漶不清。

主室中心柱表面抹一层白灰，正面有一座基坛，绘植物纹，泥塑莲花基座，边廓鎏金。在基坛后壁下部残留少量壁画，狮爪四只。中心柱后部龛内残留少量壁画，可辨者有华盖等。**左侧壁**上部绘经变画，因剥落严重，仅存一角，上方绘有莲花等花卉，中间是一座六角形的双层圆顶高塔，右侧绘一佛二菩萨。高塔周边云雾缭绕，右下方绘有长廊及水上亭榭，左侧似长长的幡尾随风飘荡（图1-12）。**右、后、左甬道**壁抹一层草拌泥，其上直接绘壁画，仅存少量颜色。

图1-12　第6窟主室左侧壁经变画

第7窟

位置

位于北寺院第三级,南邻第6窟,北邻第8窟。方向288°。

形制

长方形纵券顶窟。窟室进深5.7、宽2.4、高3.05米。门宽1.15、进深1米;门外有一级台阶,系用土坯垒砌而成,长2.5、宽1.05、高0.25米。正壁正中距地表1.1米处有一小龛,宽0.7、进深0.4、高0.7米(图1-13)。

内容与现状

正壁白底上绘有树木,因壁面中部坍塌,可见主干分出的两枝赭红色的树干和树冠部分,树干向左、右两侧伸展,对称地画出密集的树叶,因年久氧化和烟熏,树叶的颜色不可辨。**两侧壁**绘树木,枝头飞鸟嬉戏,红色榜题残,具有浓郁的生活气息和地方特色(图1-14)。**窟顶**绘葡萄纹,藤蔓枝繁叶茂。

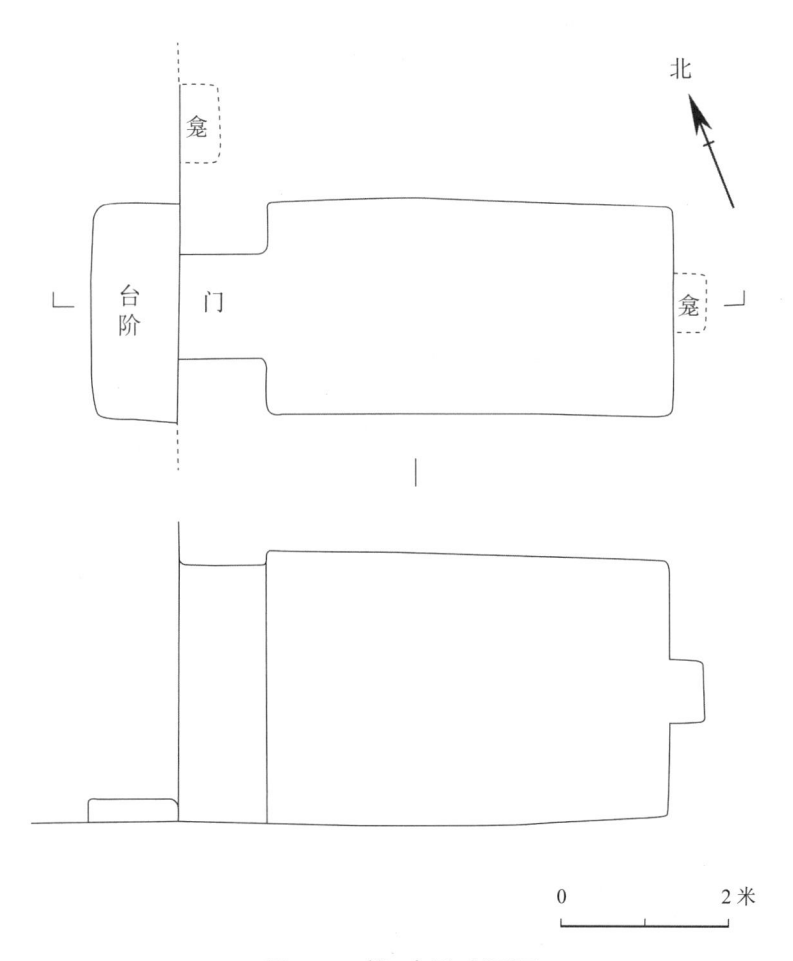

图1-13　第7窟平、剖面图

图1-14　第7窟右侧壁花树与飞鸟（局部）

第8窟

位置

位于第三级北端,南邻第7窟。

形制

形制不明。窟室进深5、宽4.2、高2.2—3.3米。口宽0.7米(图1-15)。

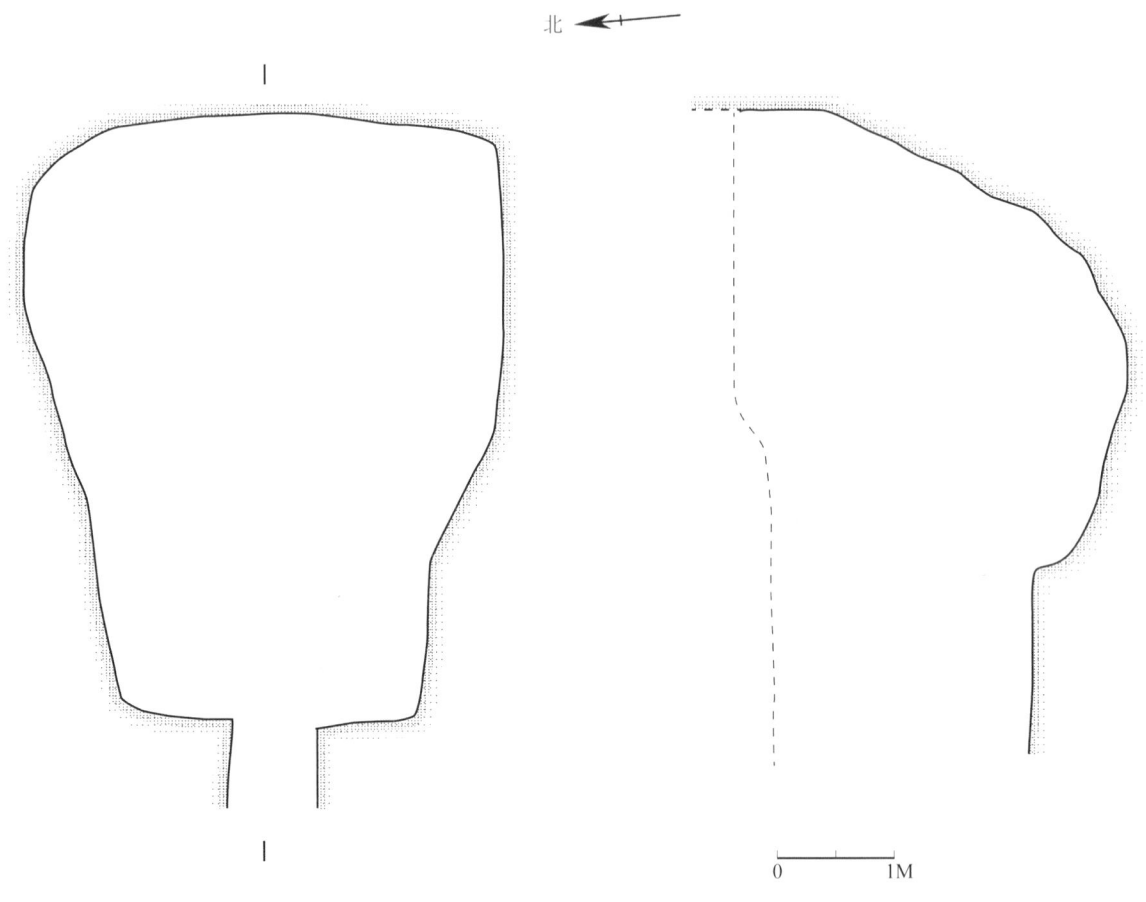

图1-15 第8窟平、剖面图

内容与现状

窟内无壁画与题记,仅见满壁凿痕。

第9窟

位置

位于北寺院第二级北端,南距第11窟7米。方向273°。

形制

形制不明，因坍塌严重仅残存地表痕迹。平面进深3.9、宽3.5米。左前方有一道墙体，长1.5、厚0.75米。右前方的墙体长2.75、厚1.05米。外侧墙体长4.5、厚0.7米（图1-16）。

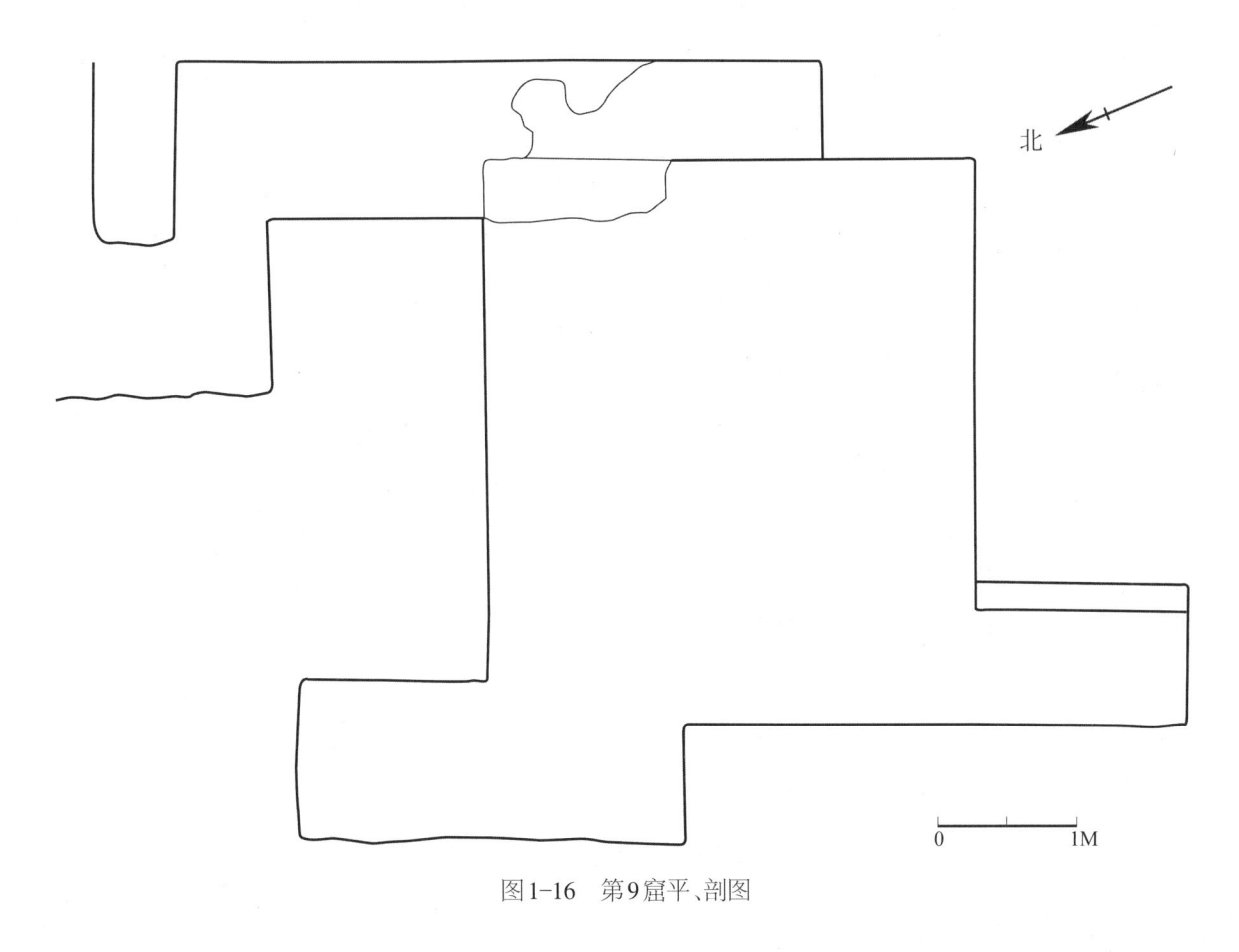

图1-16　第9窟平、剖图

内容与现状

窟内无壁画与题记。

第10窟

位置

位于北寺院第三级南端，东侧紧邻第4窟。方向35°。

形制

形制不明，平面大致呈长方形。通长8.5、宽3.6米。**前室**长3、宽2.8、墙宽0.8、残高3.1米。门位于北墙东端，宽0.8米。西北角有灶台一座，长1.7、宽0.8、高0.2米；方形灶坑二个，坑壁发红，坑内残留少量灰烬。**后室**长2.6、宽2.5米。西北角有灶台一座，长1.2、宽0.7、残高0.5米，圆形灶坑两个，直径约0.3米。墙角开挖一条烟道，东南壁下有一座凉炕，长2.5、宽1.6、高0.3米。黄土实心炕，土坯包边。右壁有三个龛,北边龛进深0.4、高0.8米。中间龛进深0.27、高1.2米、南边龛进深0.4、高1米,龛高于地面0.15—0.3米(图1-17)。

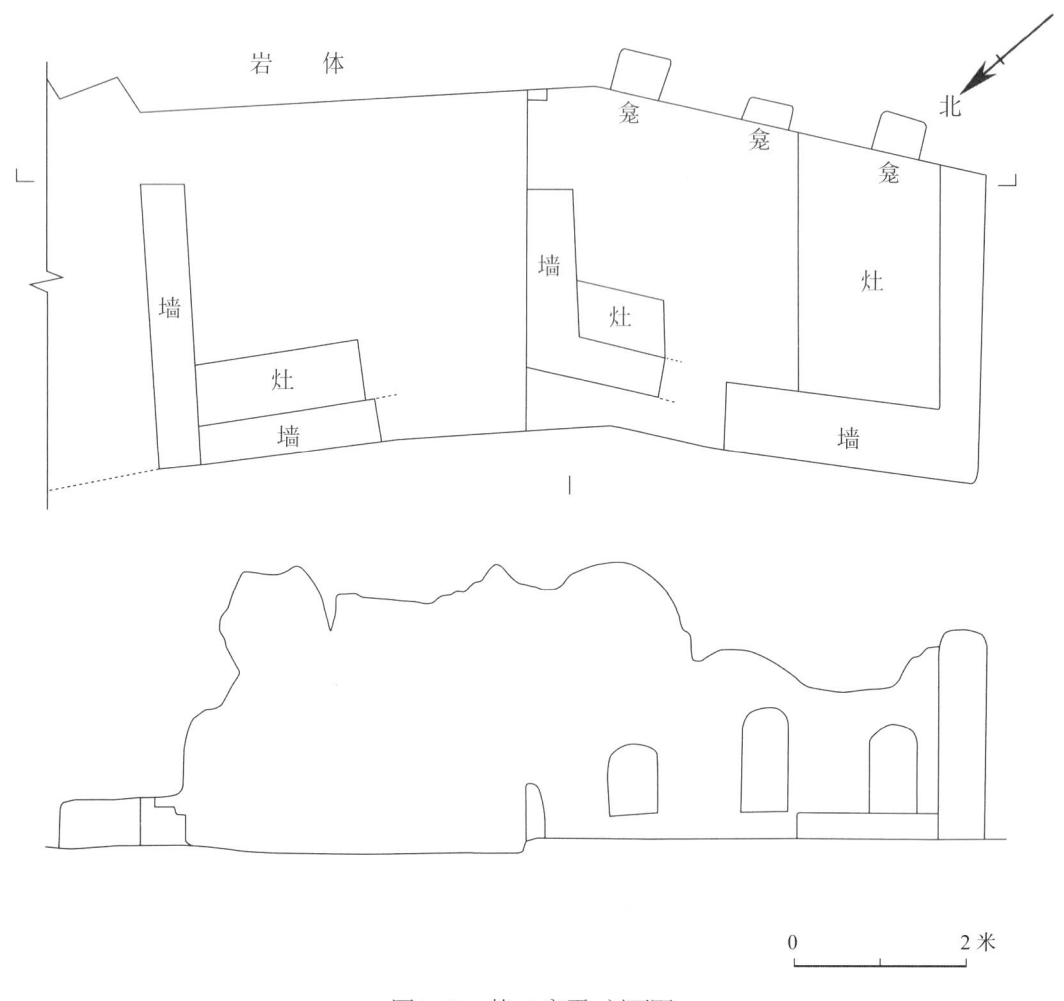

图1-17 第10窟平、剖面图

内容与现状

窟依崖体而建,窟顶及墙体大部坍毁,正壁、左、右壁三面墙体为土坯垒砌,上抹草拌泥和石膏。地面稍凹陷。窟内无壁画与题记。

第11窟

位置

位于北寺院第二级过道东侧。方向270°。

形制

方形窟。窟室长2.2、宽1.42、残高0.4米。窟门宽1.44、进深0.8米(图1-18)。

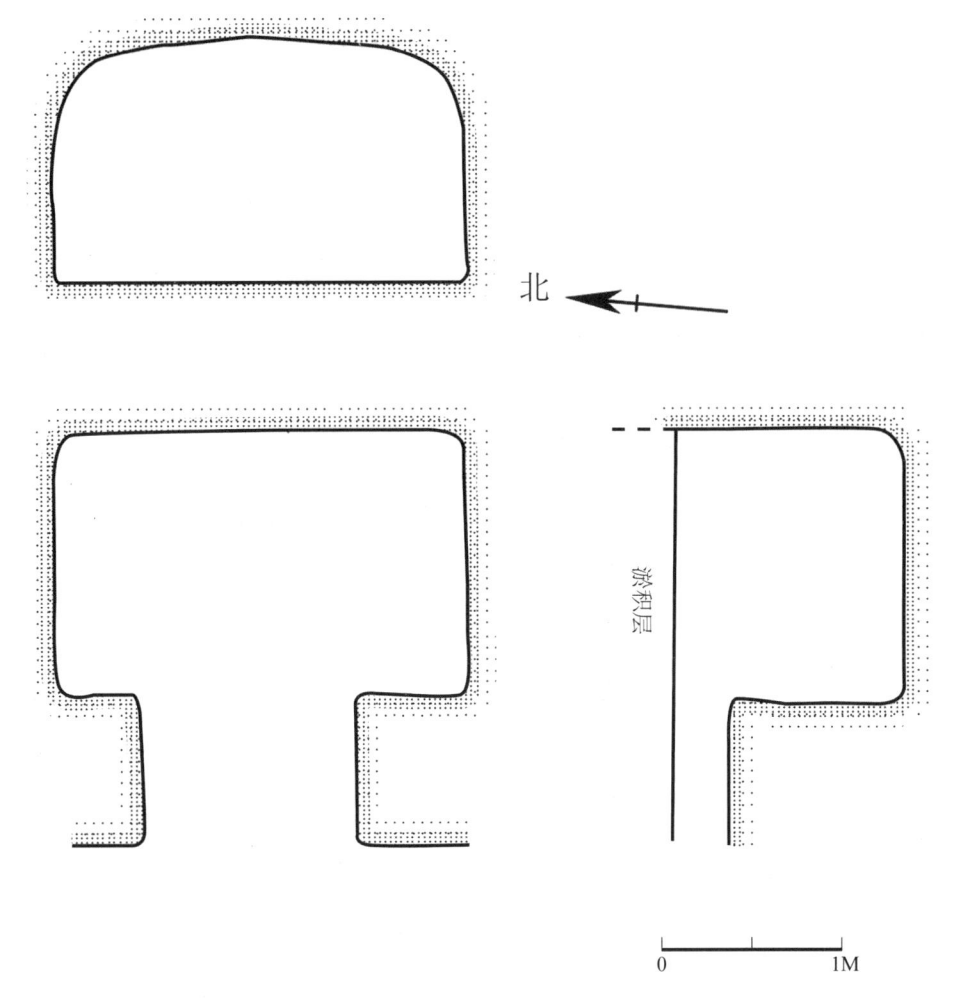

图1-18　第11窟平、剖面图

内容与现状

大部分被淤土填塞，上部保留部分空洞。窟内无壁画与题记。

第12窟

位置

位于北寺院第二级最北端土坯台南侧。方向287°。

形制

方形窟。窟室长3.5、宽2.3米。门位于前壁东端，宽0.75米。门外连一条门廊，长4、宽1.08米。前壁依崖体而建，宽0.75、残高1.58米。右壁上有长方形基坛一座，长1.9、宽0.4、高0.34米。基坛内侧墙上凿龛，宽0.6、进深0.43、高0.85米。龛楣用土坯垒砌，宽0.15米。北壁距地表0.66米处有一壁龛，宽0.5、进深0.48、高0.4米（图1-19）。

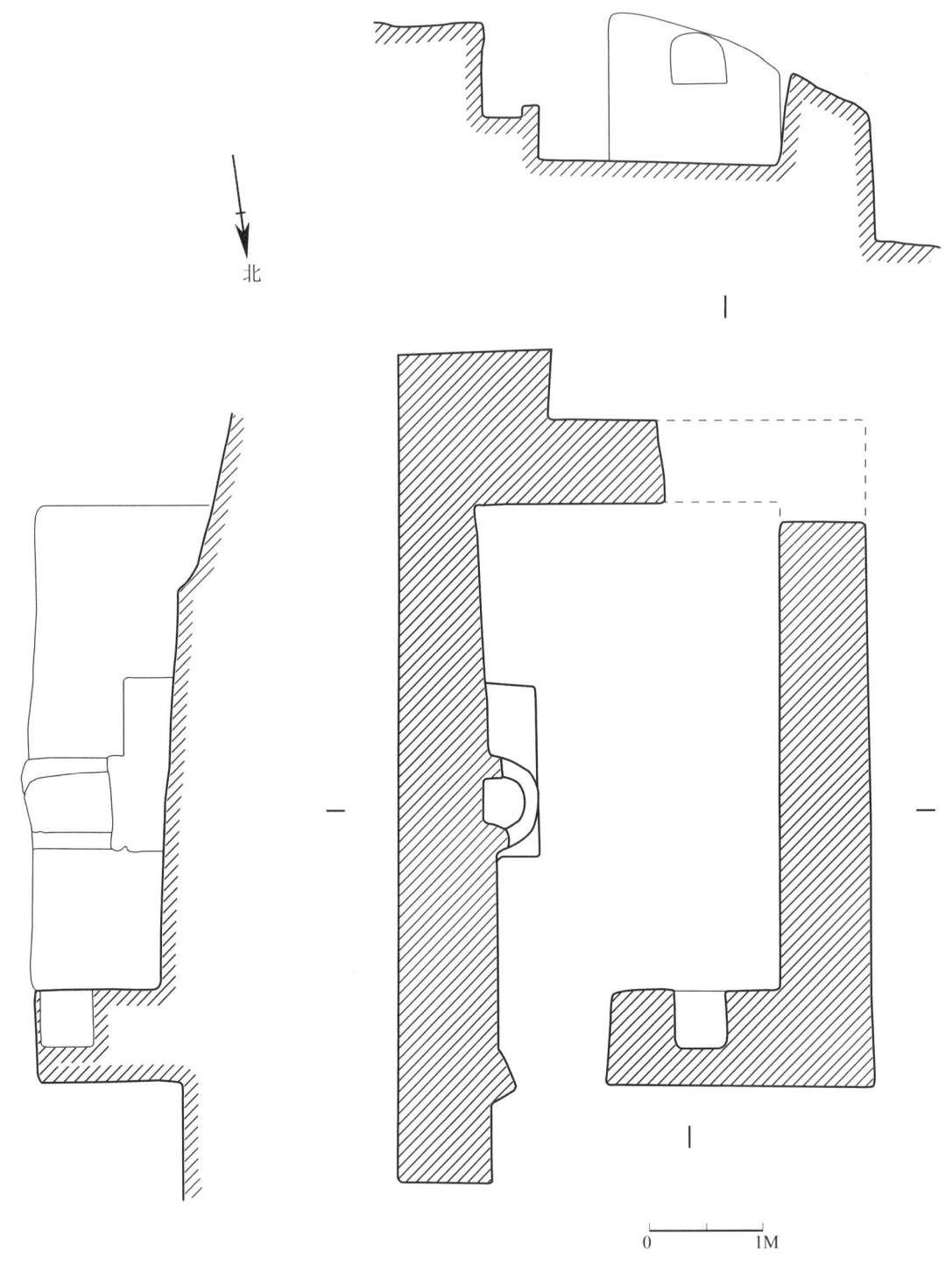

图1-19 第12窟平、剖面图

内容与现状

窟顶及墙体上部坍塌。前壁依崖体而建,其余三面用土坯垒砌。壁面涂抹青色草拌泥,上面再抹一层白灰。龛楣表面抹一层草拌泥,上面涂一层红色。龛内涂一层白灰,其上彩绘图案已漫漶不清。

第13窟

位置

位于生活区第二级中部。方向309°。

形制

长方形纵券顶窟。窟室进深1.1、宽0.95、高1.43米。窟口宽0.6米,门道厚0.25、门高0.95米。正壁距地面0.58、距右侧壁0.18米处有一龛,宽0.5、进深0.25、高0.6米(图1-20)。

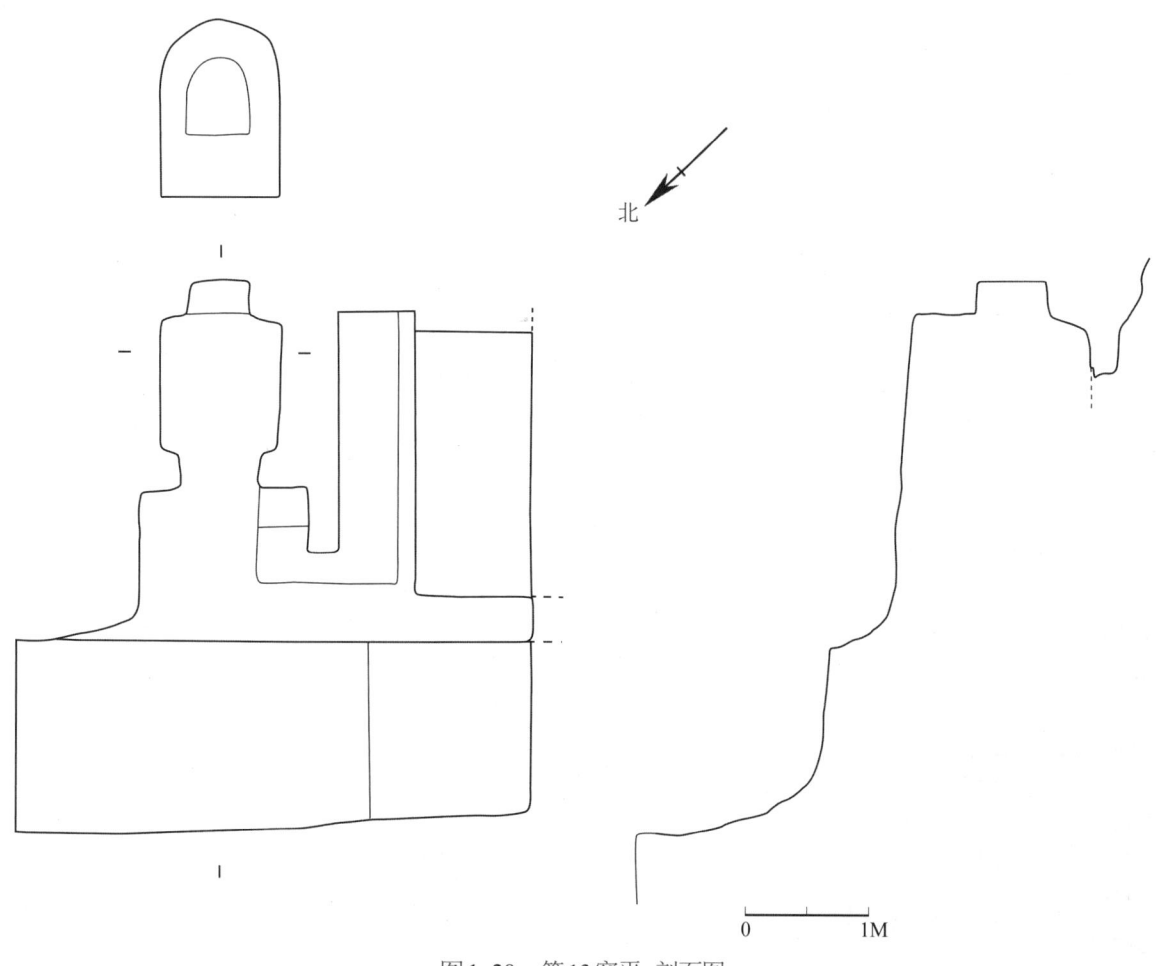

图1-20 第13窟平、剖面图

内容与现状

窟表面及窟内有被泥石流冲刷痕迹。**左侧壁**内侧长0.15、外侧长0.4米。**右侧壁**内侧长0.2、外侧长0.38米。**顶部**坍塌,仅保留顶部0.45米,顶部也可见明显券顶,券厚0.2米,四壁涂抹草拌泥。无壁画与题记。

1号寺院

位置

位于火焰山木头沟出山口处东岸最南端的山坡上,南邻2号寺院。方向210°。

形制

庭院式结构。平面呈长方形,南北长26.9、东西长31米。占地面积约840平方米。大门位于南墙偏左处,与主殿相对;主殿位于寺院左侧中部,平面呈"回"字形,长13.1、宽8.6米(图1-21)。

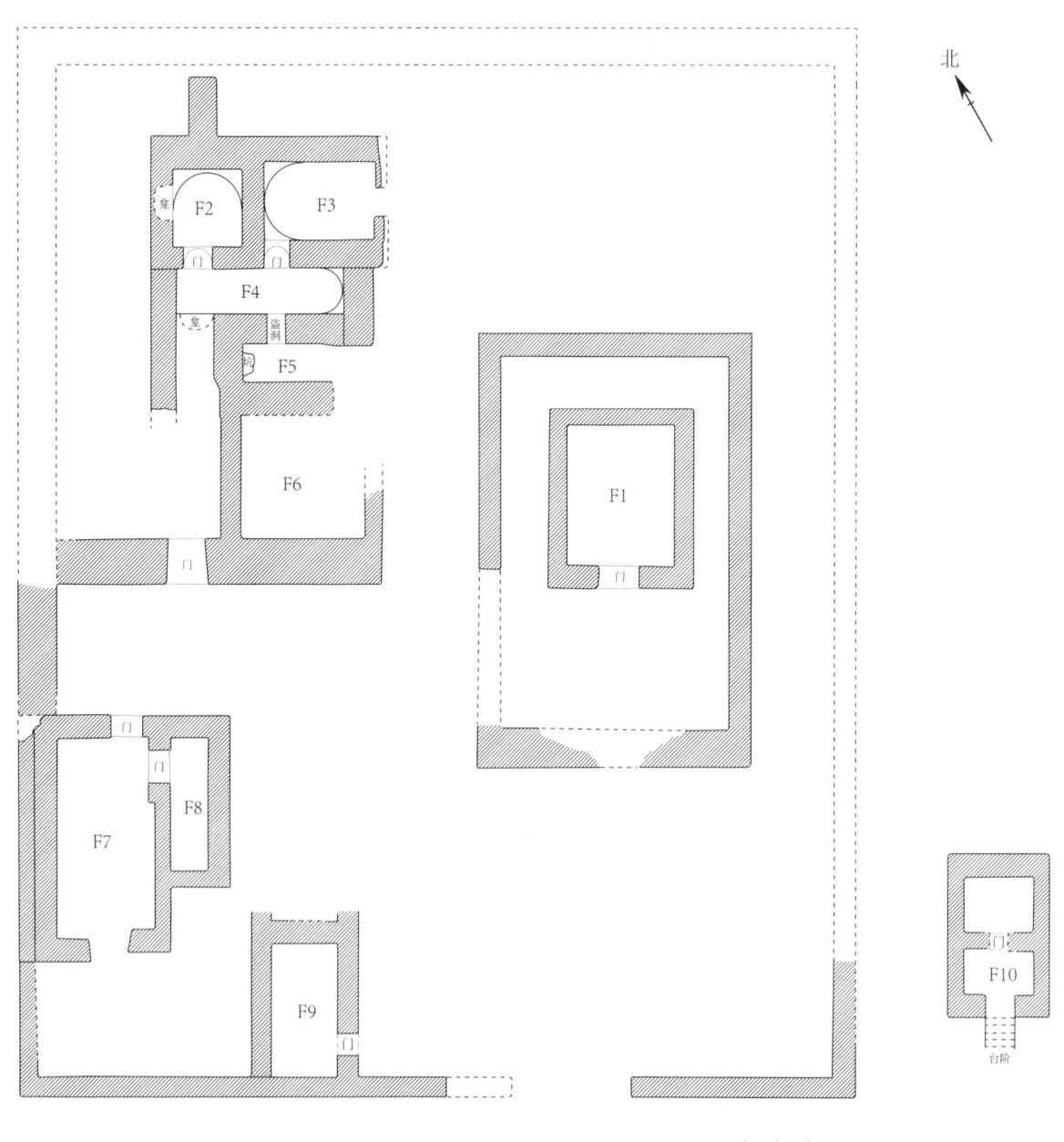

图1-21　1号寺院平面图

内容与现状

寺院依山而建,北高南低。现存外院、主殿、西北角建筑、西南角建筑及附属建筑等五个部分。**外院**墙虽已成残墙断壁,但依然可看出轮廓。寺院南墙残长26.6、残高2.7米,西墙长31米,北墙残长26.9米。**主殿**的墙基保存基本完整,主室外的回廊清晰可辨。主殿距寺院南墙约9.9米,南墙残长8.7、残高0.8米,西墙残长7.2米,北墙残长8.6、残高1.1米,东墙残长13.1、残高1.5米。**内室**南墙长3.2、宽0.65、残高0.33—1.49米;西墙长4.2、残宽0.57—0.7、残高1.27米;北墙长3.15、残宽0.6、残高0.71米;东墙长4.5、残宽0.64、残高0.95米。**西北角**共有5处房址建筑,保存状况一般。**西南角**有2处房址,只可辨墙基。在寺院外东面有一处建筑损毁严重。

2号寺院

位置

北邻1号寺院,距1号寺院42米。方向208°。

形制

庭院式结构。平面呈长方形,大门已毁。主殿位于寺院后部中间位置,平面呈"回"字形。院落墙体破坏严重(图1-22)。

内容与现状

寺院建于山坡上。现保留有主殿、东侧建筑、西侧建筑及角楼。**主殿**占地面积约150平方米。轮廓清晰,回廊保存相对完整,东墙与南墙损坏较为严重。其中,南墙保留一段墙体,残长3.6、厚0.8米;西墙保存较为完整,长11.7、内墙残高1.6、厚0.7米;北墙残长10、内墙残高1.5,外墙残高2.1、厚0.8米;东墙残长7.3、厚0.8米。**内回廊**东西两面墙体保存较好,西墙残长6、厚0.7米;北墙残长6.28、残高1.1、厚约0.8米;东墙长7.3、厚0.7米。从中心柱残留痕迹来看,应呈长方形,现保留东南部分墙体,南北长约2、东西约1.7、残高0.3米。距佛寺的南墙0.8米处有一段残长1.5、厚0.7米的墙体。东、西侧建筑及角楼损毁严重。

佛塔

东山坡佛塔建筑情况(从上至下)

距1、2号寺院不远的山坡上有佛塔建筑,东面(靠山体)现存4处。

1号佛塔:距2号寺院佛寺北墙42米的东面山坡上可见佛塔残体,南墙残长0.45、残高0.7米,西墙长2.5米,北墙残长1米。其他部分全部坍塌。

2号佛塔:位于1号佛塔的南面,距1号佛塔西墙体5.9米处有一处残迹,可见草拌泥、土坯残块,残迹长1.3、宽1.9米。可能是佛塔建筑残存。

3号佛塔:距第2处佛塔约400米处,即山脚下,应是格伦威德尔记述的东边不远处佛塔遗

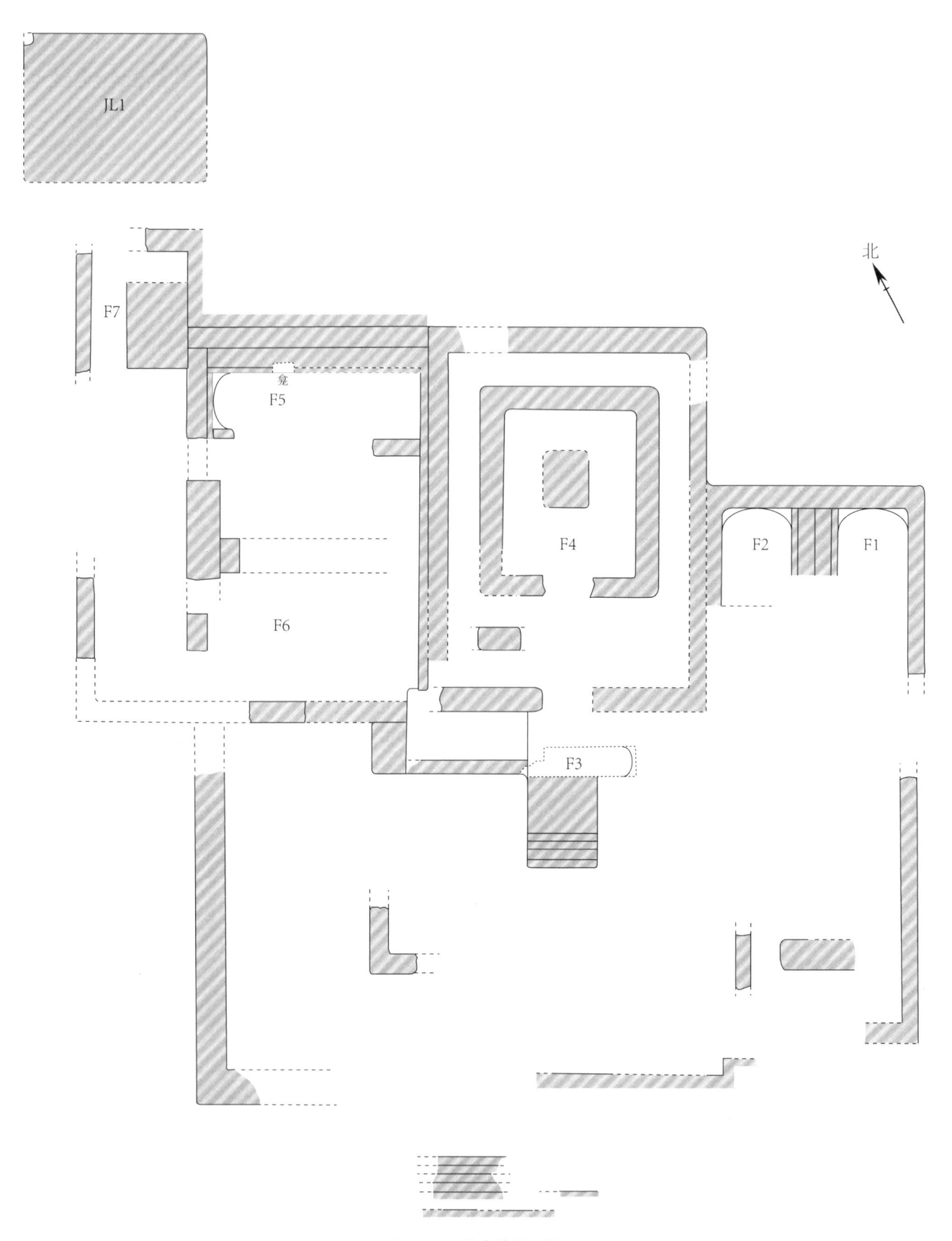

图1-22　2号寺院平面图

址，[1]从佛塔保留痕迹推测其应为圆锥体，底部向上逐渐收缩。佛塔自北向南坍塌，佛塔内径1.4、外径约5米。根据坍塌痕迹可见北侧为四级土坯垒砌，保留高度0.7米。南侧可见六级垒砌，南面保留高度0.2米。由于佛塔地处山脚下，且佛塔均在保护围栏之外，距葡萄地仅10余米，因此随处可见人及牛、羊踩踏密集痕迹。

4号佛塔：距3号佛塔3米，正南偏西方向，佛塔痕迹长约1.5米，可见北端土坯墙体，残高0.2米。从周围坍塌痕迹推断，这个佛塔应是圆形。

西山坡佛塔建筑情况（从下至上）

在西面山坡上共有大小7处佛塔遗存，根据山坡走势由低到高编为1—7号。保存情况不一，只有5号保存相对完整，可见其长方形塔基。2、4、6、7号佛塔位置偏西，呈线型分布，而1、3、5号佛塔位置相对偏东。5、6、7号佛塔距1号寺院相对较近。

1号佛塔：距2号寺院西墙体22.3米处可见佛塔残迹，西墙残长0.25、厚0.25米，北墙长0.8、高0.28、厚0.3米。

2号佛塔：距1号佛塔西2.7米处可见一堆残坍痕迹，从痕迹上看佛塔应呈长方形。

3号佛塔：距1号佛塔北内墙26.4米偏北处有一处佛塔残存。北墙长1.35、高0.3—0.37、厚0.8米，在北墙厚0.45米处可见0.04米的草拌泥痕迹，它将北墙体分成两部分，内为土坯，外为石子拌泥砌成。东墙残长0.7、厚0.45米，可见草拌泥痕迹。

4号佛塔：距3号佛塔西10.1米处。北墙残长0.9、高0.13、厚0.5米，东墙残长0.55、厚0.4米。在中间0.2米处可见草拌泥痕迹。在北墙向北外延1.3米处也可见草拌泥痕迹。佛塔形制不清。

5号佛塔：距4号佛塔24.6米，1号寺院西墙19.8米处可见保存较完整的塔基痕迹，呈长方形。佛塔残存南墙长1.2、高0.15、厚0.5米；西墙长0.75、高0.1、厚0.4米；北墙长1.2、高0.5、厚0.4米；东墙长0.75、高0.15、厚0.45米。

6号佛塔：距5号佛塔6.3米处，可见草拌泥残痕，应是佛塔残痕。

7号佛塔：距6号佛塔6.2米处，可见一堆坍土残痕，应是佛塔残痕。

3号遗址（窟）

位置

位于1、2号寺院西侧山坡上。方向290°。

形制

纵券顶窟。窟室进深3、宽2.6、残高1、券厚0.25米（图1-23）。

---

[1] [德]阿尔伯特·格伦威德尔著，管平译：《高昌故城及其周边地区考古工作报告（1902—1903年冬季）》，文物出版社，2015年，第118页，图112。

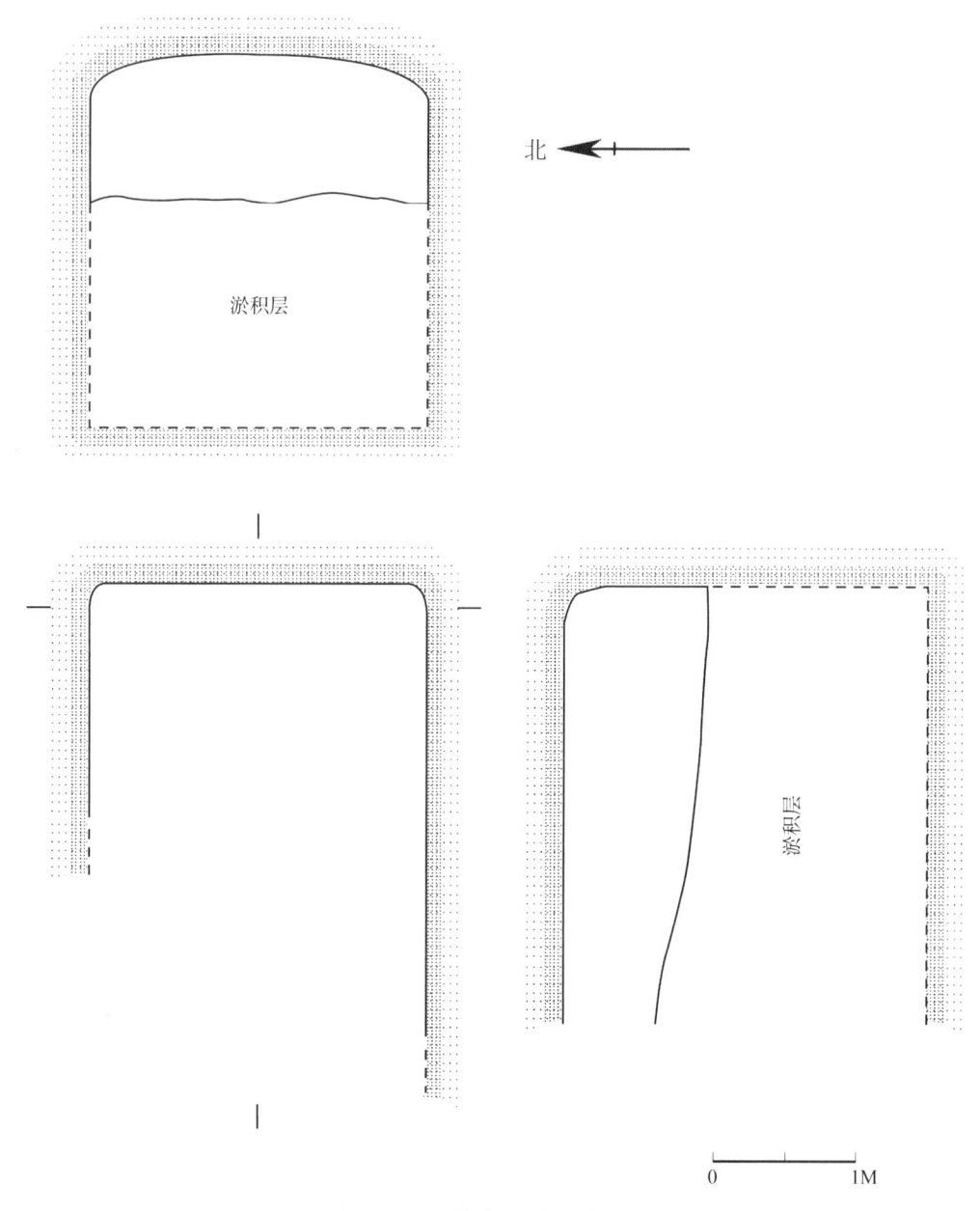

图1-23　3号遗址（窟）平面图

内容与现状

窟内的券用厚0.13米的土坯垒砌，窟室内壁表面涂抹一层草拌泥。窟口几乎被积土填埋，积土自窟口一直延伸至正壁。无壁画无题记。

4号遗址（窟）

位置

位于3号洞窟西侧山坡上。方向265°。

形制

纵券顶窟。主室进深6、宽2.7、残高2.2、窟口宽2米。后室进深2.1、残高1米、窟口宽1、高0.7米，门壁厚0.5米，后室门距主室南北壁均为0.85米，距后室右壁0.65米，距左壁0.4米；后室南壁有一通道，口宽0.7、残高0.8、深5.3米（图1-24）。

内容与现状

正壁居中有一后室，顶部呈不规则弧形，洞窟口及内部地表堆满积土和杂草，窟口仅容一人匍匐进入。无壁画无题记。

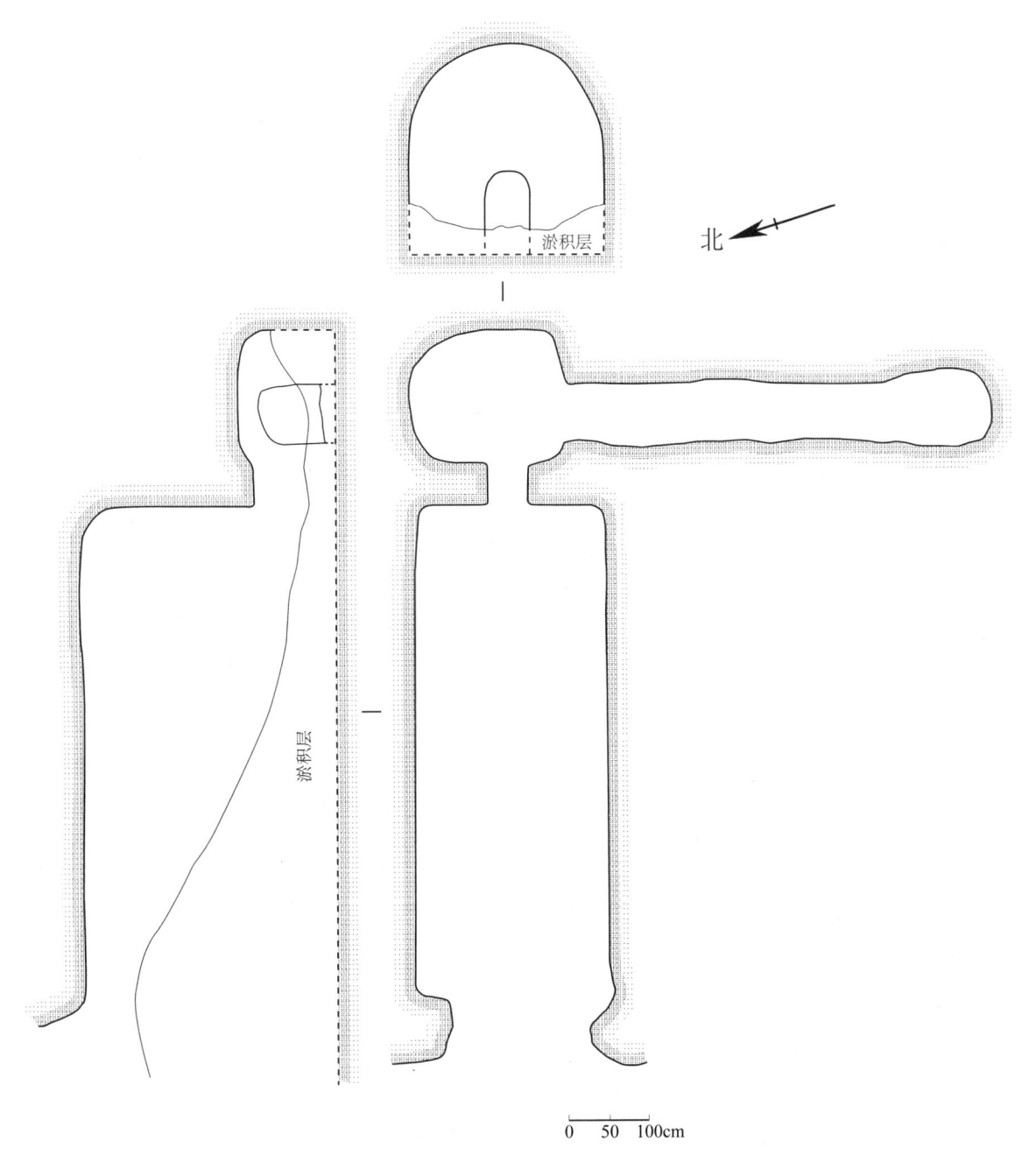

图1-24　4号遗址（窟）平面图

5号寺院

位置

西距火焰山镇(原二堡乡)乡村级公路500米,北距胜金口6号寺院200米。方向287°。

形制

庭院式结构。平面呈长方形,长43、宽28米,总面积1830平方米。大门位于寺院西侧中部,中心殿堂位于主体寺院后院左侧,中心殿堂已不复存在,应是一处似"回"字型的四方形院子(图1-25)。

内容与现状

寺院依山体而建,包括主体寺院遗址和附属建筑。主体寺院遗址分为前院和后院,前院有两座对称的"塔楼",均已完全坍塌为大土堆;后院由中心殿堂和两个侧翼建筑组成,中心殿堂及南侧翼的两个拱形建筑也已坍塌无痕迹,北侧翼的房址部分坍塌,尚残留2间房址;西北角、西南角各有一处"角楼"。附属建筑包括北侧附属建筑和北山坡附属建筑。

主体寺院西墙总长43米,北侧墙体残长19.5米,南侧墙体完全坍塌;寺院北墙总长28米,残存中间墙体残长6.4、西侧墙体残长5米;寺院东墙总长42.5米,残存中部及南侧墙体残长33.5米;寺院南墙总长30米,已经完全坍塌,仅可见长约12.5米的墙基痕迹。

北侧有一处**附属建筑**,附属建筑的外墙南北长17.2、东西宽14.5米,残存9处房址和1处庭院。北山坡建筑遗址,为纵券顶建筑,南北长3、东西宽1.7米,已完全坍塌,残存部分墙体。

6号寺院

位置

位于胜金口木头沟出口东岸,南距5号寺院遗址约200米。方向332°。

形制

穹隆顶(庭院式结构)。南北长约60、东西宽约16米,总面积约960平方米。残留一处穹隆顶建筑和南侧寺院遗址的房址残迹及部分墙体(图1-26、1-27)。

内容与现状

穹隆顶建筑位于6号寺院遗址最北侧,直径5、残高1.55、厚0.5—0.75米。该建筑坍塌严重,残存东北至西南方向大约二分之一的建筑遗址,圆顶以下部分已被掩埋,仅可见上部约二分之一的弧形建筑。顶部最高处厚约0.75米。由土坯垒砌而成,壁内涂抹草拌泥。建筑内残存顶部彩绘和几乎不可辨识的星宿图,因废墟掩埋、年久风化等原因剥落严重、保存较差。

南侧寺院遗址距穹隆顶建筑7.4米,现残存4处房址及部分墙体。整体保存现状很差,已无法判断其形制结构。

第一章 胜金口石窟

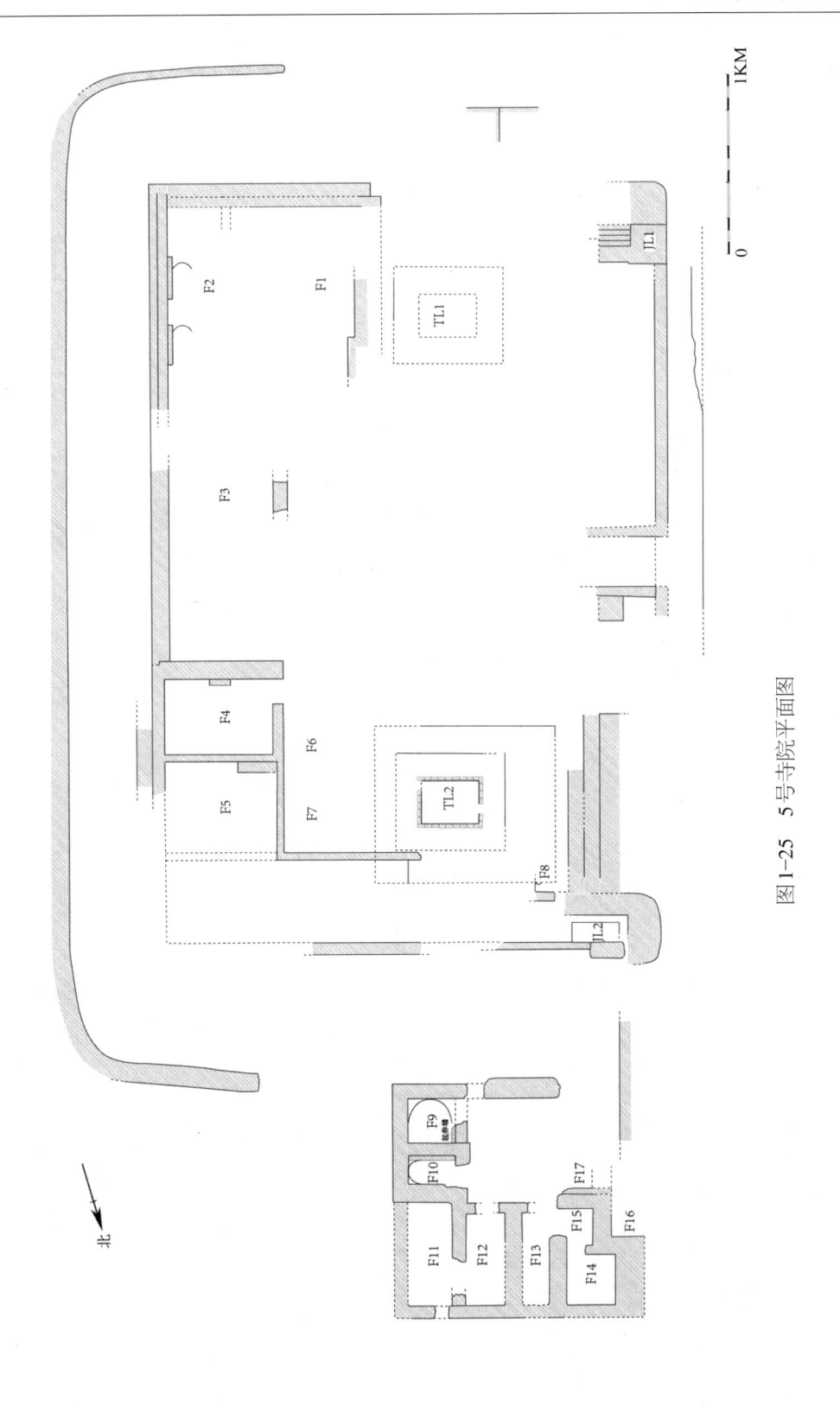

图 1-25　5 号寺院平面图

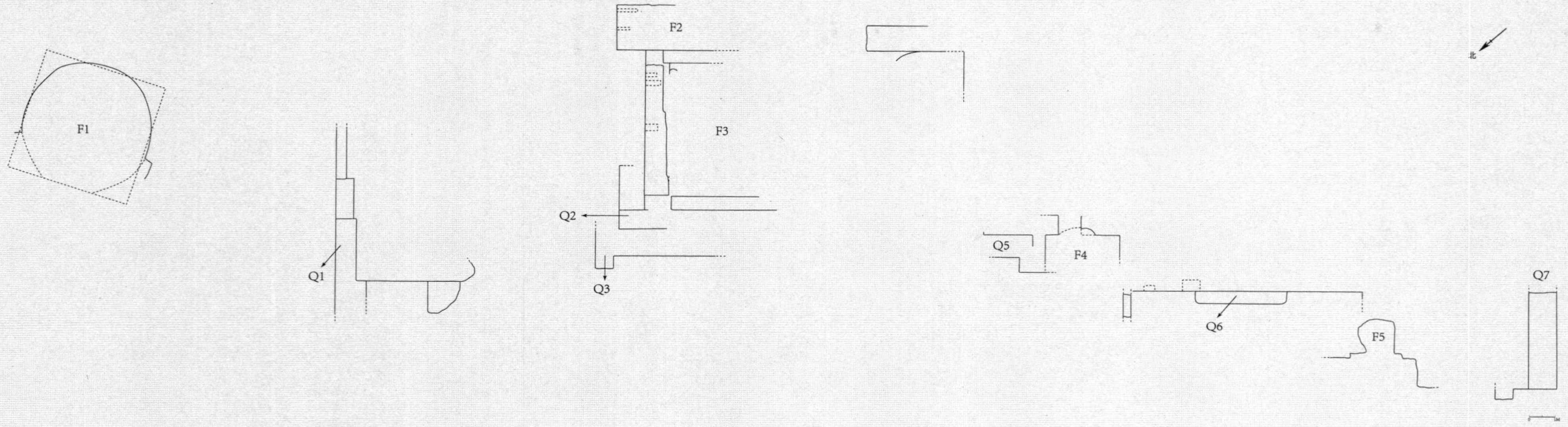

图1-26 6号寺院平面图

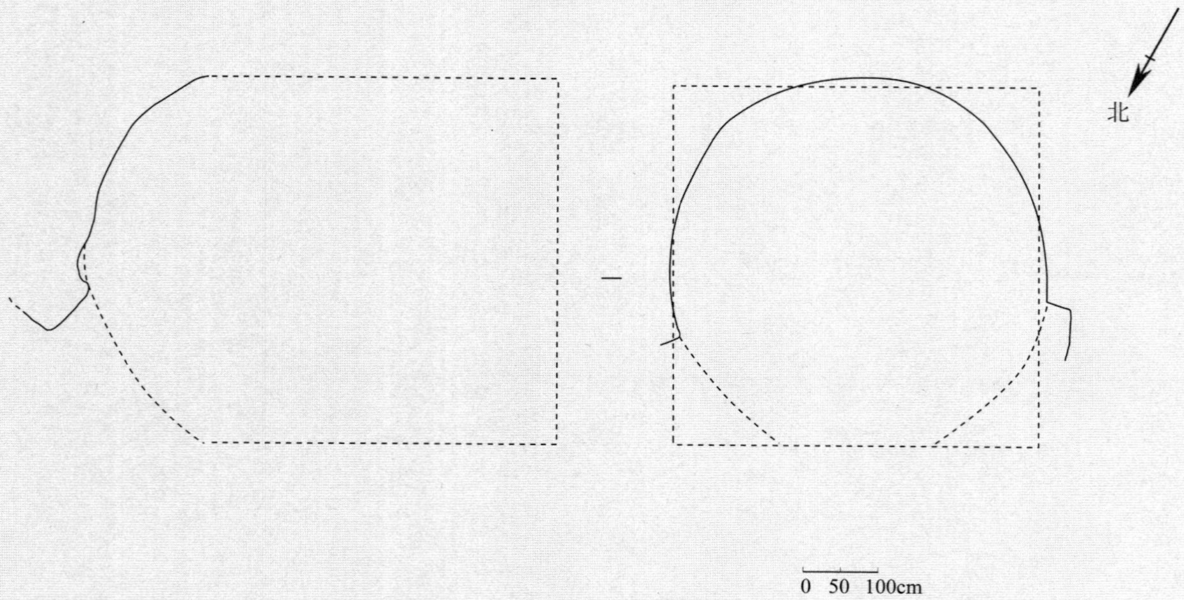

图1-27 6号寺院（洞窟）平、剖面图

7号寺院

位置

南距6号寺院500米。方向301°。

形制

庭院式结构。整个遗址近似一个正方形，遗址南北长46.5、东西宽45米。总面积2 092.50平方米。寺院背靠山坡，面朝河流。寺院所在平台高出地面约2米。寺院正门在西墙居中开，门朝外伸出，两侧门墙各呈"工"字形，土坯垒砌，北侧保存较好，南侧倒塌。主殿为一处结构似"回"字形建筑（图1-28）。

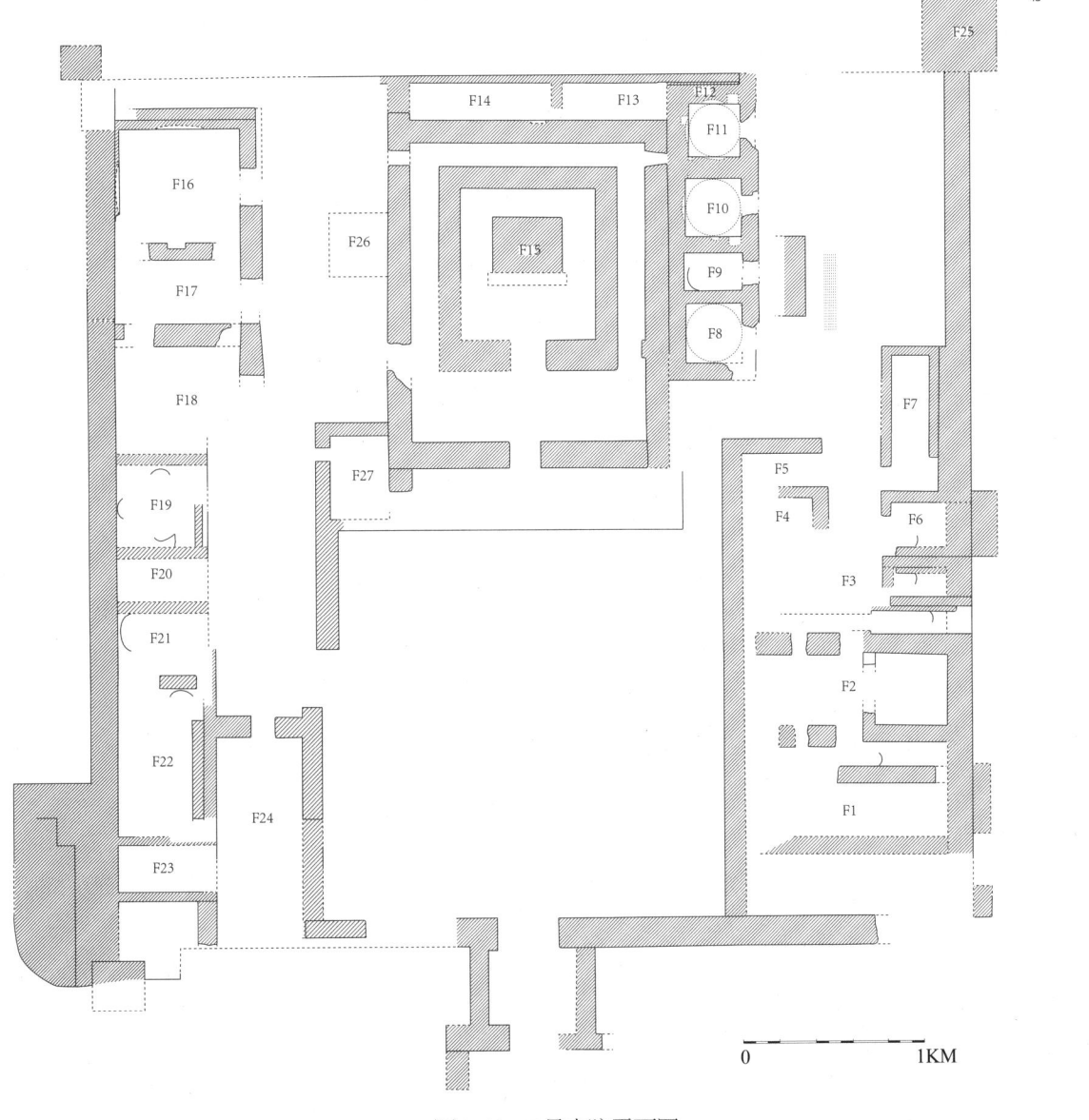

图1-28　7号寺院平面图

内容与现状

该寺院现存大门、院墙、庭院、主殿，以及庭院与主殿两侧房址，此外院墙四角各有一角楼。门位于西外墙上，门宽1.7、门墙厚1.4米，北侧墙体残长3.7、高0.9—1.45米，南侧墙体残长5.5、高约5米；北外墙残长10.5、高2.65、厚1.2米，距东外墙角0.4米处有一道宽0.7米的门；东外墙长12、高2.3、厚1.2米，南外墙残长9.2、高2.5、厚1.2米。紧邻东外墙原有带拱顶的甬道，残长13.2、宽2米，距南侧5.8、地面0.8米处有一残龛，宽0.8、进深0.15、高0.35米。"回"字形主殿内外墙之间东、南、北三面有甬道，东甬道宽1.3米，南、北甬道均宽1.4米。其中，东甬道南端有一门，门宽0.65—0.9、高0.65、厚1.1米。内殿距西外墙3.7米，内殿西墙残长3.7，高2.6、厚1.5米；北墙残长4.8、高2.1、厚1.3米；东墙长7.2、高2.35、厚1.15米；南墙长8、高2.5、厚1米。主殿中心为一处长方形方台，西侧长4.29米，东侧长3.76米，南侧、北侧均长3.65米。西北角角楼北边墙体现残长4.3、残高3.3米，距离北墙4.3米。角楼上部坍塌，塌土遗迹从西北角处滑落。角楼北墙可测量残存遗迹约7.8米。西南角角楼现在已经完全坍塌，只存一堆积土，形迹不明，无法测量。东北角角楼坍塌较严重，存一大土堆，可见土坯墙体边缘，可测量。该角楼在北墙处外伸1.1米，东墙处外伸1.8米。东南角角楼南墙向南伸出0.85米。从东墙处向外伸出4.1米，角楼北墙不明，现存一堆塌土。东墙向外0.9米处在角楼内有一东西向的纵券顶房间F25，东西长2.1、南北宽1.85、券面残高0.7米。

8号遗址（窟）

位置

位于7号寺院东南方向约80米处的山坡。方向340°。

形制

开凿于山崖之上，由前后室构成。前后室之间有通道连接，通道平顶，较后室为低。通道长0.5米，通道东壁斜长0.7米，再向东转90°凿挖0.3米形成前室右壁。通道西壁长0.5米，垂直伸出，向西转约90°凿挖长0.4米的墙体形成前室左壁。前室东墙向东斜长1.5米，西墙长0.95米。后室为在山体中凿挖而成，平面近似于正方形，平顶，进深1.15、宽1.15—1.55、残高0.83米（图1-29）。

内容与现状

前室左右两壁系用土坯垒砌而成，现坍塌仅剩墙基，可见形制，依据山体形式而呈现出喇叭形。左壁墙体上残存较多泥皮，最北端可见较多土坯。后室正壁两个角落处残存泥皮，上有石膏层。后室正壁下部距两侧壁0.3米有一像台，高0.1米。

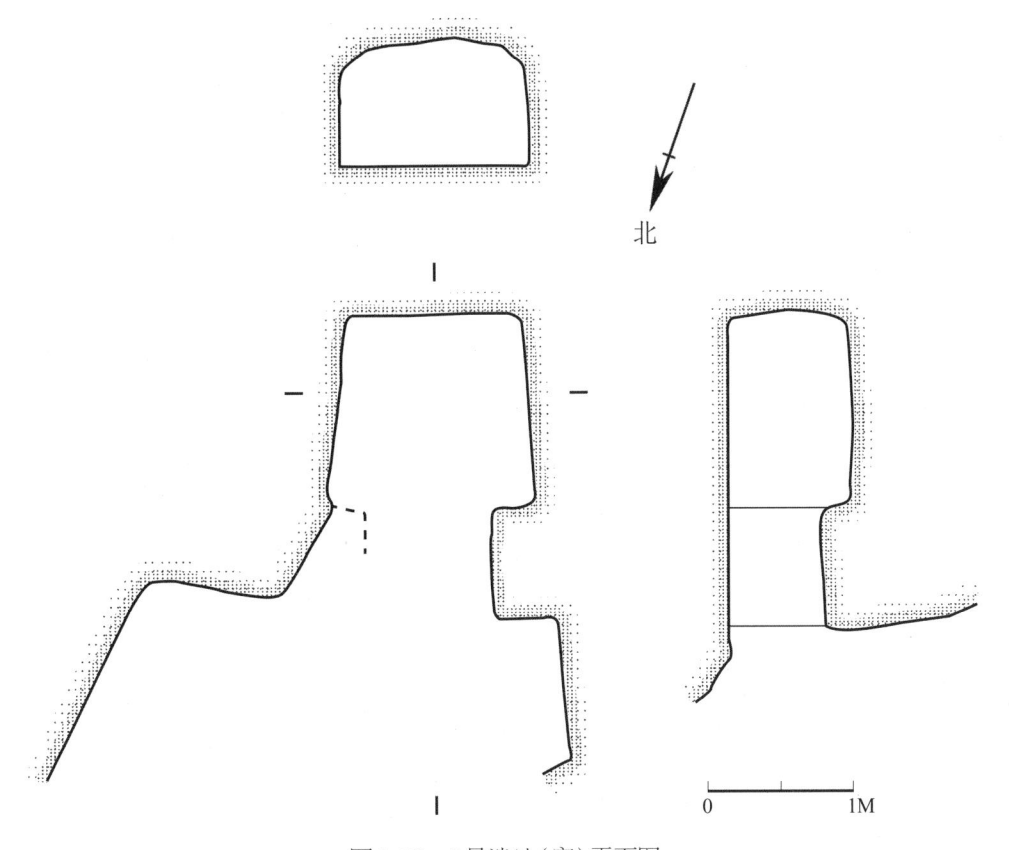

图1-29　8号遗址(窟)平面图

9号寺院

位置

位于胜金口河谷东岸,南邻7号寺院,北邻10号寺院(洞窟区),方向310°。

形制

庭院式结构,总面积6 641平方米。大门位于寺院中部,主殿位于寺院中央中间为中心柱方台,呈"回"字型(图1-30)。

内容与现状

寺院现存遗迹有大门、院墙(包括角楼)、主殿(包括殿前塔楼)、南侧建筑、北侧建筑和寺院外东北方向的附属建筑。主殿中心柱为方台,东侧长5.2米,南侧长3.2米至墙体,西侧长5.3米,北侧坍塌,东段残长1.5米,西段残长1.3米,缺口约1.6米,东墙最高点约4.8米,寺院南侧共3排建筑,其中墙内2排,原有25处建筑遗址,现残存7处;寺院南墙外有1排建筑,原有4处建筑遗址,现可见3处建筑遗迹。寺院北侧建筑为15间房址。东北附属建筑有2处纵券顶房址,残存稍许壁画与婆罗米文题记。

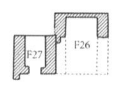

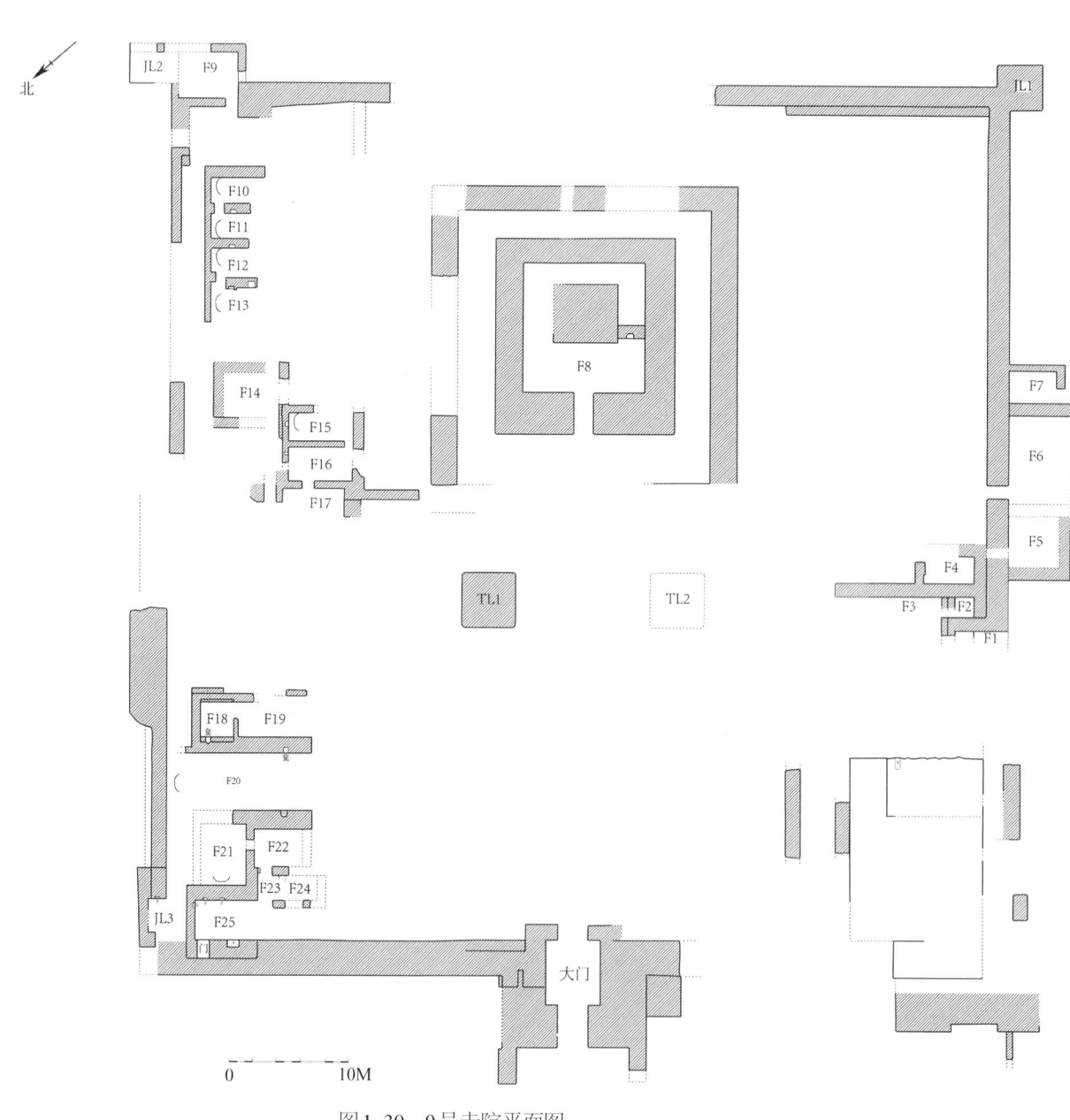

图1-30　9号寺院平面图

11号寺院[1]

位置

位于火焰山北麓,距胜金口第10号寺院约500米。方向317°。

形制

形制不明。后墙沿山体而建,现存后墙长约23、高约8、厚1米。后墙上清晰可见有9个椽口,椽口为0.2×0.2米,进深0.45米。后墙体也因山洪水冲刷出一条长5.4米的缺口,缺口处有明显的修补痕迹。

内容与现状

现残存有四段墙体,南墙残长7.1、残宽0.8、残高2.8米。距南墙7.8米的有一残墙体,残长5.6、残宽0.8米,墙体内可见纵券痕迹,券高0.9米,残券南北向长2.1、东西向长3.9、残高0.4米。距第二段残墙体6.5米有一条残长7.4米墙体,可见两层墙体相接,其中南内墙残宽0.7米,有起券痕迹。北内墙宽1米。残高1.7米。最北端墙体距上一段墙体11.3米有一条残长1.7、残宽近2、残高1.1米的墙体。后墙与寺院最南端墙体相接,有修补痕迹。

11+窟

位置

位于11号寺院和12号寺院之间,距11号寺院约28米的山体上。方向305°。

形制

长方形纵券顶窟。洞窟开凿于7米高的崖壁上。窟室进深2.9、宽2.65、高1.45米,窟口宽1.75米。正壁有一龛,距右壁0.5米处,宽0.6、进深0.5、高0.3米。左壁有一个平顶龛,距窟口1.6、地面0.4米处,宽0.65、进深0.3、高0.35米;右壁几乎不见原始壁面,距窟口1.9、地面0.25米处有一龛,宽0.5、进深0.2、高0.3米(图1-31)。

内容与现状

窟内地面有大量虚土和土块,在距窟口1.4米处,可见宽0.6、高0.4米的大石块,窟顶中部距窟口1米处有一个大的裂隙,长1.3、宽0.7、深1.4米。正壁的龛内虚土堆积,并向外流出。

12号寺院

位置

位于11号寺院北面,距11+约100米处的小山坡上。方向212°。

---

[1] 本书中,未附平、剖面图的洞窟系其现状无法绘制。

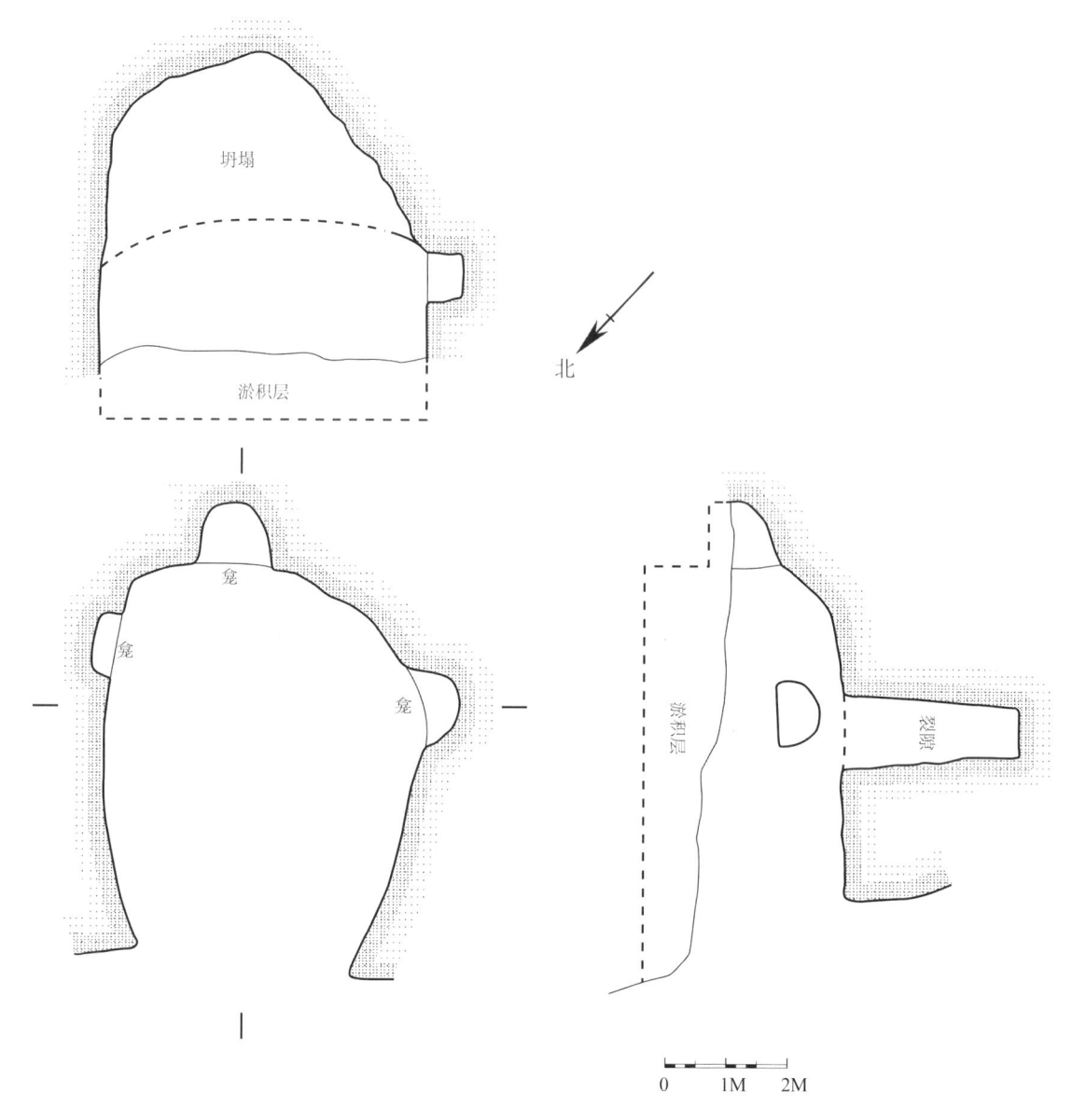

图1-31　11+窟平、剖面图

形制

形制不明。现仅存3个洞窟遗迹，其中两个保存相对较好，另一个仅存墙基。最西侧为1号洞窟，外观为穹隆顶，内为长方形纵券顶窟，窟口长1.4、进深3.1、高1.9米。该洞窟西墙残长2.8、宽0.9米。距1号洞窟3.2米即2号洞窟，为长方形纵券顶窟，进深3.45、宽1.3米，可见券顶，券高0.78米，左壁残长2.4米，右壁长3.45米。建筑残高1.7米（图1-32）。

内容与现状

1号窟内可见土坯，四壁抹草拌泥，窟口券顶距窟口1.15米、距窟顶虚土层0.9米处有修补痕迹。2号窟窟口大部分被虚土掩埋，为便于测量，调查时用铁锹将窟口部分虚土清理，勉强进行了简单的测量。窟内也可见涂抹草拌泥。无壁画。

图1-32　12号寺院平、剖面图

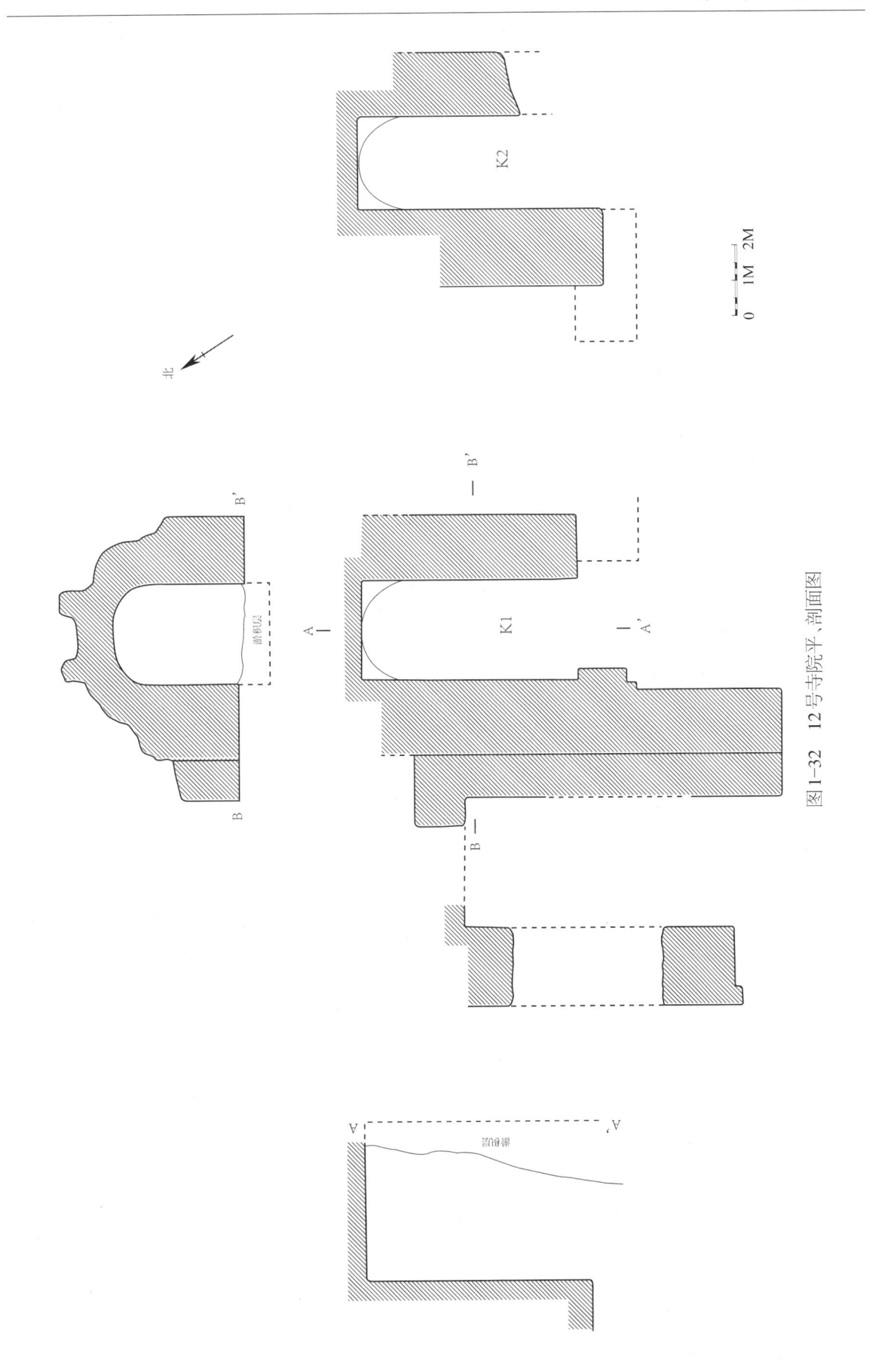

伯西哈石窟

第二章　伯西哈石窟

伯西哈石窟位于吐鲁番市高昌区胜金乡木日吐克村西南、火焰山北麓的一个沟壑内，东距柏孜克里克石窟2公里。2013年，被公布为全国重点文物保护单位。

伯西哈石窟始建于10世纪中叶，持续使用到14世纪。石窟寺有庭院一所、洞窟10个、地面佛寺2个、房址2间。石窟分沟南、沟北两个区，其中沟南残存6窟，由东向西编为第1—6窟，沟北区洞窟沿沟的北崖壁开凿，基本呈南北走向，现残存4窟，由南向北编为第7—10窟。

洞窟形制有中心柱窟、方形平顶窟和方形纵券顶窟。洞窟内壁画内容比较丰富，绘画风格总体上来看是以中原风格为主，同时又融入了龟兹和焉耆画风，在此基础上形成了辨识度极高的回鹘画风。

图2-1　伯西哈石窟分布图

沟 南 区

图2-2 伯西哈石窟沟南区立面图

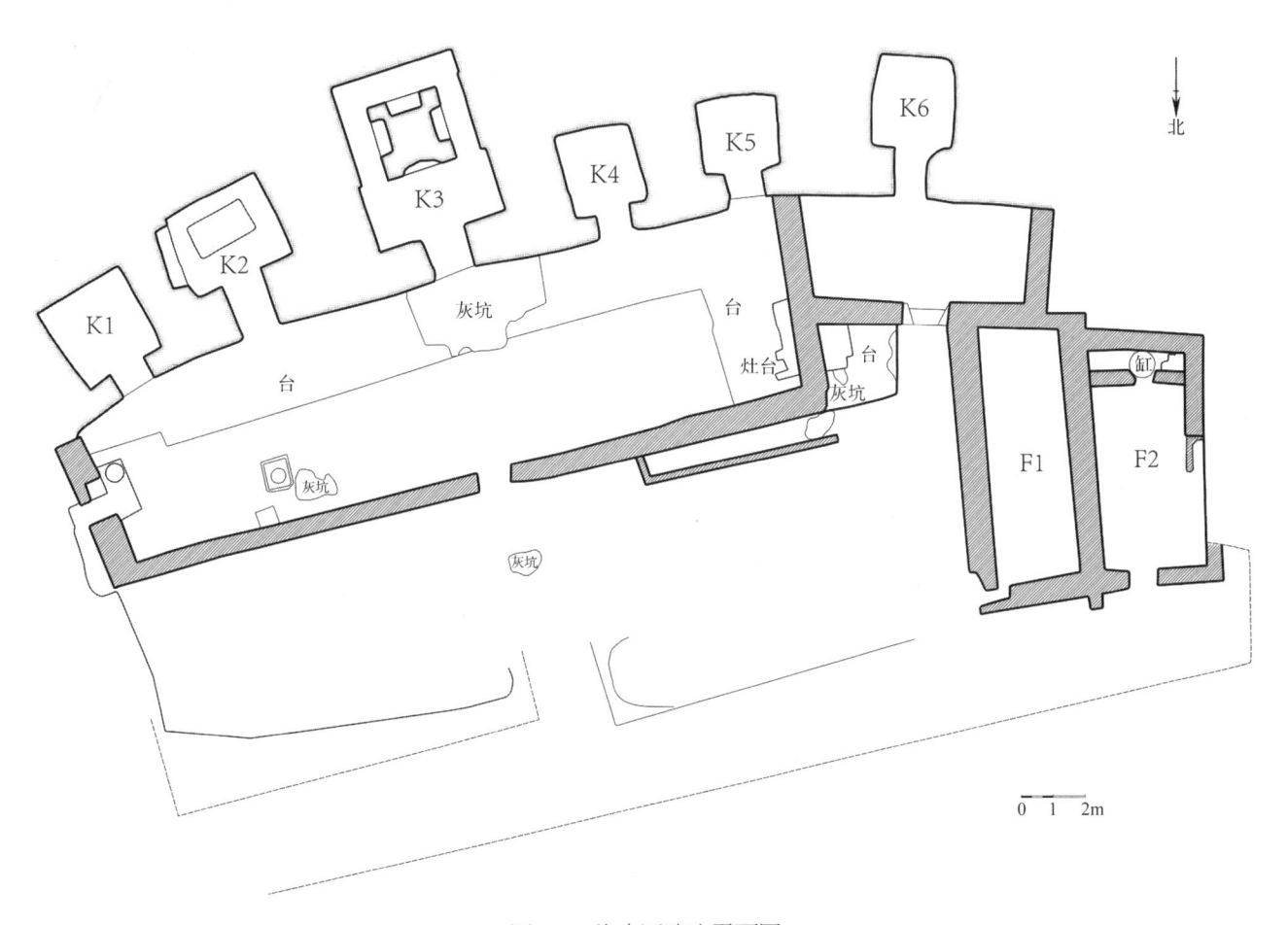

图2-3　沟南区遗迹平面图

第1窟

位置

位于沟南区最西侧,东邻第2窟。方向324°。

形制

方形平顶窟。窟室进深2.8、宽2.65、高2.4米。窟门亦为平顶,宽1.1、高1.65、厚0.9米(图2-4)。

内容与现状

四壁涂抹草拌泥,其上涂一层白灰,再绘制壁画,惜壁画脱落殆尽,仅余前壁下部少许壁画及顶部几身千佛。

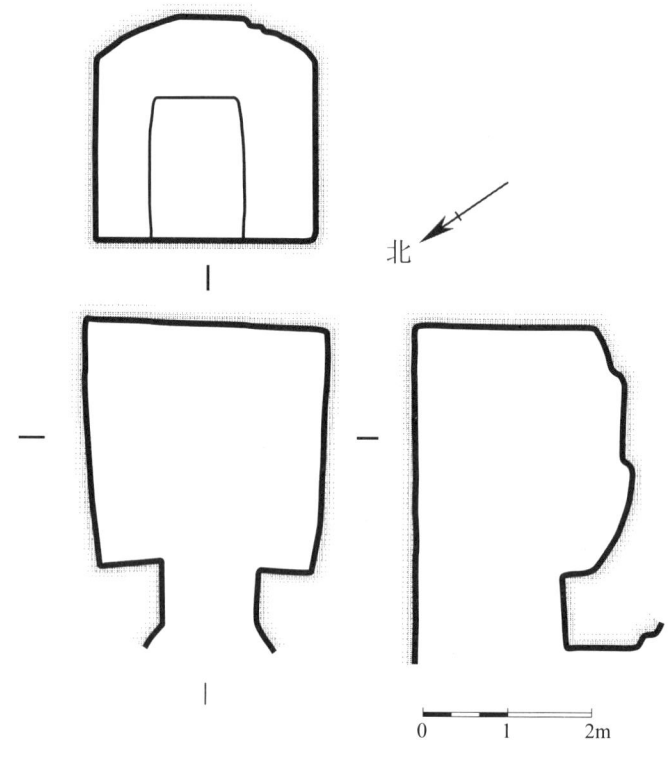

图2-4 第1窟平、剖面图

第2窟

位置

位于沟南区,西邻第1窟,东邻第3窟。方向330°。

形制

方形平顶窟。窟室进深2.8、宽3.4、高2.5米。窟门亦为平顶,宽1.2、高1.83、厚2.1米。距正壁0.5米处有一佛坛,长1.9、宽1.1、高0.1米。右侧壁开龛,宽2.1、进深0.5、高1.62米(图2-5)。

内容与现状

窟门亦为平顶。壁画大部分脱落。门壁残留白灰,壁画无存。**正壁**上部残存五身佛,仅保存头部部分。**前壁**上部残存两身佛,上身部分保存;前壁右侧下部残存少许壁画,上下两排,上排有六身双手合十胡跪的比丘,头部残损,下排模糊不清。**窟顶**四周绕以茶花纹边饰和垂帐纹;中央是一朵大莲花,莲花内有一菩萨乘骑白马,头戴髻珠宝冠,头后有绿色头光,袒上身,下穿裙,络腋斜披,红色披帛向后飘扬;马前有四身跪着的天人,头束圆髻,上身赤裸,仅着短裤,双手合十面向菩萨。中央大莲花四周饰以缠枝花,四角绘四身菩萨,其中一身保存较好(图2-6)。

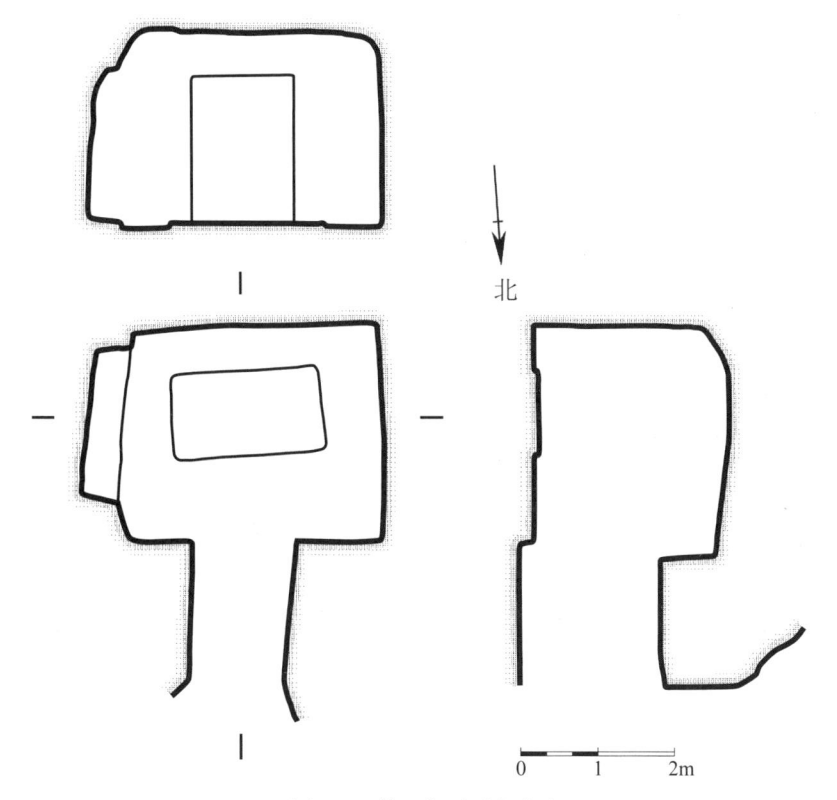

图2-5 第2窟平、剖面图

图2-6 第2窟顶部壁画

第3窟

位置

位于沟南区,西邻第2窟,东邻第4窟。方向340°。

形制

中心柱窟。窟门外宽1.2、内宽1.4、外高1.8、内高2、厚1.7米。**主室**为纵券顶,进深4.15、宽2.1、高3米。中心柱平面近方形,边长2.15米。正壁距地面0.85米处开一龛,宽1.3、进深0.22、高1.55米。左甬道进深3.15、宽0.9、高1.9米;甬道内侧壁中部距地面0.7米处开一龛,宽1、进深0.4、高1.05米。右甬道进深3.1、宽0.85、高1.9米;甬道内侧壁中部距地面0.65米处开一龛,宽1、进深0.4、高1.05米。后甬道进深4、宽0.9、高2米;甬道内侧壁中部距地面0.72米处开一龛,宽1.1、进深0.37、高1米(图2-7)。

内容与现状

门壁壁画无存。**主室正壁**(中心柱正面)中央开龛,龛内塑像已毁。上方残存放射状条纹和葡萄纹图案。左甬道口上方绘一佛像,面向西亦坐在凳子上,另有2身菩萨,一跪一站立,佛与菩萨

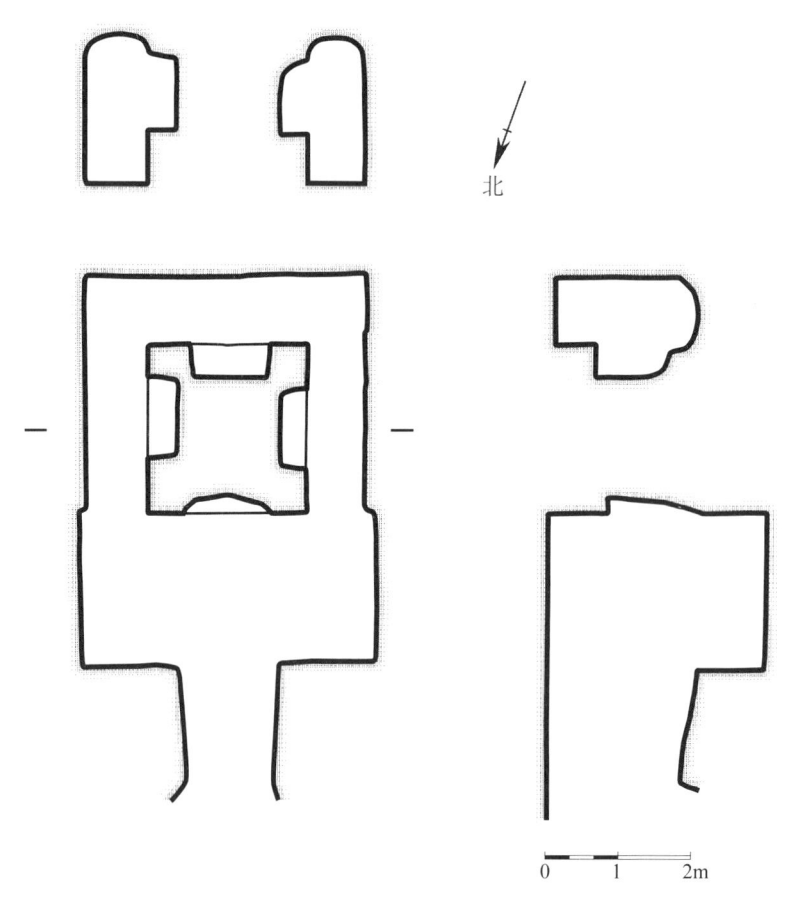

图2-7 第3窟平、剖面图

之间跪着一瘦骨嶙峋的比丘。右甬道口上方残存一佛像，具头光与背光，面向东侧坐于一凳子上。中心柱左右后三壁，正中龛两侧各绘有二弟子像。**前壁**门左侧一立佛，具圆形头光与舟形身光，穿红色袈裟；佛右侧一胁侍，仅存身后的火焰纹，左侧胁侍弟子，身穿红色袒右田相袈裟，身后有火焰纹。前壁门右侧一立佛，穿红色袈裟，残存圆形头光、舟形身光及膝盖以下部分。佛左侧一胁侍，残存双脚及以上一小部分的红色袈裟。胁侍下方有一穿红色田相袈裟的比丘尼（？），比丘尼身后有一跪着的回鹘女供养人，头戴莲花冠，梳蝴蝶形发髻，身穿红色窄袖裙襦，双手合十。立佛右侧下方有一跪着的回鹘女供养人，头部上半部分残缺，身穿红色圆领窄袖裙襦，双手合十。前壁门上方绘药师经变，右侧残存13身神像，计有菩萨2身、比丘2身、天神9身；其余壁画脱落殆尽。**左侧壁**绘维摩诘经变，壁画脱落也比较严重。上方有5身坐佛，其下正中一坐佛及7身胁侍，胁侍两侧有10身赴会佛，1身残缺。坐佛下方是整幅画面的主体部分，绘相向而坐的两身神像，左侧神像具圆形头光，衣饰模糊不清，坐于莲花宝座上，左边有10余身胁侍；右侧神像仅余下身一小部分，跪坐在铺着毯子的莲花高座上。两身神像下方中间部分绘有一站立在莲花上的小像，具圆形头光，手捧莲纹盘。小像的下方是一个长方形的框，里面写有回鹘文发愿文，左右两侧10余身天神。此外，整幅画面的两侧各有几幅小画，左侧保存相对较好，右侧仅剩下部两幅，每幅画均有回鹘文题记。**右侧壁**绘千手千眼观音经变，壁画主体部分全部脱落，唯留四周少许壁画。上方有5身坐佛，其下有呈放射状的光条，光条内有四个小圆环，圆环内各有坐佛一身；左侧上部保留2身神像的头光与身光，其中上方的一身头光内依稀可见有马头；右侧下部残存3身神像，中间一身保存相对较好，可看出是菩萨；下方正中有一方框，内有回鹘文题记，模糊不辨。题记左侧有一排供养人像，依稀可见3身男供养人和4身女供养人，男性服饰仅存腰间腰带，女性仅存莲花冠和蝴蝶形发髻。**券顶**壁画十分精美，色彩艳丽。中央是一圆形图案，内绘一菩萨，结跏趺坐于莲花上，莲花旁边有两只鹅。卷草纹图案布满整个券顶，并围绕中央圆环组成八个椭圆形，内绘菩萨像。其中，左侧壁画脱落，缺两身菩萨像。此外，中央菩萨左右两侧（圆环外）还有两身较小的菩萨（图2-8）。

左甬道外侧壁有三排图像，自上而下第1排第1幅绘一六边形的火宅，火宅左侧有一棵树，树的上方有一形体较小的人物像，其前方绘多边形图案，似代表水域；第2幅绘五个宅院，右上方有一棵树；第3幅画面较长，绘群山、溪流，群山之中有7个僧人，溪流旁有一小舟，其中最右侧的山两侧各有一梯子，山顶之上有两个站立的僧人；其余壁画脱落。第2排第1幅壁画十分模糊，仅见一佛，具圆形头光与背光；第2幅上方一佛，具圆形头光与背光，佛的右下方是一僧人，僧人之下似是一条龙；第3幅右侧绘一棵树，树下方有一僧人，僧人的前方有两身结跏趺而坐的僧人（？），其中一身具圆形头光；第4幅正中绘一站立的僧人，右侧是一世俗女性；其余壁画脱落。第3排第1幅底部用多边形图案表现一片水域，水上生有莲花，水上还有一多边形的亭台（？），亭台前面还有一形体较小的人物形象。内侧壁中间开龛，龛内塑像已毁，龛两侧各绘一身弟子像。**右甬道**外侧壁有三排图像，自上而下第1排第1幅绘一佛结跏趺而坐，身后一弟子；第2幅绘一佛结跏趺而坐，残存右半身，佛的右侧绘一棵树，树下一弟子跪坐；第3幅仅存一莲花座；其余壁画脱落。第2排第1幅绘一立姿佛，左右两侧各一弟子；第2幅绘一结跏趺而坐的佛，右侧一弟子跪坐；第3幅绘一结跏趺而坐的

图2-8　第3窟主室窟顶壁画

佛，左侧一形体较小的弟子，双手合十而坐；其余壁画脱落。第3排第1幅十分模糊，隐约可见一穿袒右袈裟的僧人（？），胡跪于方毯之上；第2幅模糊不可辨识；第3幅绘一佛，残存头光与背光；其余壁画脱落。内侧壁中间开龛，龛内塑像已毁，龛两侧各绘一身弟子像。**后甬道**外侧壁（即后壁）壁画脱落殆尽，内侧壁中间开龛，龛内塑像已毁，龛两侧各绘一身弟子像。**甬道顶部**绘莲花图案。

第4窟

位置
位于沟南区，西邻第3窟，东邻第5窟。方向340°。

形制
方形纵券顶窟。窟室进深2.55、宽2.4、高2.17米。窟门平顶，宽1.05、高1.57、厚0.83米（图2-9）。

内容与现状
门壁壁画无存。**正壁**下部壁画脱落，上部正中有坐姿菩萨，具圆形头光与背光。**前壁**门左侧一立佛，具圆形头光与舟形身光，穿红色袒右田相袈裟，佛右上方有回鹘文榜题；门右侧亦有一立佛，形象与左侧佛相同，佛左上方有回鹘文榜题，右下方有一形体较小的供养人，戴尖顶帽；门上方有一回鹘文榜题框，已毁。**左侧壁**亦分为两个部分，第一部分靠近前壁，下方浮塑一立姿神像，唯剩轮廓，其上绘一坐姿菩萨。第二部分为净土变，构图形式与右侧壁相同，中央为单檐大殿，回廊

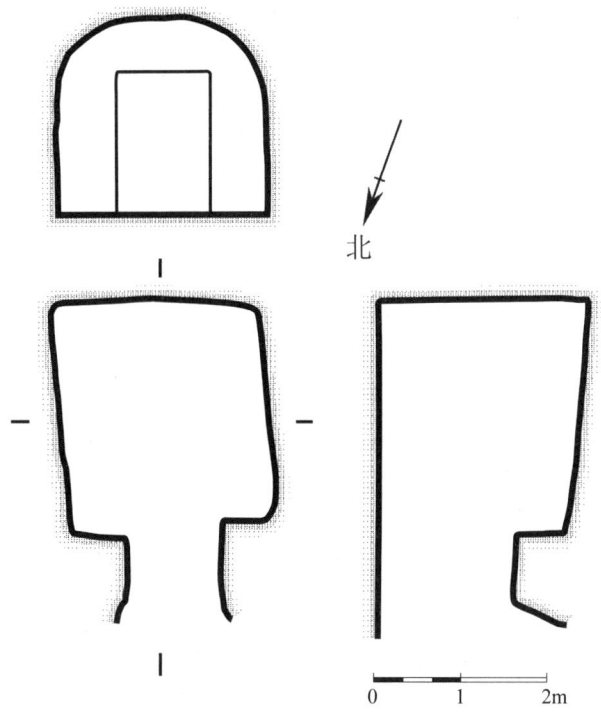

图2-9　第4窟平、剖面图

连接两侧重层配殿。佛坐殿中说法，四周圣众围绕，殿前的平台上，乐师弹奏，舞伎旋转。**右侧壁**画脱落；左侧有6身胁侍，胁侍上方有2身伎乐飞天，手拿乐器。右侧壁分为两部分，第一部分靠近前壁，浮塑一坐姿神像，只剩下轮廓，其左绘一立姿菩萨，神像与菩萨上方有一坐姿菩萨。第二部分为药师经变，构图形式为中堂和两侧纵向条幅组合，佛坐中央，周围是众胁侍，虚空中，天乐——曲颈琵琶和箜篌等飘荡。两侧条幅中隐约可见塔、幡、城池和立佛男子等。**券顶**沿纵向分为三个部分，中间部分中央是一个大圆环，内壁画模糊不清，两侧各有一团花图案；两侧部分是藤蔓卷叶纹图案，内绘菩萨坐像；最外层是装饰茶花纹的边框和垂帐纹（图2-10）。

第5窟

位置

位于沟南区，西邻第4窟。方向4°。

形制

方形平顶窟，窟顶略有弧度。窟室宽2.45、进深2.18、高2.25米。窟门平顶，宽1.13、高1.73、厚0.8米（图2-11）。

内容与现状

礼拜窟。**左侧壁**绘经变画，残存佛像10余身，有佛、菩萨、弟子与天人等。**窟顶**残留少许壁画，绘缠枝花图案。

图2-10　第4窟窟顶壁画

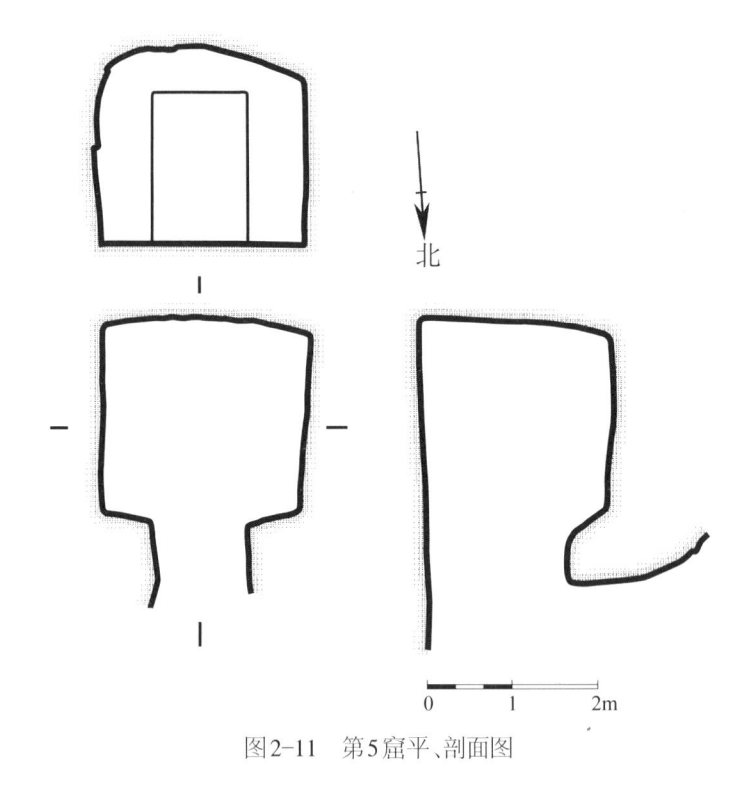

图2-11　第5窟平、剖面图

第6窟

位置

位于沟南区最东面,西邻第5窟。方向10°。

形制

方形券顶窟，由前室和主室组成。前室为横券顶，顶部坍塌。窟室进深3、宽7.3米。窟门呈喇叭形，外窄内宽，外宽0.84、内宽1.30、厚0.7米。前壁土坯垒砌而成，右侧可见券面；左侧壁在原有生土上包一层土坯，残高1.2米；右侧壁也是土坯垒砌而成，残高3米。主室为纵券顶，窟门顶部坍塌。窟门宽1、高2.1、厚1.3米；窟室进深2.8、宽2.5、高2.44米（图2-12）。

内容与现状

僧房窟。前室顶部坍塌。窟门呈喇叭形，外窄内宽。前壁土坯垒砌而成，右侧可见券面；左侧壁在原有生土上包一层土坯；右侧壁也由土坯垒砌而成。

主室窟门顶部坍塌，窟室四壁上部及顶部可见开窟时的凿痕，较平滑。前室壁面可见涂抹的草拌泥，下部涂红色颜料，上部涂白灰。窟内无壁画与题记。

图2-12 第6窟平、剖面图

沟 北 区

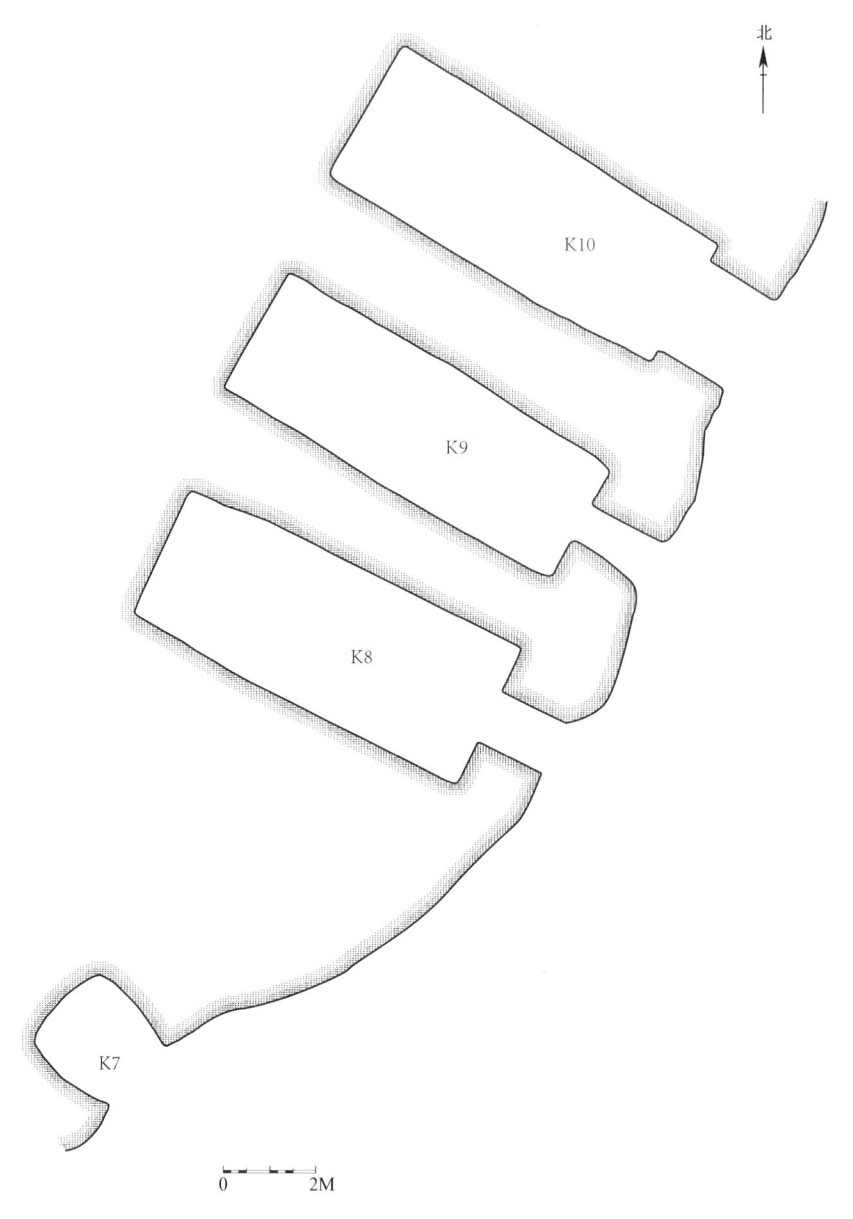

图2-13 第7—10窟联合平面图

第7窟

位置

位于沟南区最东面,西邻第8窟。方向148°。

形制

不详,窟室坍塌(图2-14)。

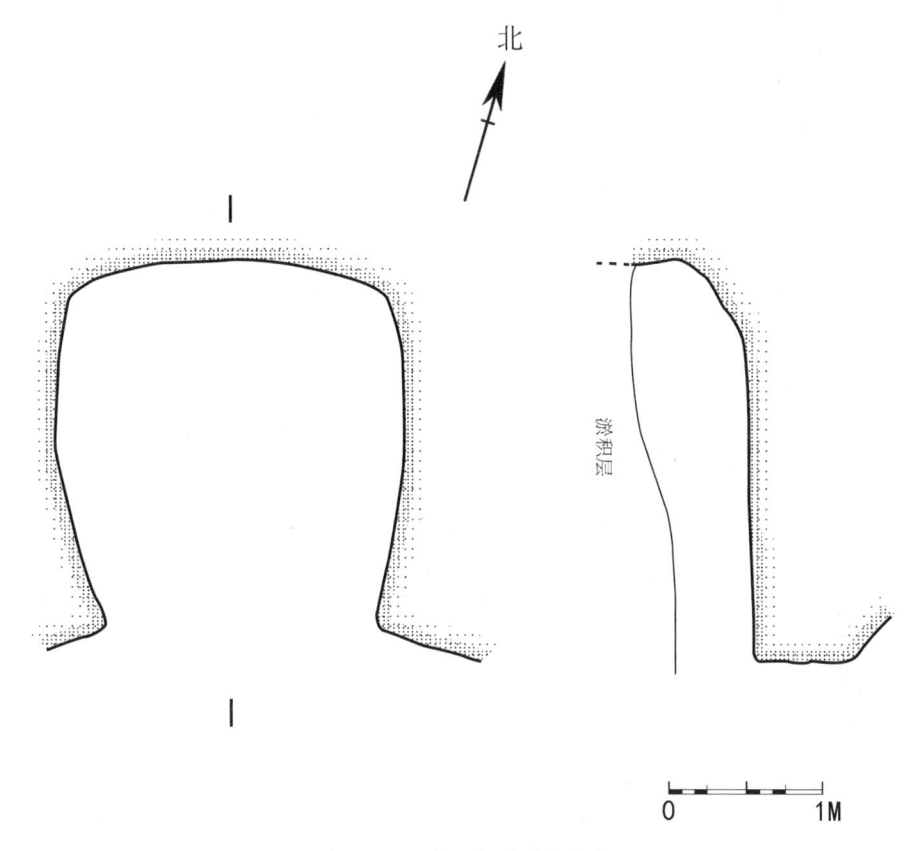

图2-14 第7窟平、剖面图

内容与现状

僧房窟。窟室坍塌，窟门处堆满积土，仅露出门顶部分。

第8窟

位置

位于沟北区，东邻第7窟，西邻第9窟。方向150°。

形制

方形平顶窟。窟室进深7.85、宽3.15、高1.55米。窟门为平顶，宽1.15、高1.55、厚1.1米（图2-15）。

内容与现状

僧房窟。仅见满壁凿痕。窟内无壁画与题记。

第9窟

位置

位于沟南区最东面，东邻第7窟，西邻第9窟，方向160°。

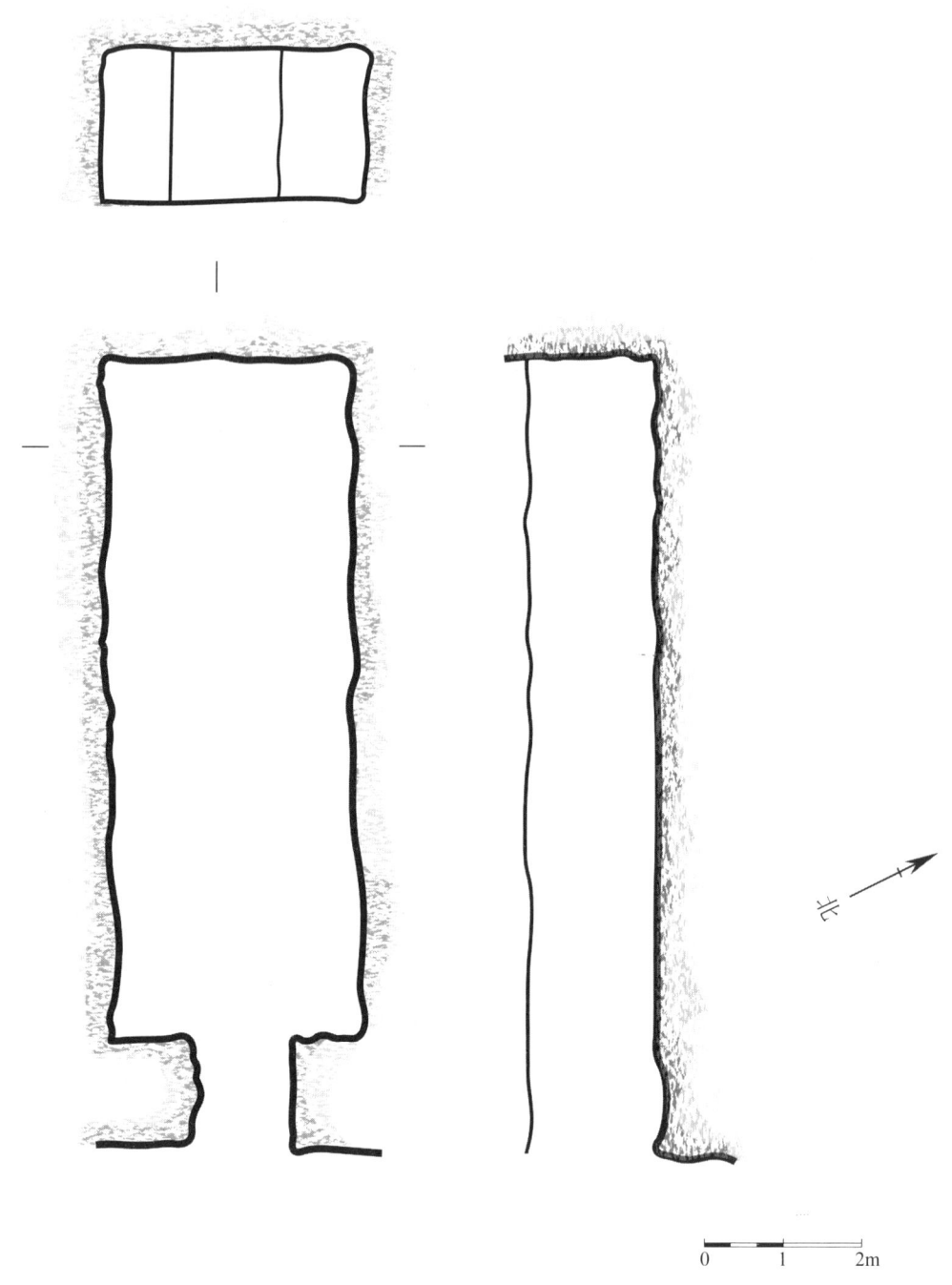

图2-15　第8窟平、剖面图

形制

方形平顶窟。窟室进深8.05、宽2.85、高1.68米。窟门为平顶,宽1.3、高1.48、厚1.4米（图2-16）。

内容与现状

僧房窟。仅见满壁凿痕。窟内无壁画与题记。

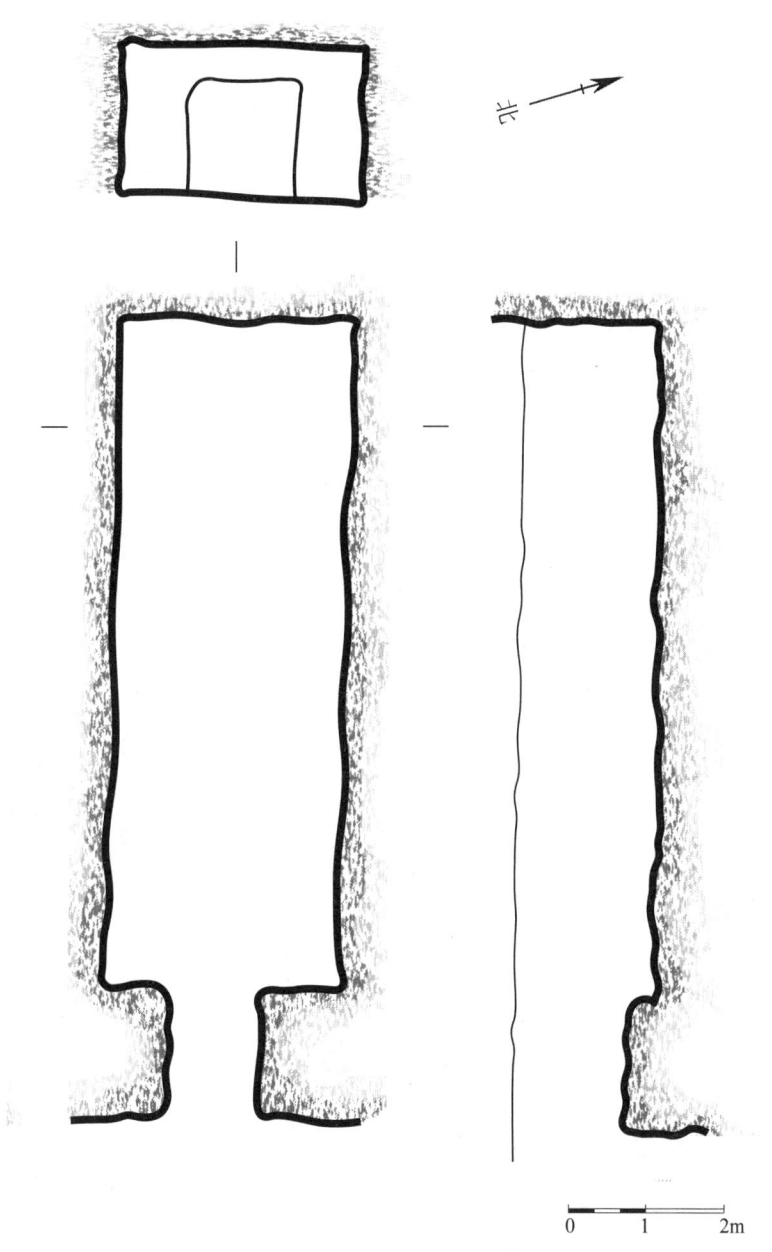

图 2-16　第 9 窟平、剖面图

第 10 窟

位置

位于沟南区最西面,东邻第9窟。方向162°。

形制

方形平顶窟。窟室进深7.96、宽3.05、高1.77米。窟门为平顶,宽2.12、高1.5、厚1.3米(图2-17)。

内容与现状

僧房窟。仅见满壁凿痕。窟内无壁画与题记。

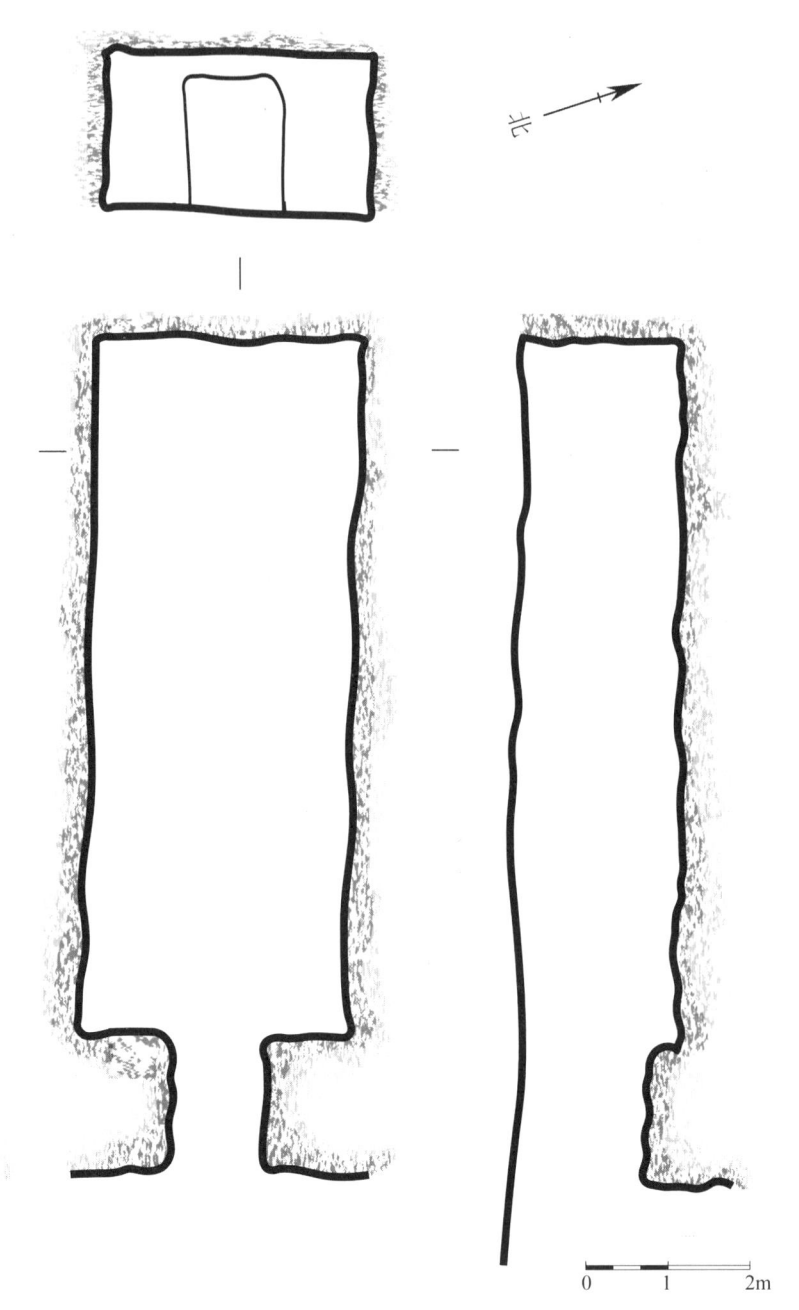

图 2-17　第 10 窟平、剖面图

1号佛寺

位置

位于沟北区。方向236°。

形制

总体呈平面呈长方形。东西长约30、南北宽约20米。由西半边的佛殿区域和东半边的僧房区域构成。佛殿区域四周墙体由夯土筑成,僧房区域全部由土坯垒砌而成(图2-18)。

图2-18 1号佛寺平面图

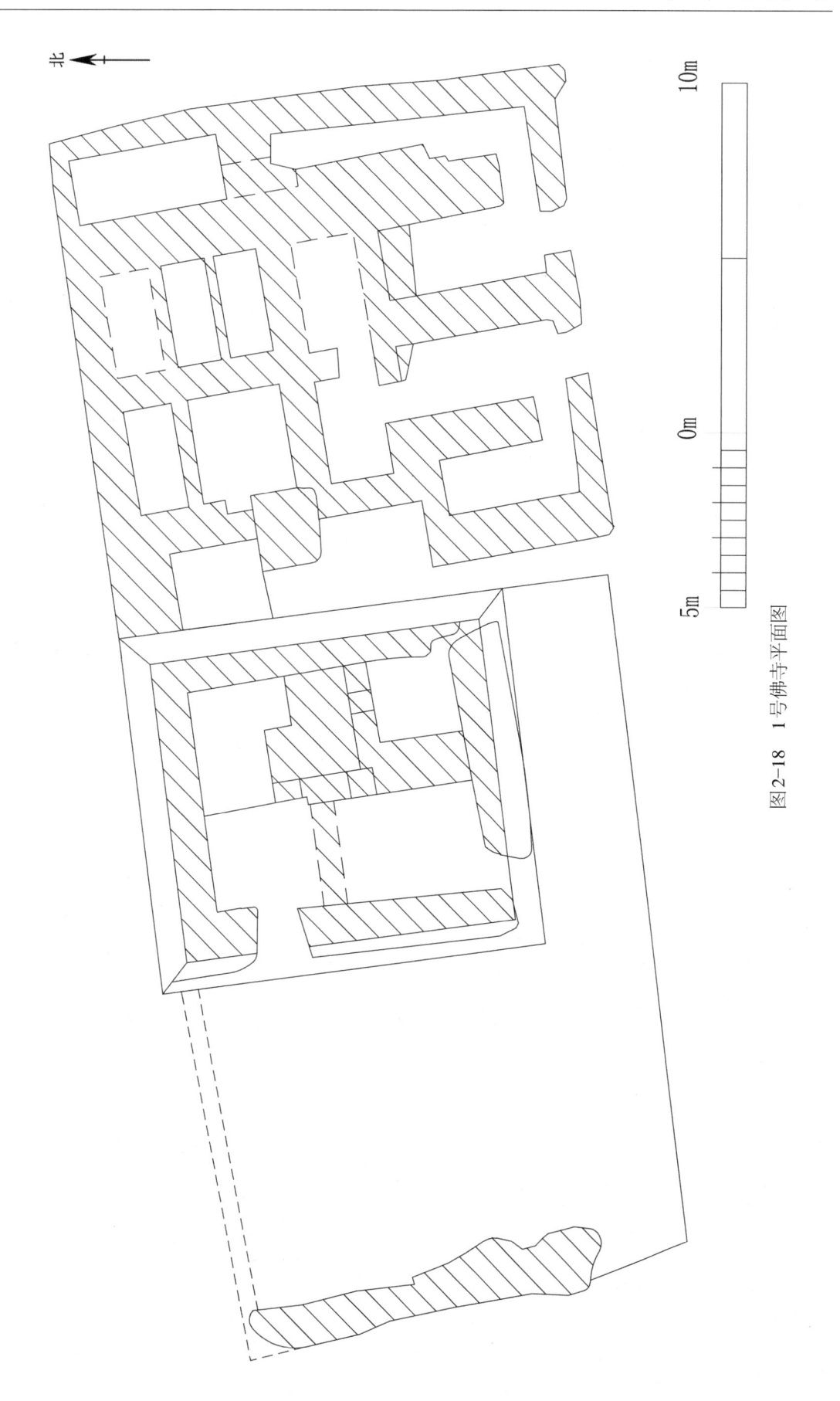

内容与现状

佛殿区域共三层，第一层为方形基座，由土坯垒砌，基座东边底部中间位置有一条直径约1米的通道通往僧房区域一间房中。第二层为佛殿的主体构成部分，由三间佛殿连接而成。西侧为一南北向的佛殿，顶部坍塌，门在西墙靠北处。东墙靠北、与门正对处开有两个券顶的小门通往东北角小室，该小室东西向横券顶。东墙边有一竖井通道高约2米，通道内壁有脚蹬小孔，可上至第三层。东北角小室南墙中部开一宽0.6米仅容一人通过之券顶门通向近正方形的东南角小室。东南角小室顶部坍塌，东南角墙体坍塌，有一条小道通往其间。根据斯坦因所绘平面图，该小道上有台阶从地平面依基座斜向上直达东南角小室。僧房区域为一层，与佛殿区域的第一层在同一个平台上。第三层现残存北边厚高墙体，可站在第二层东北角小室的顶上。

东半边的僧房区域北、东边有围墙，西侧依西边佛殿的基座而建，南侧有并列南北向的三间纵券顶僧房，前部坍塌，后部可见券面。僧房区域中间部位为两间各自独立、并列的东西向券顶僧房，靠西侧的僧房西墙上有通道通往佛殿的基座；靠东侧的僧房东边坍塌严重，内部用土坯砌起墙体支撑券顶。靠北部分可见五间房址，各自独立。僧房区域东墙内侧有南北两段宽约1.5米的过道，中间土坯垒砌实墙，但墙体底部相联通。北段过道靠南端西侧与一间僧房有通道打通。

2号佛寺

位置

位于1号佛寺北侧，距1号佛寺23.5米处。方向68°。

形制

形制不明。佛寺面积较小，仅残存部分墙基，长8.95、宽7.16、墙厚0.5米佛寺后部有一佛堂，长5.5、宽4.2、墙厚0.6米。

内容与现状

已塌毁，现存部分墙基。

七康湖石窟

第三章　七康湖石窟

七康湖石窟位于吐鲁番市高昌区胜金乡排孜阿瓦提村西南6千米,七康湖水库西400米。1999年7月,被公布为新疆维吾尔自治区区级文物保护单位。

石窟被一条狭窄的洪水冲击沟自然分为南、北两处寺院。沟的南侧现存11座洞窟,从东向西依次编号为第1—11窟,上方另有3座佛塔;沟的北侧现存2座洞窟,自西向东依次编号为第12、13窟,上方亦有2座佛塔。

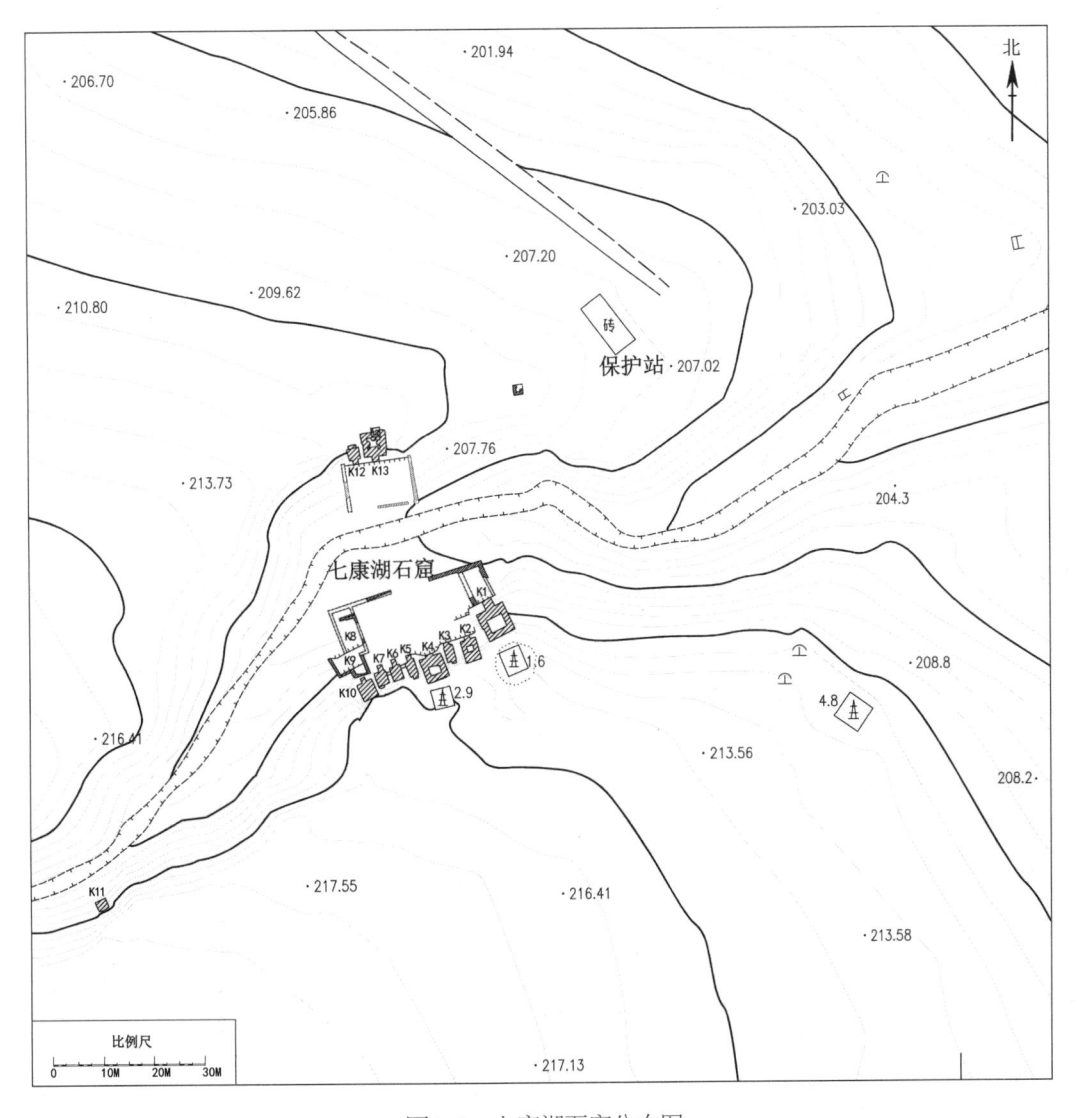

图3-1　七康湖石窟分布图

石窟始建于6世纪,持续使用至12世纪。洞窟形制有中心柱窟和方形纵券顶窟。早期壁画呈现明显的龟兹画风,如第1、4窟;第1窟左甬道(重绘)与第13窟,则具有唐风意蕴;第3窟开凿较晚,又表现出明显的回鹘画风。

沟 南 区

图3-2 七康湖石窟沟南区立面图

第1窟

位置

位于沟南最东面,西邻第2窟。方向325°。

形制

中心柱窟。**主室**为中心柱窟,东墙长5.1、墙体厚0.8米。在东墙体长1.3米处有一从西向东长2.5米的残墙体。在长2.8米处有一长0.9米的缺口。从缺口可见右侧甬道的墙体,从缺口可见长5.6米的墙体,右侧甬道长5.75、后壁5.6米,甬道进深5.7、宽1.25、残高2.05米,中心柱西壁长4.45、后壁2.3、东壁墙长2.6米。**前室**为长方形横券顶。前院只残存西墙,残长7、残高1.8米;在6.5米处可见高1米的残墙上有泥皮痕迹,泥皮后墙体可能为后来所砌。前院东墙残长1.7、高0.9、厚0.5米。前院南墙上有进入洞窟的门,门西侧墙体长2.1、残高1.9米。门头高0.65、进深1.3米。门东侧墙体长0.85、残高3.7米(图3-3)。

内容与现状

顶部坍塌。甬道通体草拌泥皮,侧壁及顶部泥皮出现空鼓和脱落。前甬道坍塌,无法测量高度。甬道券顶及侧壁涂抹白灰,仅左甬道外侧壁残存一3/4侧向主室的菩萨头光,及菩萨手持的三叉戟与幡。

第2窟

位置

东邻第1窟。方向332°。

形制

中心柱窟。中心柱左侧长1.5米,右侧内壁长1.1米,后壁长1.65米。无法确定窟顶高度,现残高1.8米(图3-4)。

内容与现状

顶部岩石坍塌严重。现入口距甬道1.15米,进入后可见右甬道外壁残长1.75米,甬道宽1米,地面距起券高度0.7米,甬道端券高0.3米。窟内无壁画与题记。

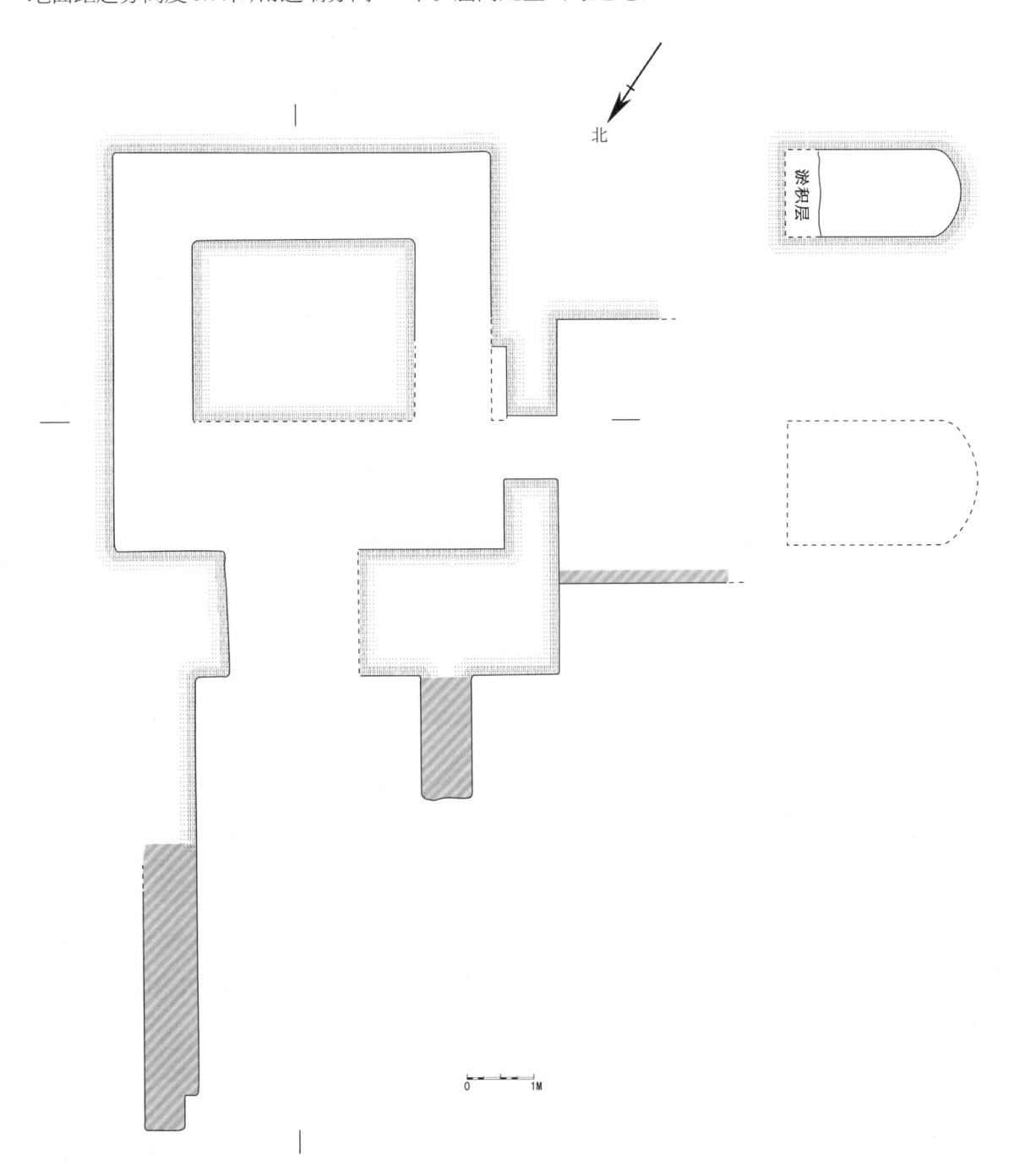

图3-3 第1窟平、剖面图

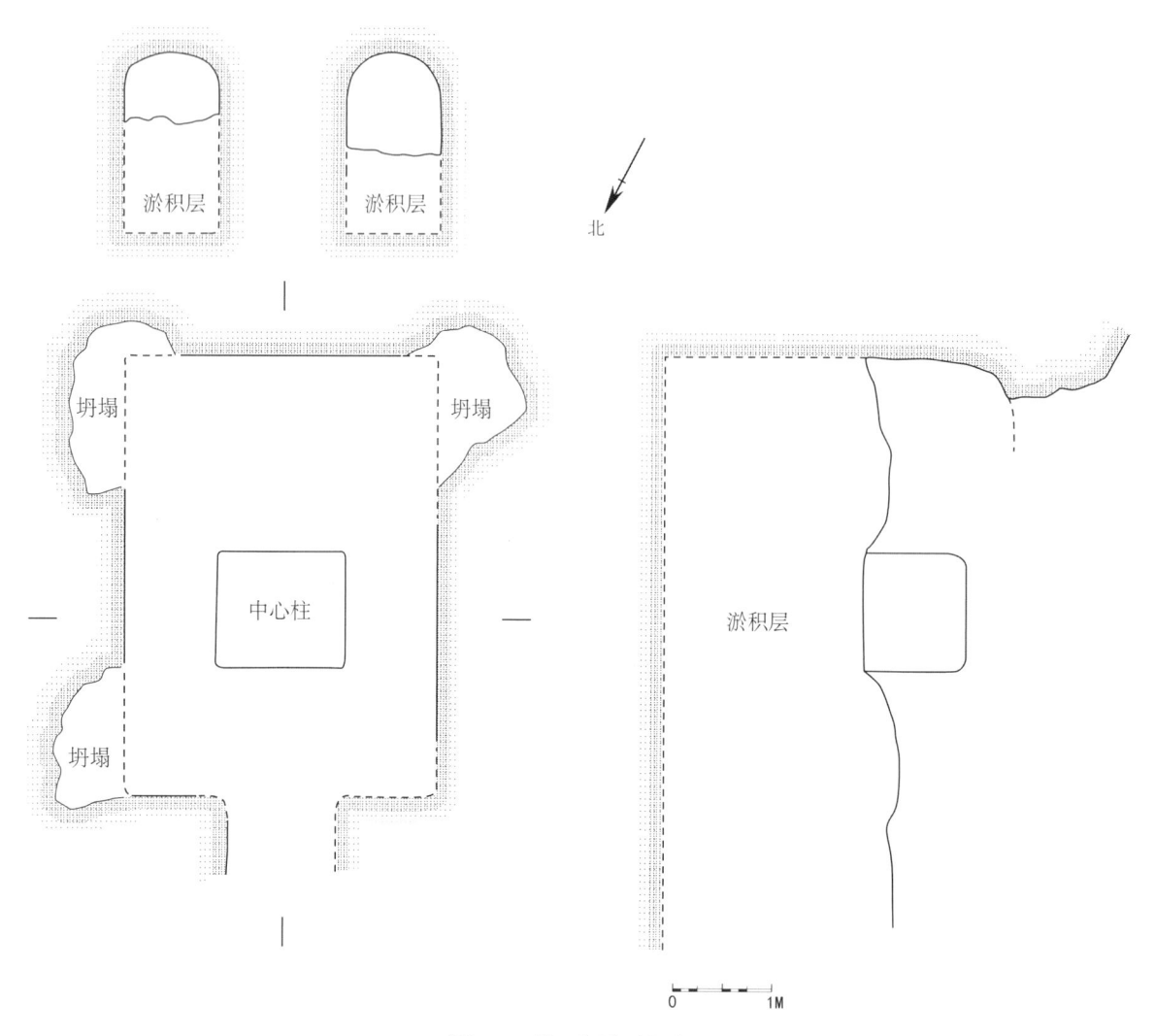

图3-4　第2窟平、剖面图

第3窟

位置

东邻第2窟。方向323°。

形制

长方形纵券顶窟。窟室进深2.95、宽1.8、残高1.75米。距地面1.15米起券，券高1.1米。窟口宽0.8米。正壁上距窟顶0.5米有一略呈正方形的龛，宽0.9、残高0.55米。在窟口前壁与右侧壁的夹角处有一龛，宽0.4、进深0.15、高0.3米（图3-5）。

内容与现状

门两侧仅余白灰，有红色颜料痕迹，无法辨认。**正壁**仅见上半部，留有塑像身光痕迹，身光两侧可辨认卷草纹及左右各一飞天，右者曲肘上举左手，左者曲肘上举右手，似作散花状。**左侧壁**余2行千佛，近正壁处漫漶难辨，自上而下仅第一行大致可识出4身；近前壁处第一行余8身可辨，第

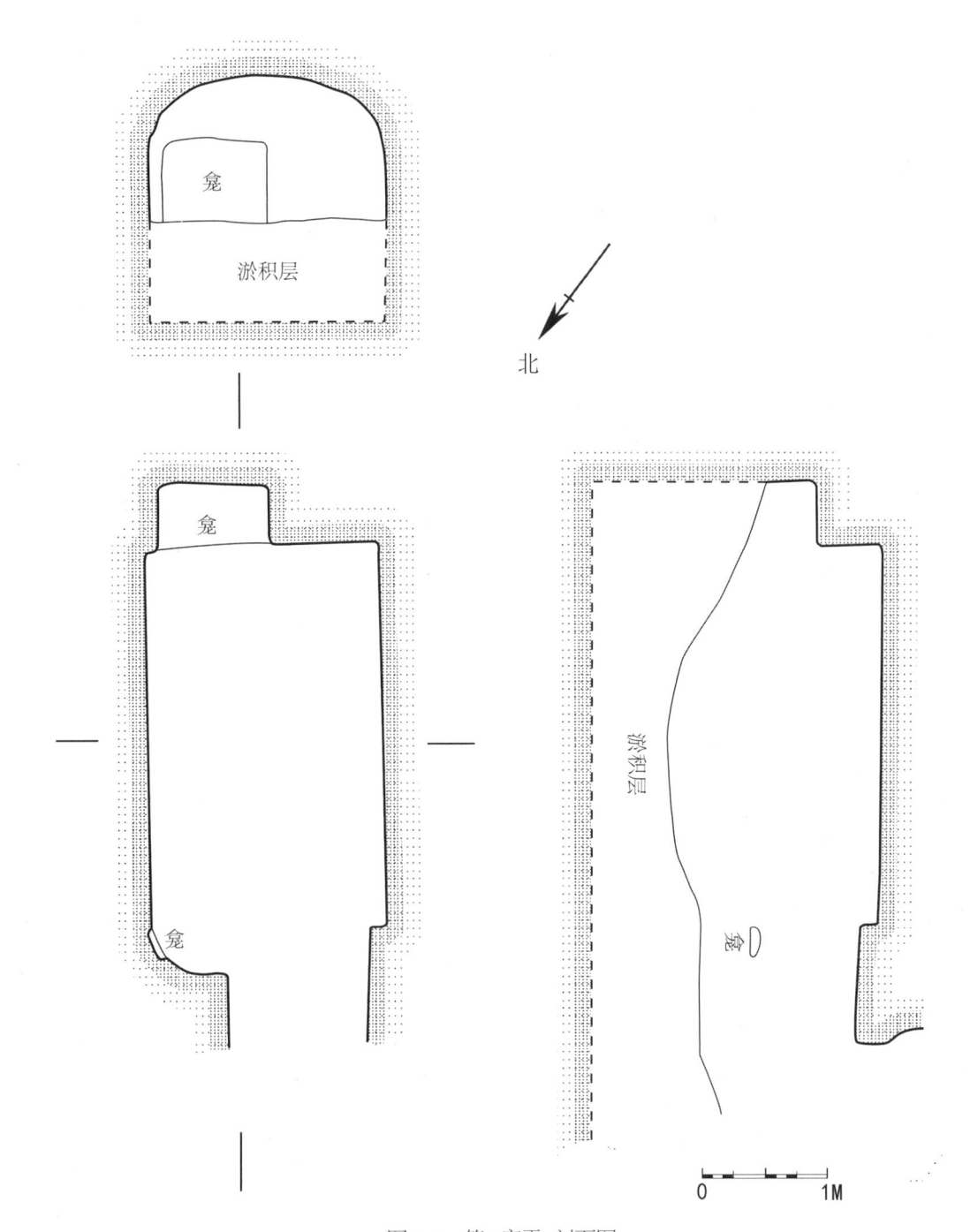

图 3-5　第 3 窟平、剖面图

二行余 5 身可辨。**右侧壁**残存三处壁画，为连续的 2 行千佛，自上而下第一行近正壁处余 5 身，次外余 2 身，近前壁处余 4 身可辨认；第二行近正壁处第一行第一身下，仅见朱红底色，未见千佛，自第一行第三身下起而外余 2 身，又近前壁处余 3 身。**券顶**仅余前部一处壁画，券顶两侧对称，自券顶正中至下依次为一行卷草、三行千佛。

第4窟

位置

东邻第3窟。方向327°。

形制

中心柱窟。主室为长方形横券顶,前壁长4.3米,距中心柱1.9米。左侧甬道外壁长4.74、宽1.1、甬道高1.1米。外壁上有一长1.5、深0.2、高0.95米的坍塌。甬道后壁坍塌,长度无法测量。中心柱左壁长1.65米,中心柱后壁长2.1、宽1.2米,距离中心柱后壁底1.4米处起券,券高1.6米。中心柱右壁长1.3、高0.95—1.3米。甬道顶层距窟顶2.6米(图3-6)。

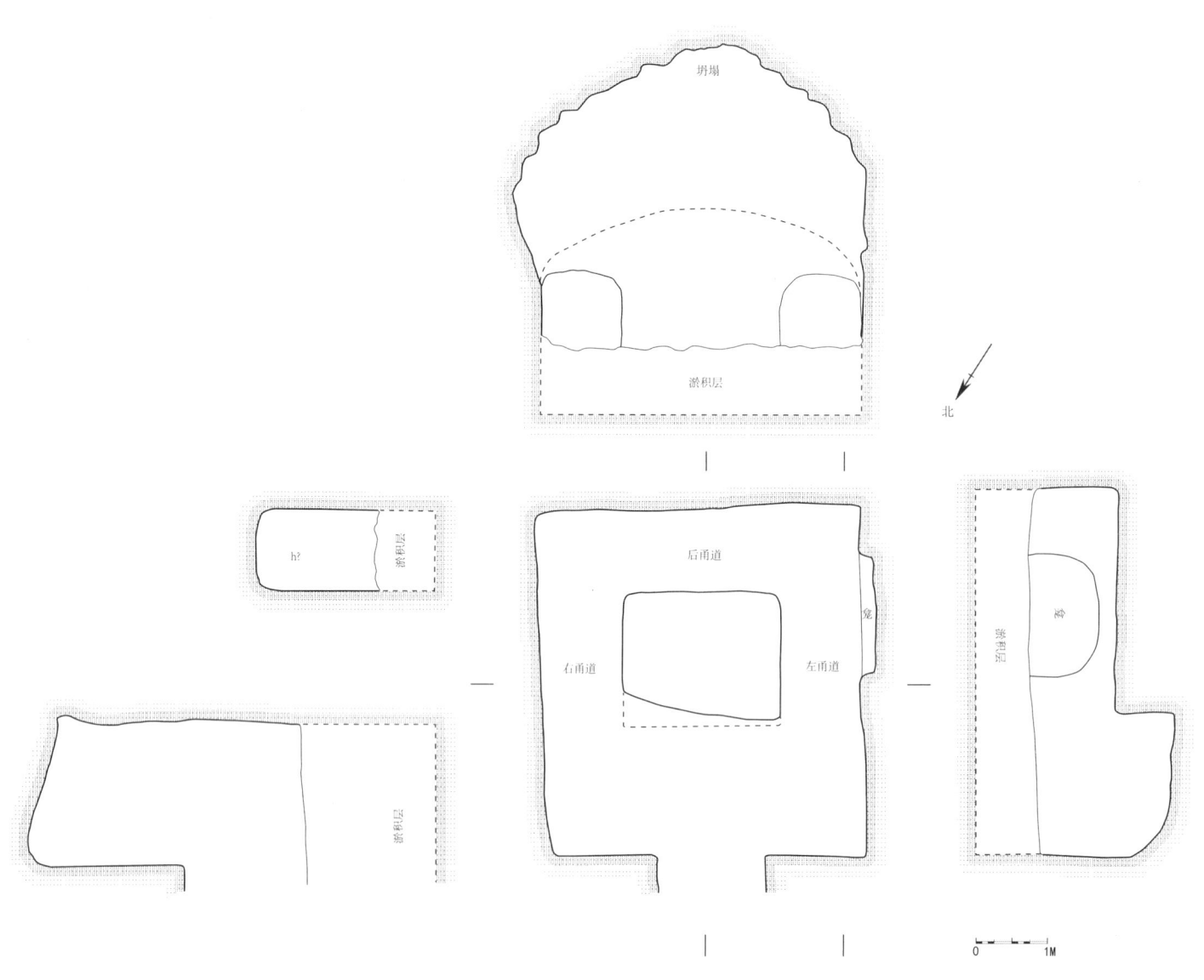

图3-6　第4窟平、剖面图

内容与现状

窟入口堆积层到窟顶高度3.4米。**主室**左侧壁残余部分壁画，自上而下可分三部分，最上为千佛，之下为两铺佛传故事。**左甬道**券顶漫漶，依稀可辨直到后甬道外壁曾有5铺平棋图案；左甬道外侧靠近主室一侧保存一处壁画，余7行千佛；左甬道内侧描绘千佛围绕一铺阿弥陀说法图。**右甬道**券顶绘平棋图案；右侧壁描绘千佛围绕一铺说法图，近后甬道处壁画保存较完好；左侧壁残存一行计6身千佛可辨。**后甬道**券顶绘平棋图案；内侧壁描绘千佛围绕一铺说法图；外侧壁紧邻券顶平棋处留一行千佛，计14身。

第5窟

位置

东邻第4窟。方向335°。

形制

长方形纵券顶窟。窟口高1.5、宽1.0米，窟宽1.6—1.85米。**正壁**长1.6米。**左侧壁**长2.9、宽1.8、高1.55米。距右侧壁0.1米，距左侧壁0.9米，距正壁顶0.35米处有一个龛，宽0.9、进深0.6、高0.5米。距底部虚土到起券处1.2米。距窟入口0.67米，右拐0.15米处有一个龛，宽0.5、进深0.25、高0.4米。距龛0.16米处有一个盗洞，盗洞宽1.05、进深1、高0.7—1米（图3-7）。

内容与现状

由盗洞可进入第6、7号窟。窟内无壁画与题记。

第6窟

位置

第5窟与第6窟之间有一盗洞连通，盗洞宽0.55、高0.7、深1米。该盗洞位于第5窟的西墙，即第6窟的东墙上。方向339°。

形制

长方形纵券顶窟。南北长2.7、东西宽2.15米，门宽0.9、门高0.8、残深1.1米；正壁长2.1米，连接西墙，距窟顶0.4米有一龛，宽0.93、进深0.5、高0.5米。门距东墙0.45米；门西侧0.2米处，连接西墙有一龛，宽0.6、进深0.25、高0.45米；西墙为有连接K6、K7的盗洞（图3-8）。

内容与现状

窟门呈平顶，窟口向北。东壁中部偏南，距南壁0.5米处残存面积为0.2×0.3米的壁画，正壁上方残存面积为0.4×0.2米的壁画。正壁龛旁留有彩绘痕迹，窟内无题记。

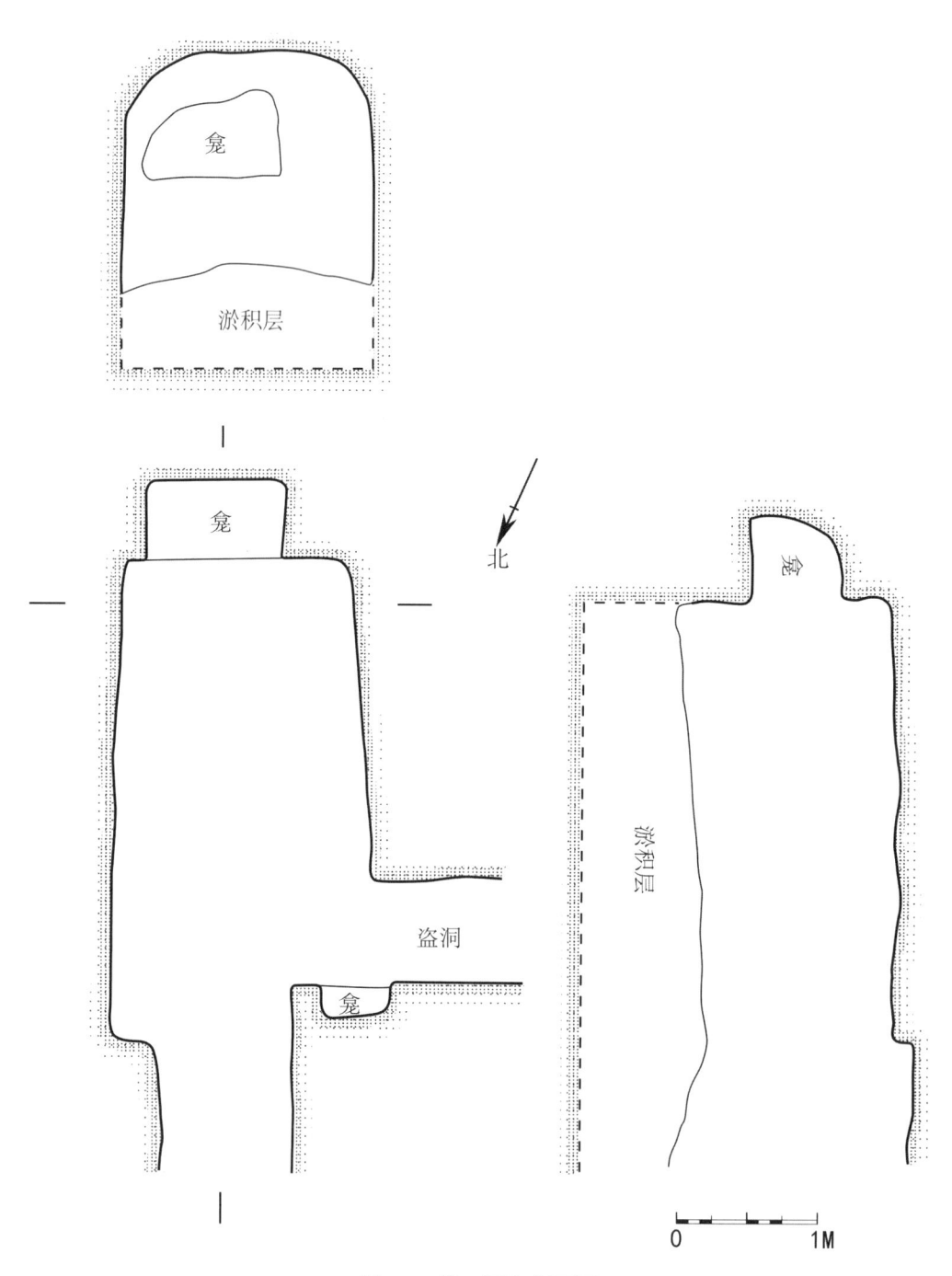

图3-7　第5窟平、剖面图

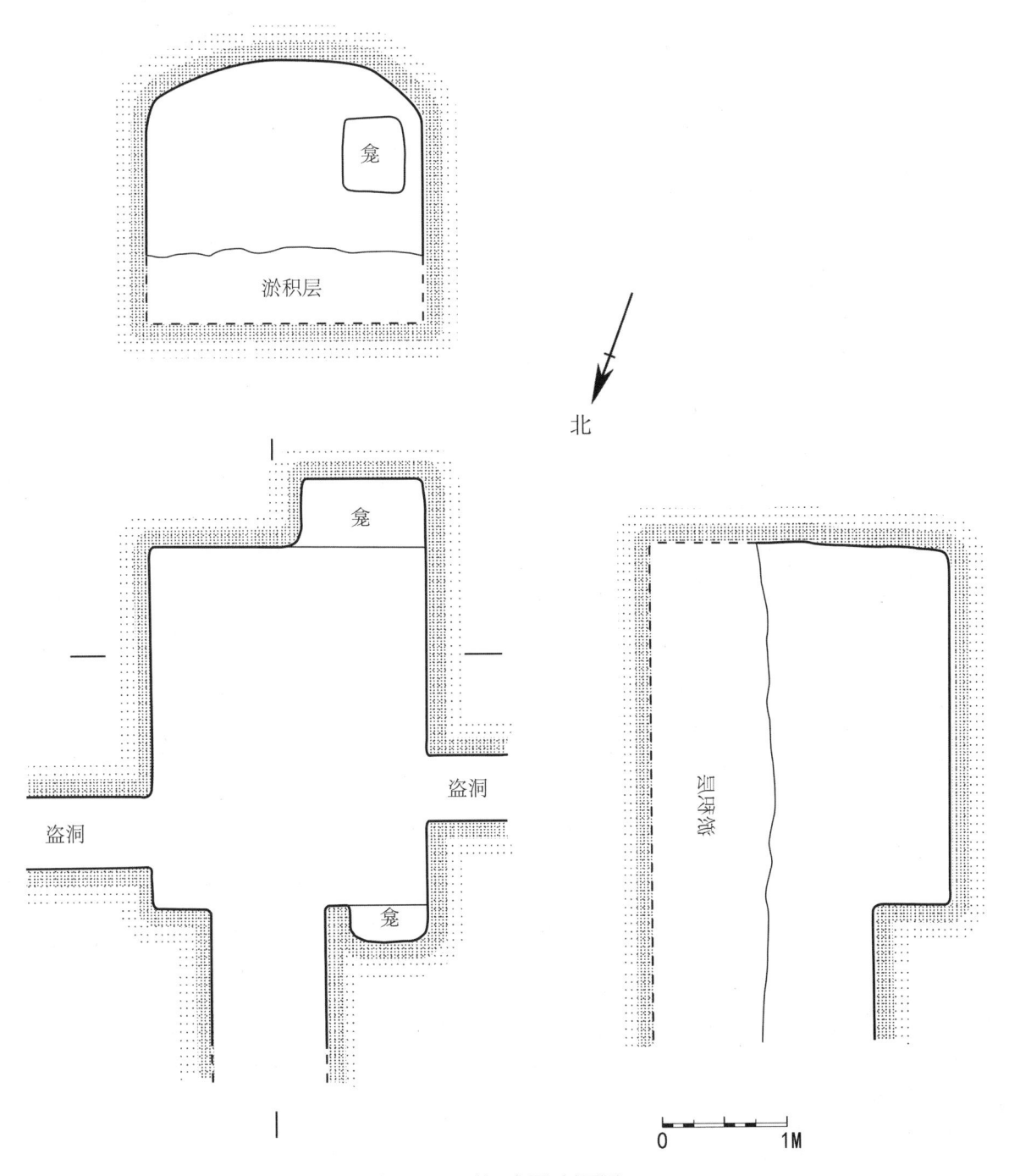

图3-8　第6窟平、剖面图

第7窟

位置

第6窟与第7窟之间有一盗洞连通，盗洞宽0.5、高0.4、深0.6米。该盗洞位于第6窟的西墙，即第7的东墙上。方向345°。

形制

长方形纵券顶窟。南北长2.6、东西宽2.15—2.25米,门宽1、门高0.7、残深1.1米。正壁长2.3米,距东壁1米处有一龛,宽1.1、进深0.4、高0.9米;距东墙0.2米;距门西侧0.15、窟顶0.5米处有一龛,宽0.8、进深0.2、高0.4米(图3-9)。

内容与现状

门呈拱形,窟口向北。窟顶坍塌严重,地面有大量积土,西壁距虚土层1米处的墙面坍塌约0.3米。窟内无壁画,无题记。

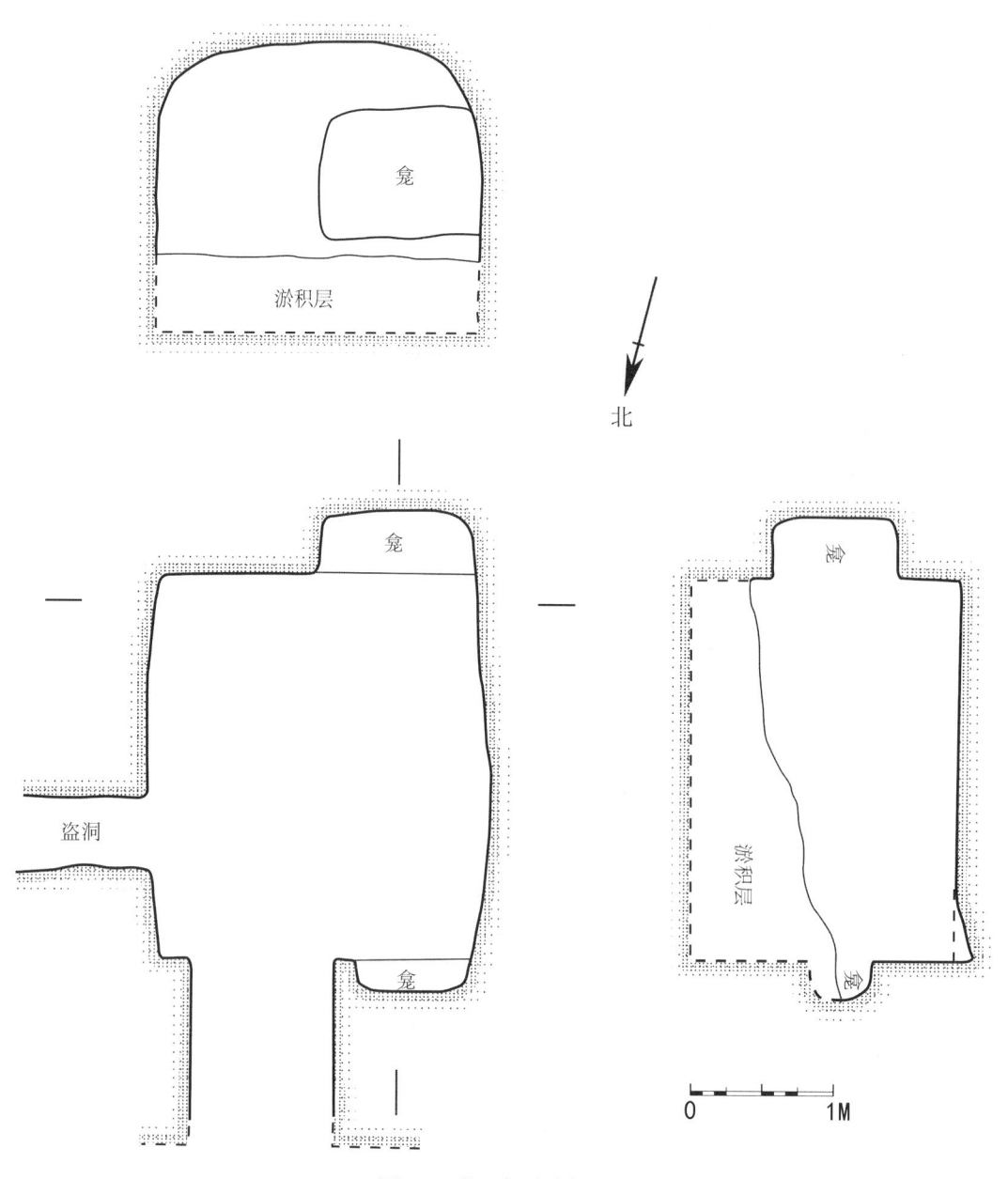

图3-9 第7窟平、剖面图

第8窟

位置

位于沟南西区,北临第9窟。方向335°。

形制

形制不明。平面呈"L"形。东墙残长1.9、高0.45、厚0.6米。北墙体残长2.7、厚0.5米,在地面1.2米处有一残墙体长1.4、高1、厚0.5米。

内容与现状

坍塌严重,仅存残墙体。窟内无壁画与题记。

第9窟

位置

南邻第8窟。方向332°。

形制

形制不明。东墙外墙长2.7、高2.4、厚0.6米。在东墙与平行后壁岩体夹角有一个洞,宽0.6、高0.58、进深1米。在洞底可见一竖立土坯。东墙内墙残长3.3米,距内墙0.7米处有一个0.5米的缺口。北墙外墙长4.4、残高1.7、厚0.4米,在外墙可见未脱落的泥皮。北墙内墙东侧有一宽0.7、进深0.8、高0.4米的券口。券口内可见一竖立土坯。北墙内墙长5米。西墙残长2.9、高1.4、墙厚0.45米。

内容与现状

建于坡面。后墙依山体而建残高1.2米。窟内无壁画与题记。

第10窟

位置

北邻第9窟。方向336°。

形制

长方形纵券顶窟。窟顶缺口宽1.4、长1.8米。由缺口进入洞窟后,窟内有大量的沙土,可见正壁由上至下长度为2.6—3.4米,高2.5米,距虚土地面1.6米处可见残留券面痕迹。券残长2.3、券高1.8米。券面上草拌泥中还可见小砂石,表面非常粗糙。**前壁**长3.2米,右前壁距墙边1.1米,正中有宽1米口,可能是门,左前壁距墙边0.15米,距门边有0.65米处有两个龛,两个龛上下开凿,其中一个宽0.3、进深0.25、高0.35米。距下龛0.20米处有一个龛,宽0.4、进深0.2、高0.25米。**左侧壁**长2.9、残高1.8米。**右侧壁**长2.9、残高1.6米(图3—10)。

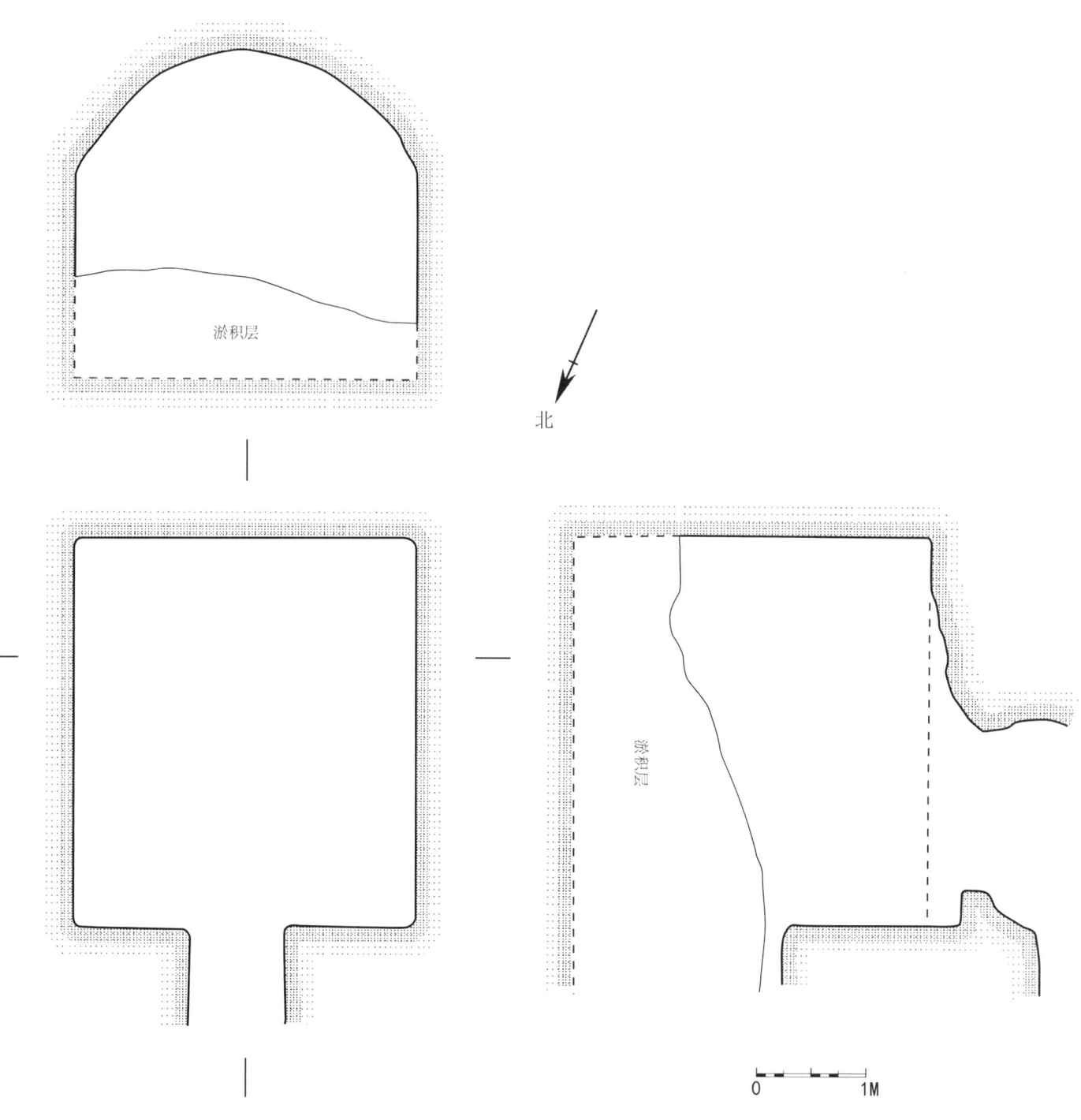

图3-10　第10窟平、剖面图

内容与现状

窟顶坍塌,四壁泥皮剥落、坍塌。在左侧壁上可见草拌泥的痕迹,并有人为刻画痕迹。右侧壁与正壁拐角处有一个宽1、高0.45米的深洞。以灯光探测深度未见底,因而无法确定深度,推测可能为通道,但具体不明。窟内无壁画与题记。

第11窟

位置

西距第10窟80米。方向330°。

形制

形制不明。窟长2.5米。券距东墙体0.3米,券长2.1、高2.15、厚0.2米(图3-11)。

内容与现状

沿山体向西行走80米可见依山而建,仅存正壁和券面。窟内无壁画与题记。

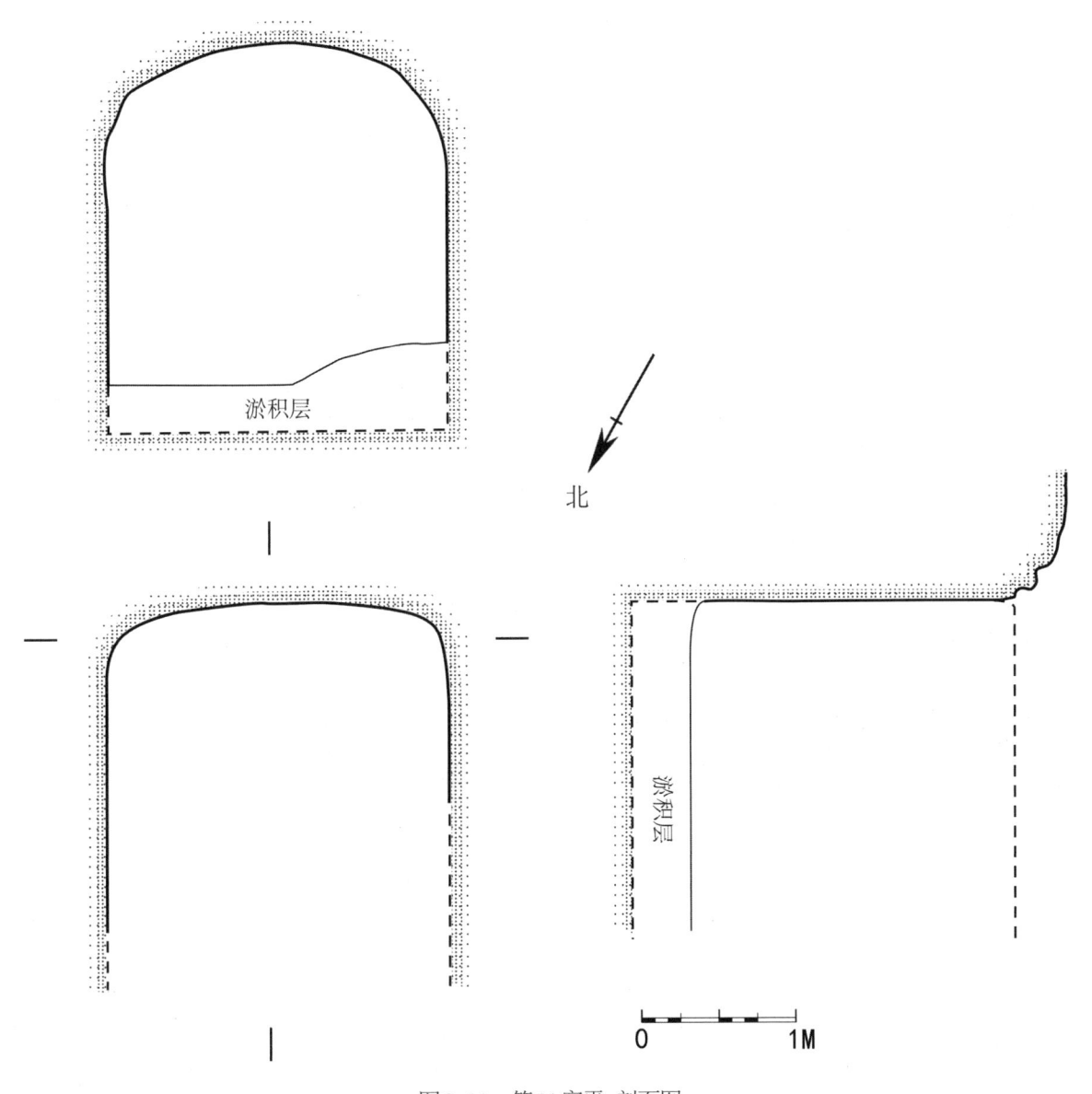

图3-11 第11窟平、剖面图

沟 北 区

图3-12 七康湖石窟沟北区立面图

第12窟

位置

沟北自西向东第一个窟,东邻第13窟。方向174°。

形制

长方形纵券顶窟。窟门宽1.1、门内高0.85、门距券顶0.6米。右前壁长0.5、左前壁长0.55米,前壁上有0.55米×0.5米的草拌泥,涂抹白灰,残存少量壁画。**正壁**上有一个龛,宽1.56、进深0.6米,龛左侧长0.52、龛右侧长0.55米,正壁左侧长0.4、右侧长0.4米。并有一处0.14米×0.27米草拌泥,白灰涂抹。**左侧壁**长2.25、高1.78、券高1.2米。并有0.7米×0.3米草拌泥痕迹,白灰涂抹,有少量壁画。**右侧壁**长2.2米(图3-13)。

内容与现状

窟门被大量的沙土掩埋,调查人员只能退着进入洞窟内。在洞窟前壁左侧残留一身人物,漫漶不清,仅依稀见头光及身躯,右手似托举一塔。窟内无题记。

第13窟

位置

西邻第12窟。方向175°。

形制

中心柱窟。窟门由外向内宽1.3—1.145、残高1.3米,门道左侧长0.9、门道右侧长1.1米。**前壁**

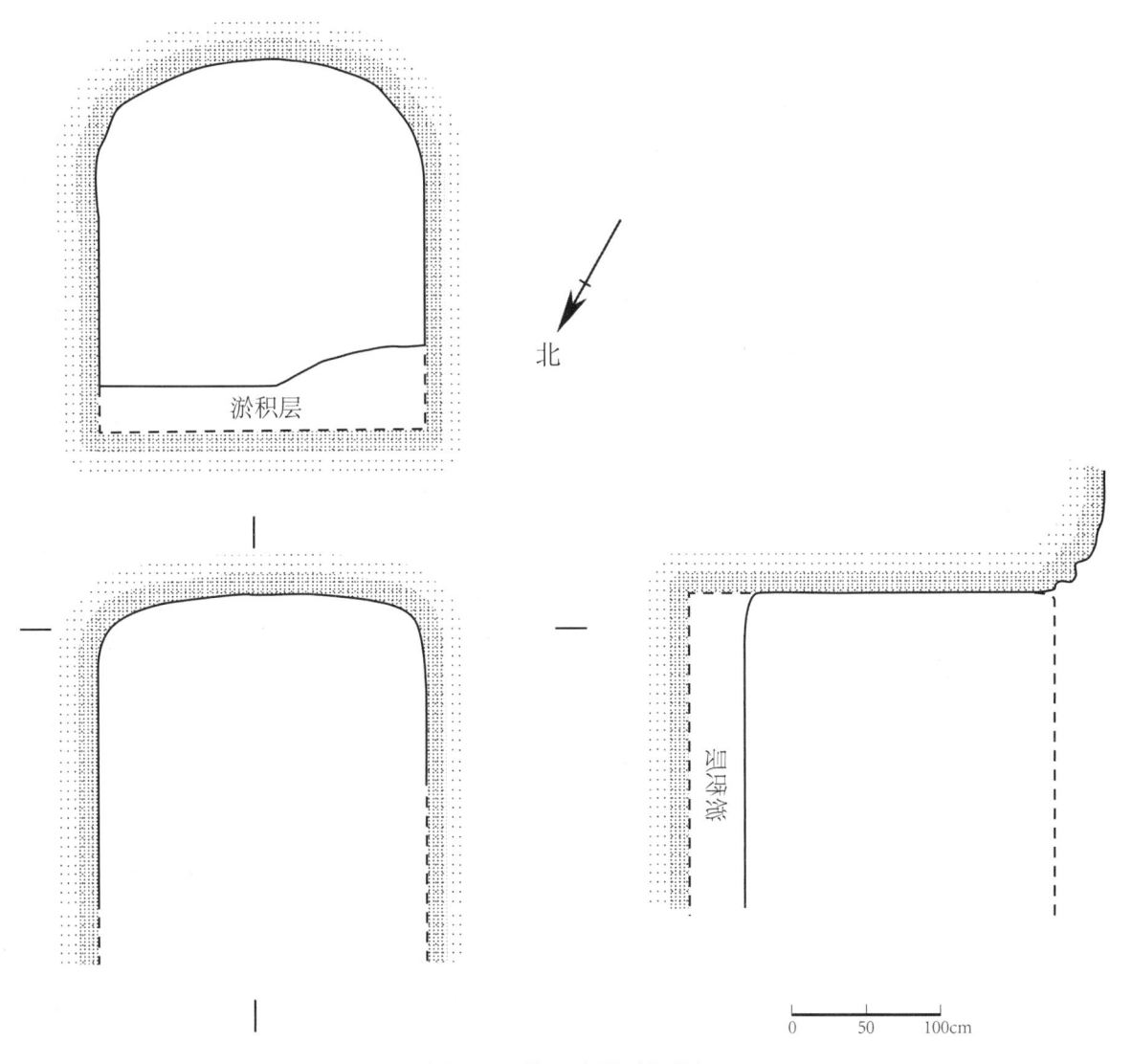

图3-13 第12窟平、剖面图

长4.25米,门距左侧壁1.45、距右侧壁1.4、残高1.2—1.4米。前壁上有一个龛,宽1.43、进深0.45、高1.35米,龛左侧长0.38、右侧长0.35米。**后壁**长4.7、残高1.6米,中心柱后壁长1.4米,甬道残宽1.1—1.5米,中心柱后壁上有一龛,宽1.15、进深0.45—0.6、高1.2米,龛左侧长0.7、右侧长0.58米。龛底中间有一个0.58米×0.6米的残缺。**左侧壁**长4.8、残高1.6、左甬道宽1.2米。中心柱左侧壁上有一龛,宽0.65—1.1、进深0.45、高1.15米。龛左侧长0.55米,龛右侧长0.70米。**右侧壁**长4.55、残高1.6、甬道宽1米,中心柱右侧壁有一龛,宽1.1、进深0.45、高0.45—0.6米,龛右侧长0.55、龛左侧长0.7米(图3-14)。

内容与现状

主室顶部墙体坍塌,甬道顶部壁画剥落,可见壁画均集中在甬道。**左甬道**券顶为宝相花,酒红色底,之下为三角立柱纹;左侧壁正中开一龛,龛内两侧残余桃尖形头光,背景绘制折枝花,龛外两

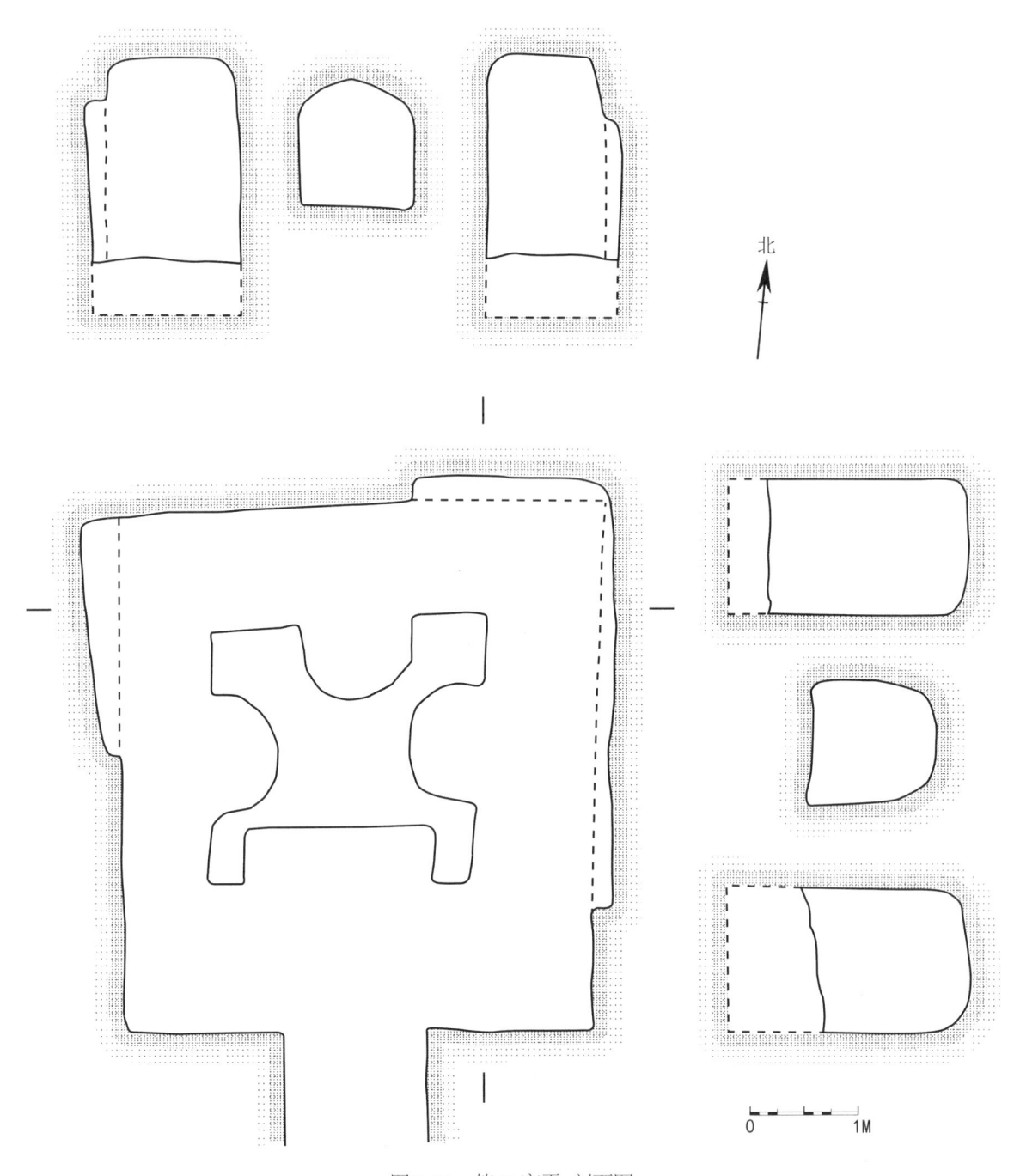

图 3-14　第 13 窟平、剖面图

侧各有一人物，仅余腿部，可见曳地长袍。**后甬道**券顶为宝相花，类同左甬道顶，但之下无三角立柱纹；内侧壁龛两侧各绘一比丘，有圆形头光，周身围绕流云及折枝花。龛左侧人物保存较完好，为一年长者，3/4 侧向壁龛，周身亦围绕流云及折枝花。**右甬道**券顶宝相花，之下有三角立柱纹；右甬道右侧壁龛内顶部仍存有宝盖，宝盖分作两层，上层有莲瓣簇拥，下层上有火焰摩尼宝珠装饰；宝盖之下左右各有璎珞悬于空中，璎珞绕在一天花上，垂下两缕。龛内两侧或曾有塑像，现仅见绘有桃尖形头光，头光中有装饰纹样。宝盖及头光周有流云及折枝花为背景。龛外两侧各绘一名人物作3/4侧面向壁龛,惜漫漶不清,可见人物脚下踏覆莲,周身有流云及折枝花;右侧人物面前绘一生双翼、鸟脚及长翎尾事物,身躯难以辨清是飞鸟抑或其他,只可知其朝向人物。右甬道外侧壁绘有三角立柱纹,之下为净土说法图,正中佛结跏趺坐仰莲中,左手结说法印,之前或设有供养。佛身光及头光中绘有化佛,现仅存左半部分。佛顶上绘有宝盖及宝树,宝盖两侧或有飞天,现仅见身上披帛。佛身光左侧残余一圆形头光。再左又有一圆形头光,似为佛左侧上首菩萨之胁侍。两枚头光之上有一楼阁,上有相轮,塔尖及飞檐之间有弧线连接。佛左侧上首菩萨仅余头光及宝盖,依稀可见宝盖上垂下璎珞。

佛 塔

七康湖石窟南、北两边共有5个佛塔建筑。其中南部寺院顶部有3个佛塔,从东向西依次编号1—3,其中3号佛塔位于4号洞窟正上方。北部佛寺,从西向东依次编号4—5。

1号佛塔

保存基本完整。从外观看有三层,从下向上逐渐变小,形成锥形。典型佛塔造型。底部呈方形,塔高5.5米。佛塔通体抹泥皮,但因长期风吹日晒,致使泥皮脱落。佛塔最底部边长5.6、高1.6米,第二层边长5、高1.8米,第三层边长4.25、高2.1米,顶部长3.25米。佛塔第三层第一面有一个龛,共有4个龛。龛大小基本一致,宽0.65、进深0.35、高0.65米。可见佛塔南、北、东面每层各有三个孔,每面有九孔,佛塔四面共有36孔。孔为0.2米×0.2米,东面底中孔孔深1.2米。北面中孔进深1.05米,其他两个相邻孔之间可形成"Γ",在第三层西北角坍塌,土坯脱落。佛塔西侧坍塌,形成一缺口,缺口宽0.6、高2.2米。

2号佛塔

距1号佛塔63.4米,距3号佛塔11.5米。坍塌严重。仅东北角可见部分墙体,残高1.4米。其中底层高0.7米,第二层0.5米,斜面0.2米。

3号佛塔

位于4号窟上方,距2号佛塔11.5米。呈正方形。原来应为三层,现仅存二层。底层长3.7、高1.4—2米。二层长2.9、高1.1—1.3米。佛塔第二层每面有两孔,0.2米×0.2米,孔深0.9米。两相邻孔可通成"Γ"形。

4号佛塔

呈长方形。存三面墙体,东墙长1、西墙1.8、南墙1.7、墙厚0.4、残高0.5米。

5号佛塔

距1号27.4米。只保存两面墙基,其中南墙长1.9、宽0.5、残高0.75米,西墙长2米。

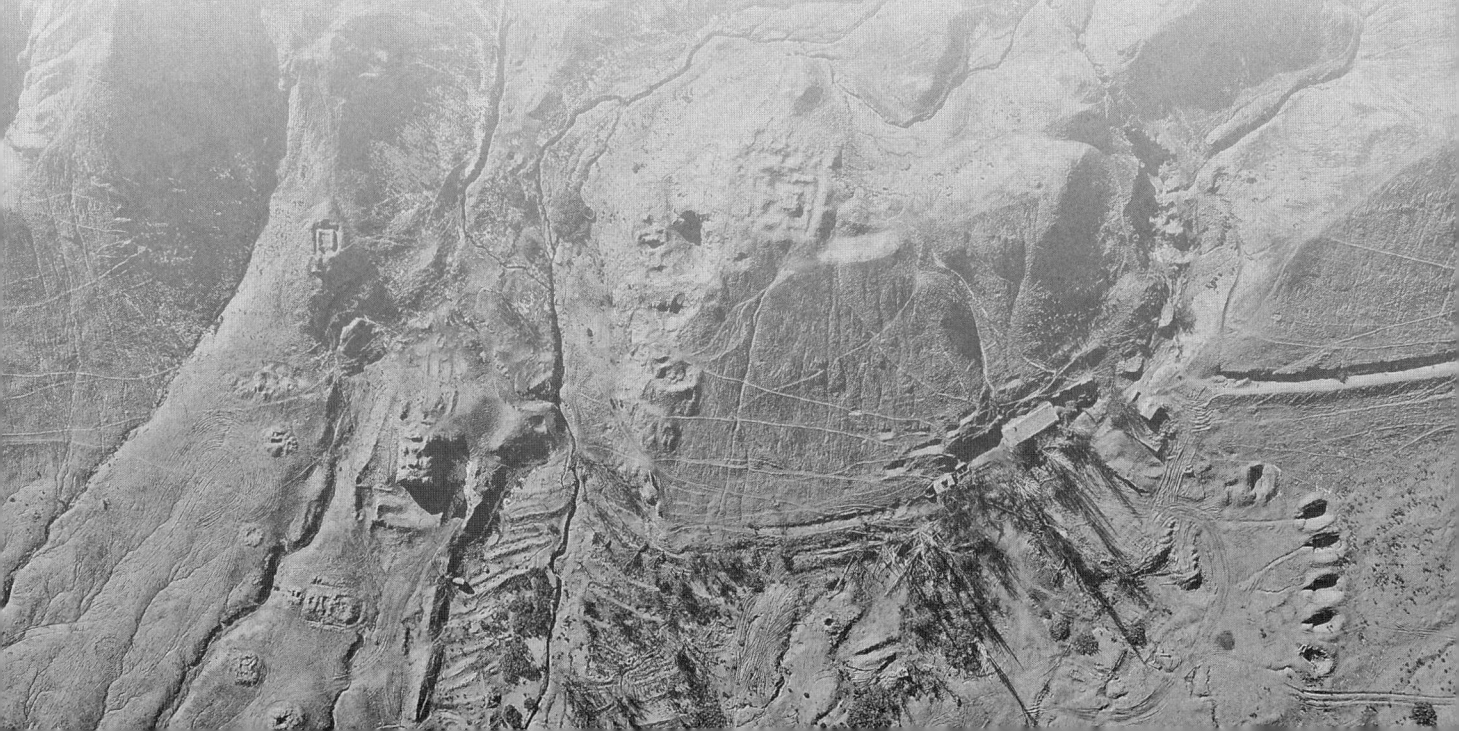

乌江布拉克石窟

第四章　乌江布拉克石窟

乌江布拉克位于吐鲁番市高昌区胜金乡木日吐克村西南500米、柏孜克里克石窟以北约8公里处、乌江布拉克故城遗址以北的山坡斜面上。1998年，被公布为市级文物保护单位。

乌江布拉克石窟始建于公元9世纪，持续使用到14世纪。共有洞窟10个，地面佛寺3座，佛塔5座。10个洞窟中，保存较好的仅存1个，其余的9个洞窟均坍塌殆尽。洞窟形制主要为方形纵券顶窟。因洞窟坍塌损毁严重，壁画无存，根据19世纪末20世纪初外国探险家所写报告，原来是有壁画的，绘画风格以回鹘风格为主，晚期又融入藏传佛教内容。

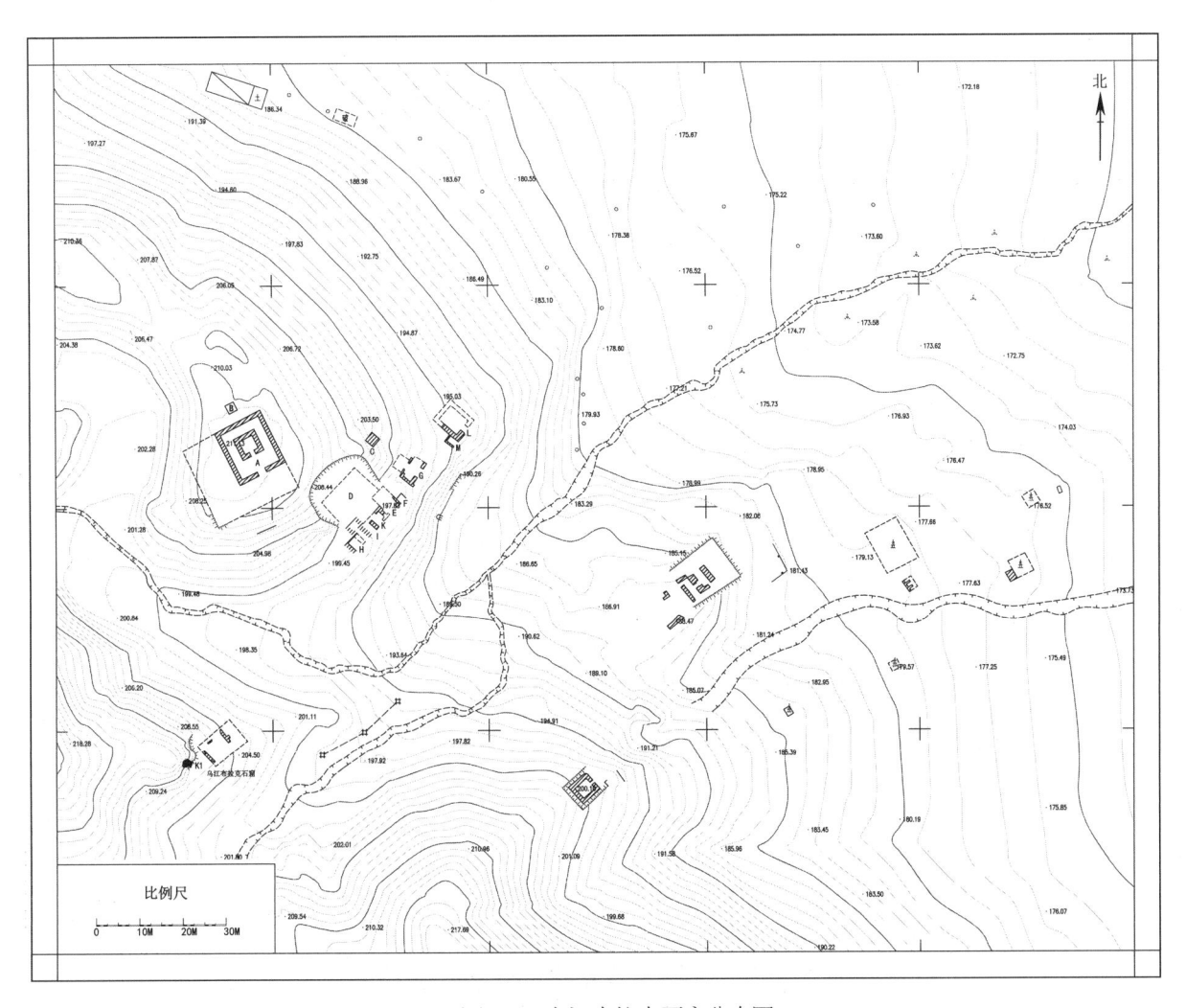

图4-1　乌江布拉克石窟分布图

图 4-2　乌江布拉克石窟立面图

第1窟

位置

西邻第2窟。方向112°。

形制

形制不明。窟室进深1.47、宽1.3米。窟室口宽0.8米。**左侧壁**长1.1米，位于距窟口0.2、地面0.3米处有一龛，宽0.5、进深0.1、高0.26米。**右侧壁**长0.85米，位于窟口、距地面0.15米处有一龛，宽0.27、进深0.13、高0.2米（图4-4）。

内容与现状

窟顶涂有草拌泥，上涂白灰，有人为刻画。窟室左壁后部墙体有裂缝，窟室内有坍塌的土块。窟室无壁画和题记。

第2窟

位置

东邻第1窟。方向38°。

形制

形制不明。正壁位于距左侧0.4、右侧1.1米处有一龛，宽1.15、进深0.82、高0.5米。左壁残长1.2米，下方有深洞，宽0.65、进深1.1、高0.32米。右壁不存（图4-5）。

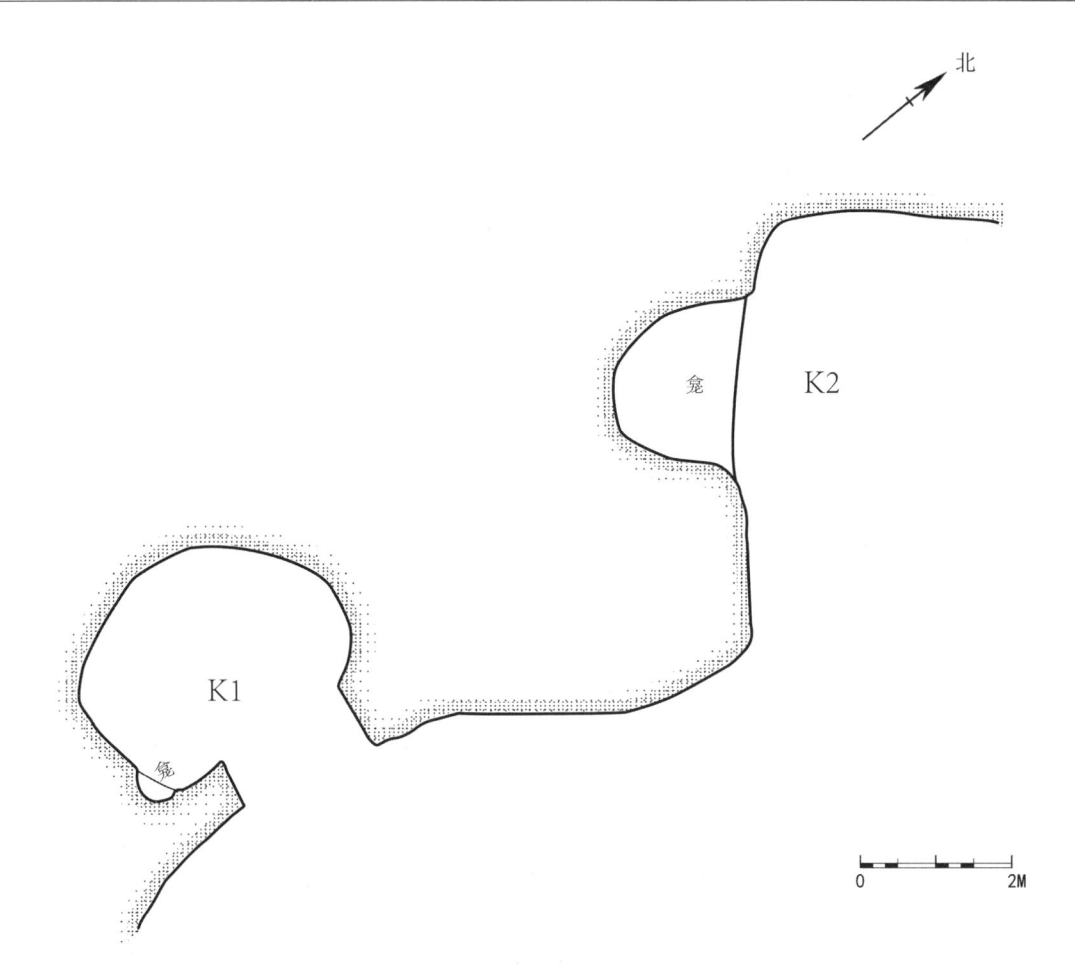

图4-3　第1、2窟联合平面图

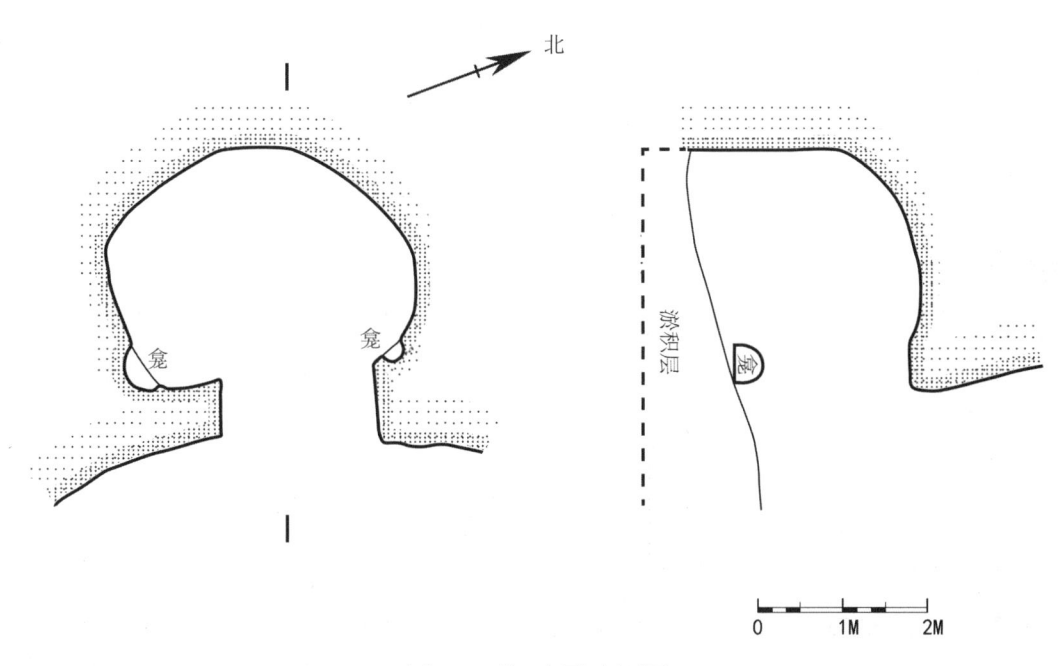

图4-4　第1窟平、剖面图

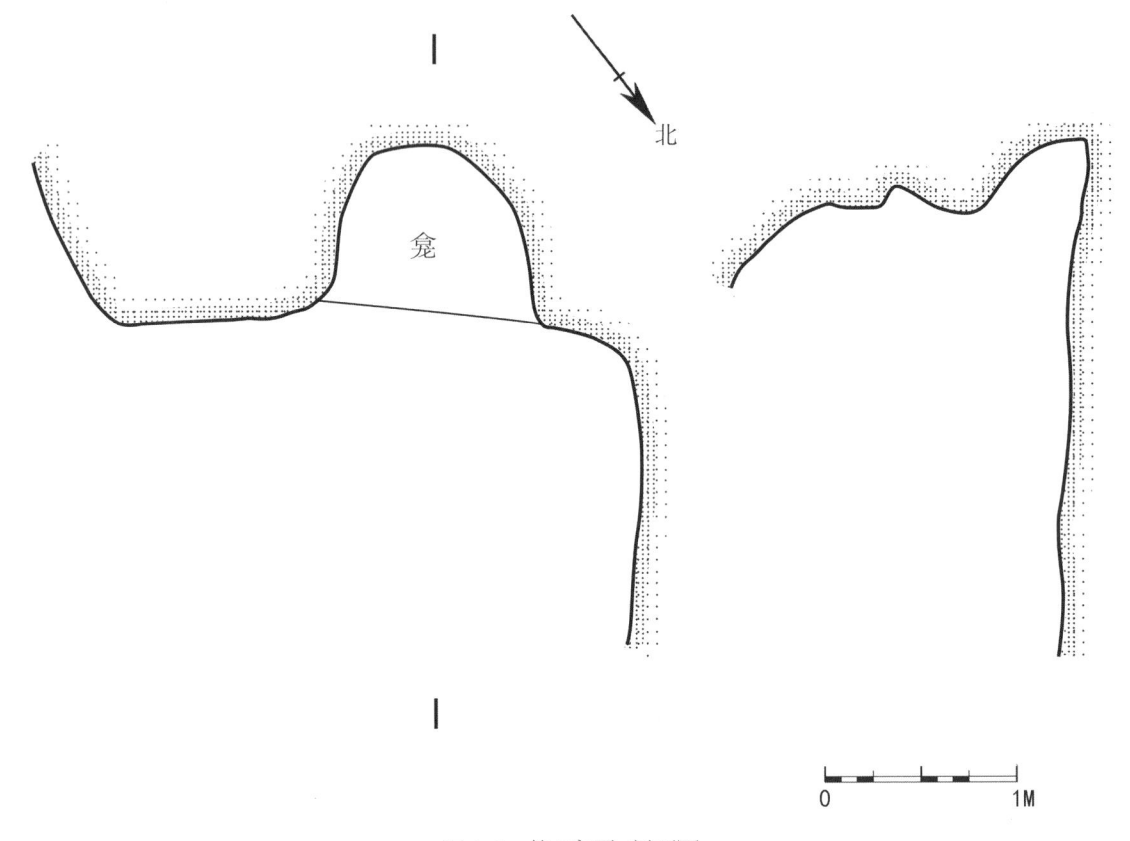

图4-5　第2窟平、剖面图

内容与现状

窟室坍塌严重。右壁完全坍塌,不可辨识。窟顶残存0.3米的顶。窟室无壁画和题记。

第3窟

位置

西南邻第4窟。方向128°。

形制

形制不明。窟室进深2.35、宽2.1米。窟室坍塌严重,右侧前部残存少量墙体,残长1.15、残高0.75、残厚0.8米,距地面0.5米处有较明显的起券弧形痕迹(图4-7)。

内容与现状

洞窟坍塌严重。窟室正壁、前壁、左壁墙体均已完全坍塌,仅存右壁少量墙体,墙体由土坯垒砌而成。在第3窟与第4窟之间有一倒"L"形通道,坍塌严重。通道宽1.2米,短墙总长3.5,墙体残长2.75、残高0.6、厚0.2米,长墙总长5.3米,靠近后部残存墙体残长1.35、残高0.5、厚0.8米。通道向4号窟后部(西北方向)转角,左侧墙体残长1.7、残高0.55、厚约0.6米,尽头右侧隐约可见有一道宽约0.7米的墙体。窟室无壁画和题记。

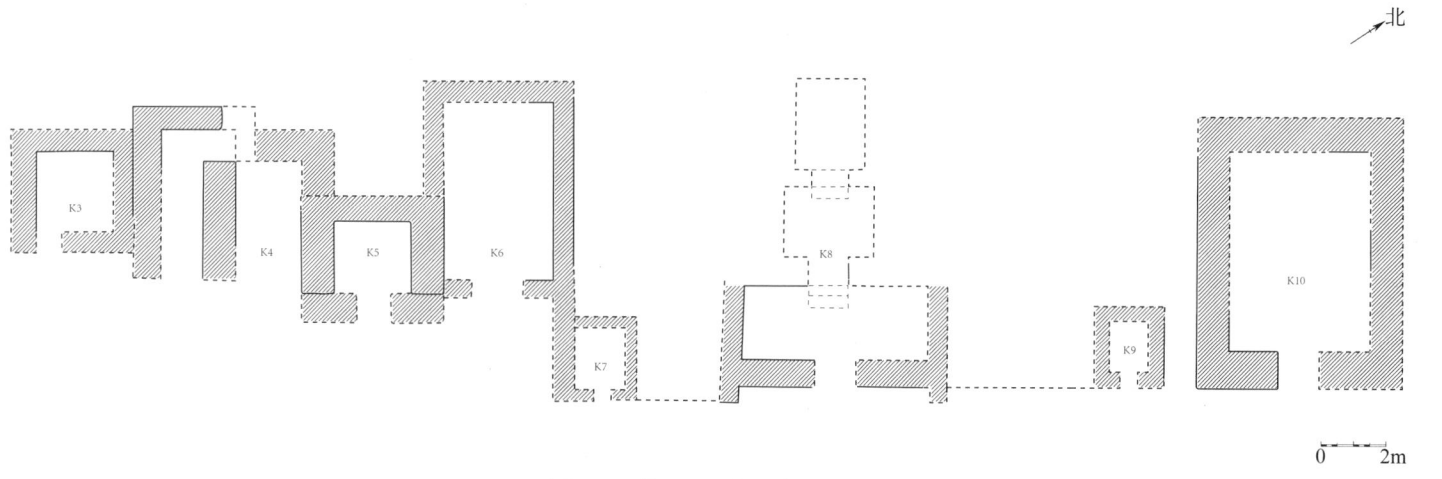

图4-6　第3—10窟联合平面图

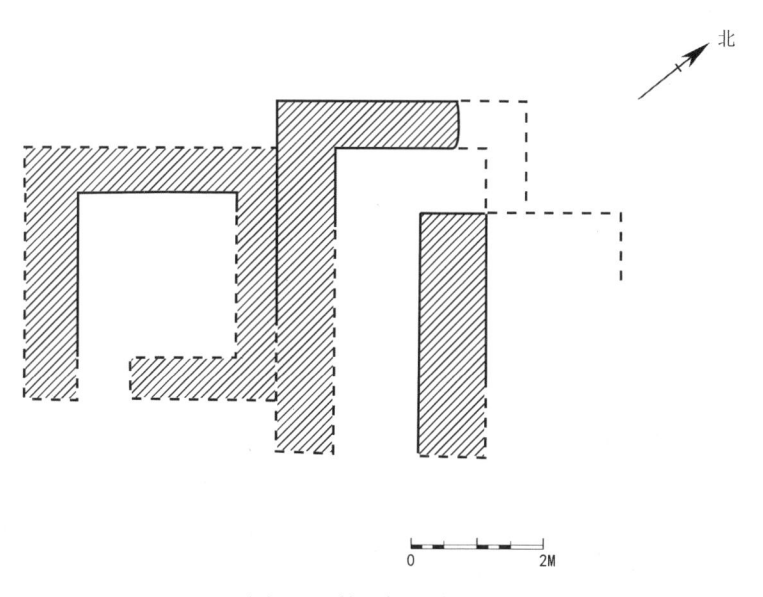

图4-7　第3窟平、剖面图

第4窟

位置

东南邻3窟。方向123°。

形制

形制不明。窟室宽2米。窟室坍塌严重，残存右侧墙体，残长2.8、残高1.3、厚0.5米（图4-8）。

内容与现状

洞窟坍塌严重。距地面0.95米处有较明显的起券弧形痕迹，券痕高约0.45米，右壁与正壁相接处可见清晰的墙角。窟室正壁、前壁、左壁墙体均已完全坍塌，仅存右侧墙体，墙体由土坯垒砌而成，上涂有厚0.03米的草拌泥，上有白灰。右壁后部可见星点黑、绿颜料。

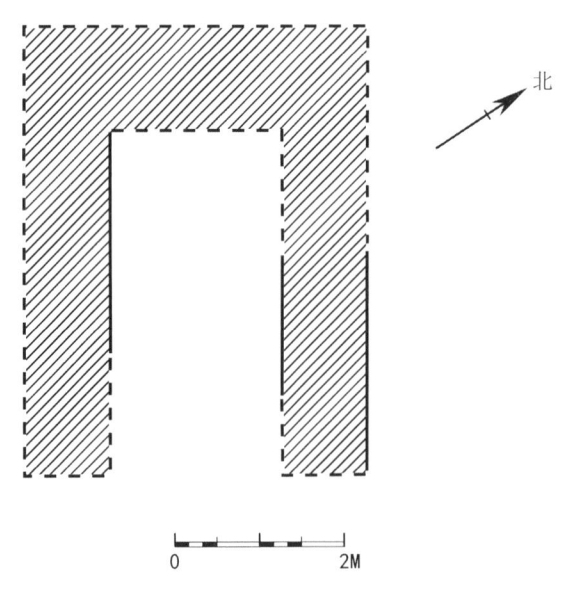

图4-8 第4窟平、剖面图

第5窟

位置

东南邻第4窟。方向123°。

形制

形制不明。窟室进深2.1、宽2.35米。窟室已完全坍塌，仅正壁仍可见墙体痕迹，墙体残长2.5、残高0.55米、厚不可辨识。左壁后部残存墙体残长0.2、残高0.25、残厚1.1米（图4-9）。

内容与现状

洞窟坍塌严重。窟室前壁、左壁、右壁墙体均已完全坍塌，只可见残墙基。

第6窟

位置

东南邻第5窟。方向125°。

形制

形制不明。窟室进深5.1米。窟室已完全坍塌，**前壁**左侧残存墙体残长0.9、残高0.15米、厚度不可辨，左侧门道残厚0.8米。**左壁**靠近左前壁残存墙体残长1.5、残高0.7、厚0.6米。**右壁**中间位置残存墙体残长1.5、残高0.8米（图4-10）。

内容与现状

洞窟坍塌严重。墙体用土坯垒砌，上方可见起券痕迹。窟室正壁已完全坍塌，墙体不可见。前壁、左壁、右壁残存少量墙体。

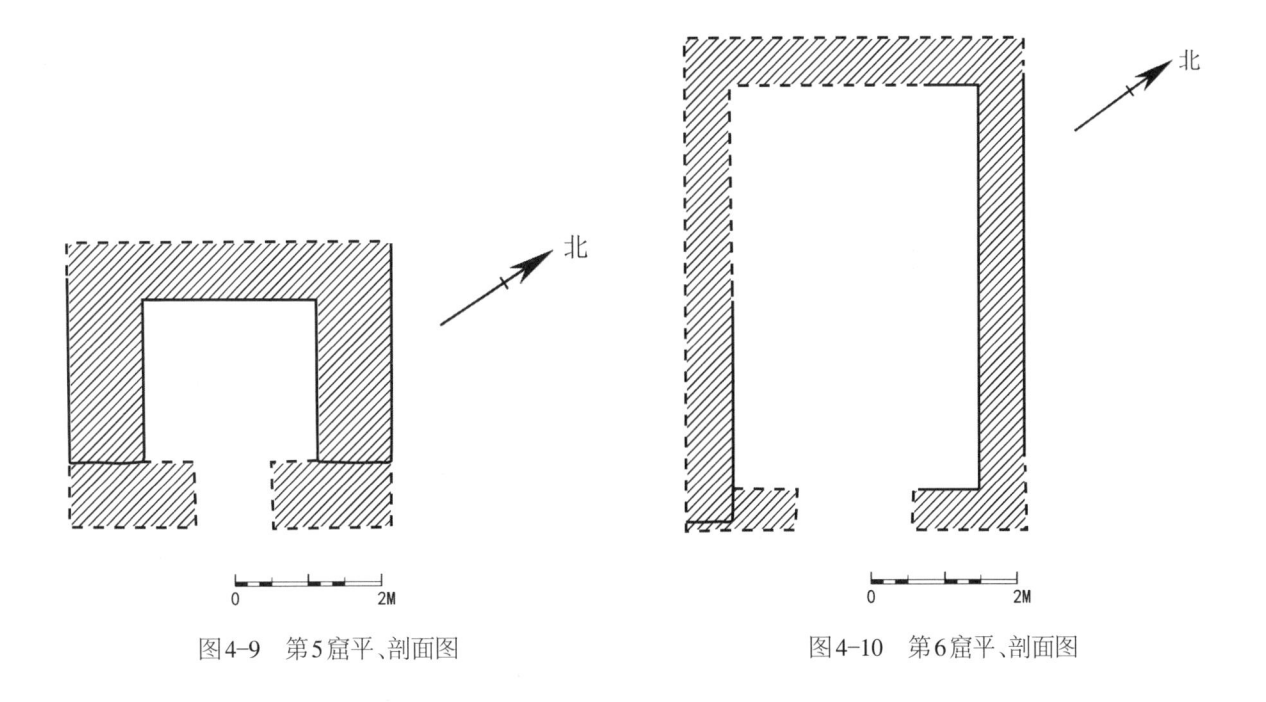

图4-9　第5窟平、剖面图　　　　　　　　　图4-10　第6窟平、剖面图

第7窟

现场调查时已经完全看不出痕迹,坍塌掩埋(图4-11)。[1]

第8窟

位置

东南邻第7窟。方向119°。

形制

形制不明。该窟原有3个前后排列的建筑,前院、中间窟室、后部的佛殿。**前院**保留部分较清晰的墙体,前院进深2.2、宽5.6米。前院最左侧有一段墙体,残长0.43、残高0.95、厚0.55米,内层涂抹草拌泥,表层涂有一层薄薄的泥面。**前墙**总长约5.6、最高0.95、厚0.8米,两端保留部分墙体,左侧可见墙基残长2.05、右侧墙体残长2.25米;**左墙**残长2.15、残高0.6—1.15米、墙厚不可辨识;**右墙**完全坍塌;**后墙**残存右端墙体残长1.95、残高0.25—1.1米,中间有一门宽1.2米,左门壁残厚0.6、右门壁残厚0.25米。**中间窟室**坍塌严重,仅可见前院通入的通道,窟室其他三面的原始墙体均不可见,因坍塌呈不规则圆形。据外国探险家格伦威德尔描述,该窟纵深2.1、宽2.7米。**后室**完全坍塌,原始墙体均不可见,初步判断是在紧邻中间窟室的后山坡上。据外国探险家格伦威德尔描述,该窟纵深2.7、宽2.1米(图4-12)。

---

[1][德]格伦威德尔在《新疆古佛寺》中这样记载:"小洞窟F(即第7窟),与E相隔的墙只有60厘米,纵深1.9米,宽1.65米,右侧3米处为洞窟G。"

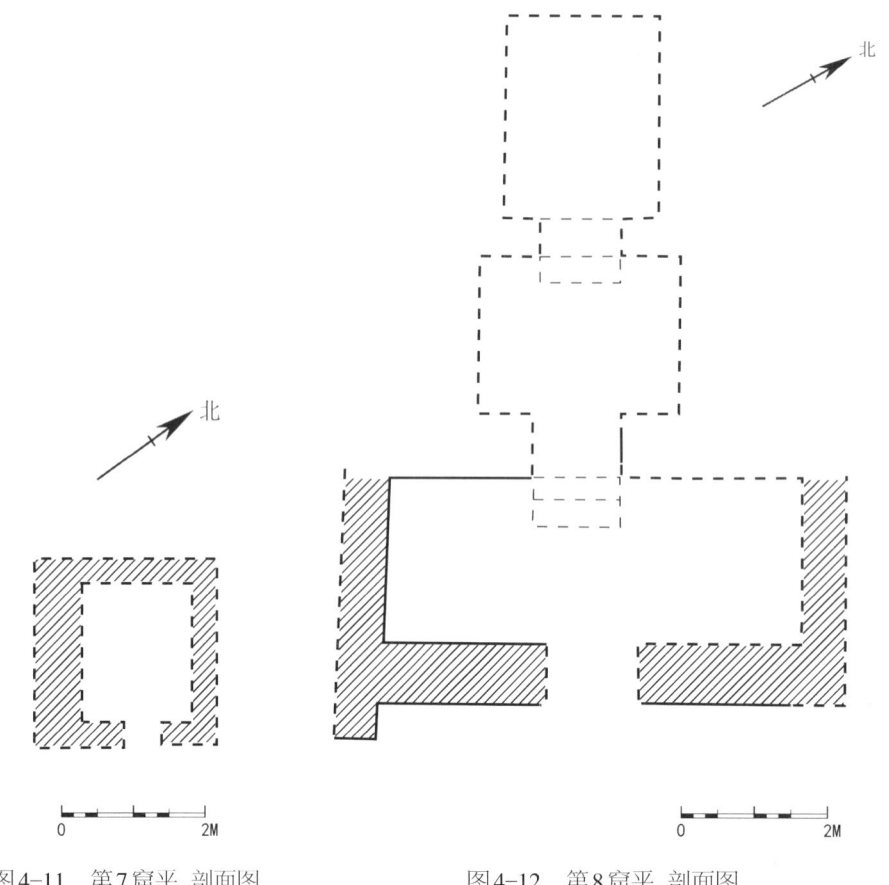

图4-11　第7窟平、剖面图　　　　　图4-12　第8窟平、剖面图

内容与现状

洞窟整体坍塌严重，保存状况很差。前院前墙、右墙、后墙残留墙体。中间窟室完全坍塌，呈不规则圆形。后室完全坍塌，原始墙体均不可见，根据外国探险家图推断在紧邻中间窟室的后山坡上。

第9窟

位置

东南邻第8窟。方向121°。

形制

形制不明。该窟完全坍塌，左右两侧墙体隐约可见墙基痕迹。**左侧壁墙体**残长2.3、残高0.6米，与第10窟相隔厚1米的墙体。**右侧壁墙体**残长1.65、残高0.65米、墙厚不可辨识（图4-13）。

内容与现状

洞窟整体已完全坍塌，保存状况很差。仅残存左右两侧墙体痕迹，前后墙体无法辨识。

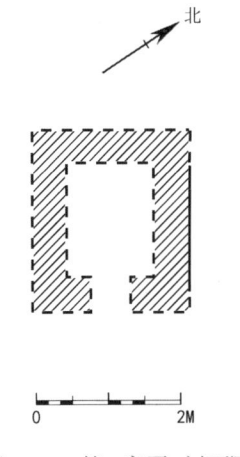

图4-13　第9窟平、剖面图

第10窟

位置

东南邻第9窟。方向123°。

形制

形制不明。该窟坍塌严重，仅可见四周残存的少量墙体。根据外国探险家记载，窟室原纵深6、宽4.3米。**正壁**中部残存墙体，残长1.8、残高0.45米、厚度不可辨识。**前壁**残存右侧墙体残长1.5、残高0.32—0.5、厚1.1米。**左侧壁**中部残留墙体残长1.6、残高0.3米、厚不可辨识。**右侧壁**前部残存墙体，残长1、残高0.55、厚1米（图4-14）。

内容与现状

洞窟整体坍塌严重，保存状况很差。四周残存少量墙体。

1号寺院

位置

位于乌江布拉克遗址中部。方向223°。

形制

形制不明。寺院坐北朝南，正门位于南墙上。南墙长10.65米。西墙总长21.5米。北墙长10.9、北墙最高约5.8米。东墙长17.3米，墙面中部有2个方孔（图4-15）。

内容与现状

西墙不在一条直线上，墙体自北向南9.8米处的墙体向外延伸1.5米，长约11.7米，墙面有5个方孔，自上而下分别有2、2、1个方孔。西墙有1个平顶窟，位于距寺院西北墙角1.6、地面1.2米处，窟口宽0.75、高1.1米，窟室进深1.6、宽2、高0.88米。北墙上有13个方孔，自上而下分别有3、4、6

个孔,其中最大方孔宽0.22、进深1、高0.17米,最小方孔宽0.2、进深0.55、高0.15米。遗址残破严重,保存现状自南向北描述:

寺院入口东侧外墙的墙体,残长2.1、高1.1米,东侧墙体并不在一条直线上,向外侧拐出0.2米处为另一段墙体残长2、高1.45、宽1.2米。

距第二段墙体约6.6米处有两道相交的墙体,无法判定是否为建筑墙体,南墙长2.3、东墙长1.8、高0.4—0.55、厚0.65米。

距第三段墙体4.9米处可见一长方形建筑,残存南、北、西三侧墙体。南墙残长4.2、内墙高0.45、外墙高0.7、厚0.7米,墙上有一宽1米的通道口。北墙残长4.4、宽0.7米;北(西)墙残长2.4、高0.4、厚0.9米。

长方形建筑的北侧有2处对称的建筑,南侧墙体总长5.2米、左右两侧各有1道宽0.7米的门,2道门中间是长2.3、残高0.7米的墙体。其中,西墙残长1.95米。北墙残长1.5、残高0.75—1.4米,墙体由土坯垒砌而成,涂有草拌泥。东侧建筑墙体比较明显,宽0.7米的门位于南墙偏西侧,南墙残长1.1、高0.6米;西侧建筑仅南墙比较明显,残长1.05、偏东侧为宽0.7米的门。

在那组对称建筑的北侧原来应该还有建筑,但因坍塌严重,不可辨识。

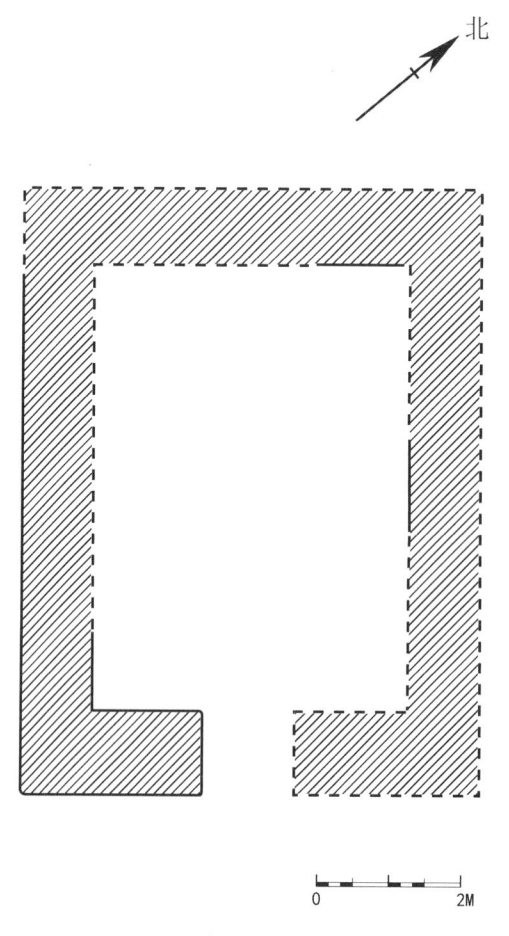

图4-14 第10窟平、剖面图

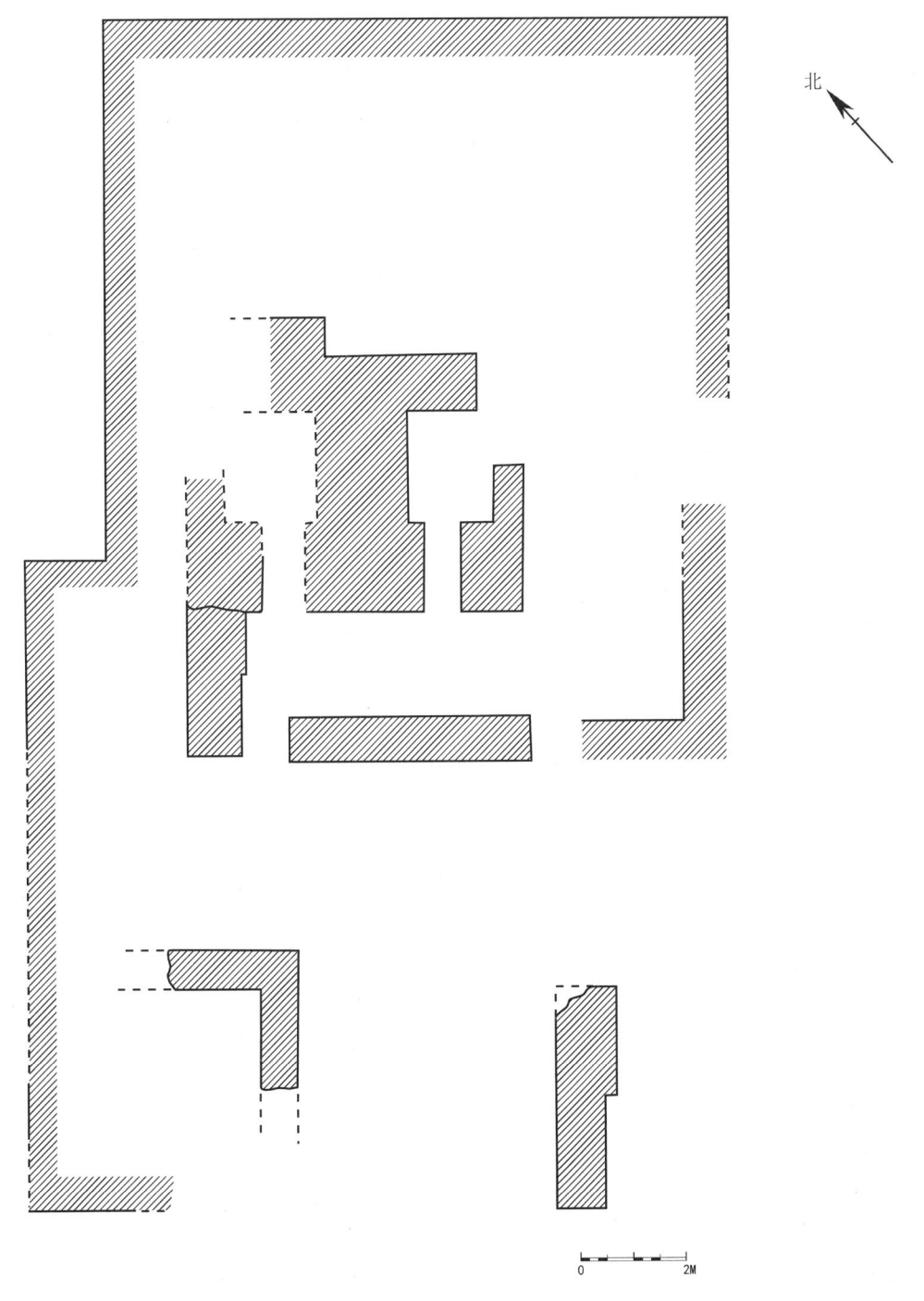

图4-15　1号寺院平面图

2号寺院

位置

位于乌江布拉克遗址的东侧。方向44°。

形制

寺院呈"回"字形，寺院坐南朝北，门开在北墙上，面积约36平方米。中间呈方形，东、西两侧墙长基本相同，南、北两侧墙体基本相同。东、西两侧甬道外墙长6.2、残高0.7米；南甬道外墙残长6.05、残高0.95米。东、西、南侧分别有宽约0.85—0.95米不等的甬道。北侧墙总内长2.45、高0.6、厚0.8米，口宽1.3米，左侧墙体残长0.6、右侧墙体残长0.55米；东、西两侧墙内长2.7、残高0.6—0.9、厚0.8米（图4-16）。

内容与现状

北侧距离寺院内墙1.75米处残留厚0.9米的墙体，向北约2.3米处有一道依山势而建的上短下长的梯形墙体，上部长2.1、下长3.1、残厚0.8、外侧残高1.7米。

3号寺院

位置

位于乌江布拉克遗址西侧山坡上。方向139°。

形制

寺院平面呈"回"字形，坐西朝东。东西长约10.8、南北长约12.8米，墙基残高0.1—0.5米。最外侧后甬道宽1.2、北甬道宽1.8米，与中间甬道之间相隔墙体厚1.4米；在外侧后甬道发现2块正方形墙砖，其中一块保存完整，砖长0.29、厚0.03米。中间后甬道宽1.35、南北两侧甬道宽1.8米。中心佛殿东西长5.1、南北长5.6、墙体残高1.2米；佛殿东侧与中间甬道之间有一宽2.6米的通道，位置居中，距内甬道左右两侧墙体3.3米；佛殿西侧也有一宽2.2米的通道，位置居中，距佛殿两墙角均为1.7米（图4-17）。

内容与现状

寺院整体呈正方形，残损严重，只残留中间方形佛殿及外侧2层甬道的墙基。在入口处原有一处进深3米的平台，残损严重。

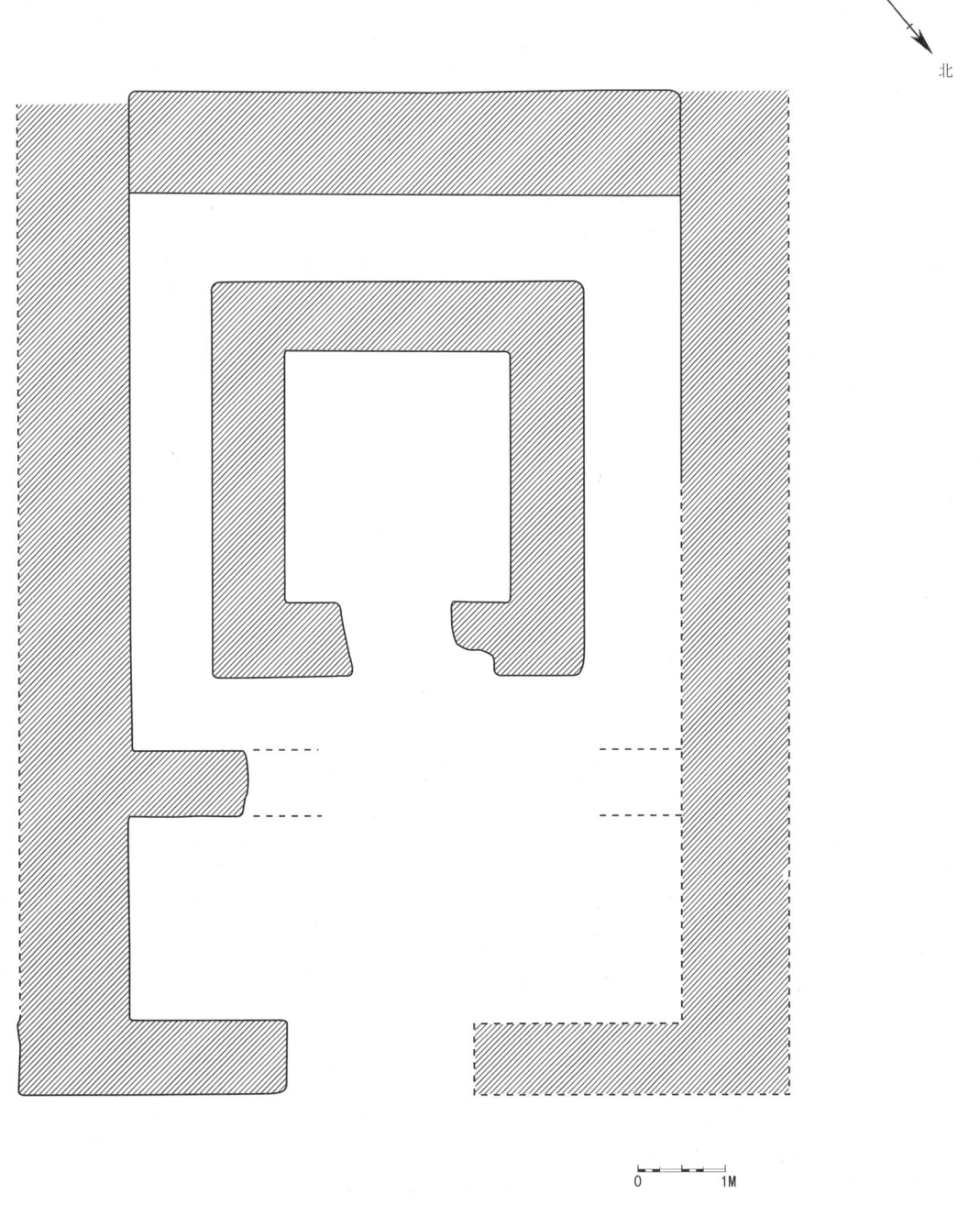

图4-16　2号寺院平面图

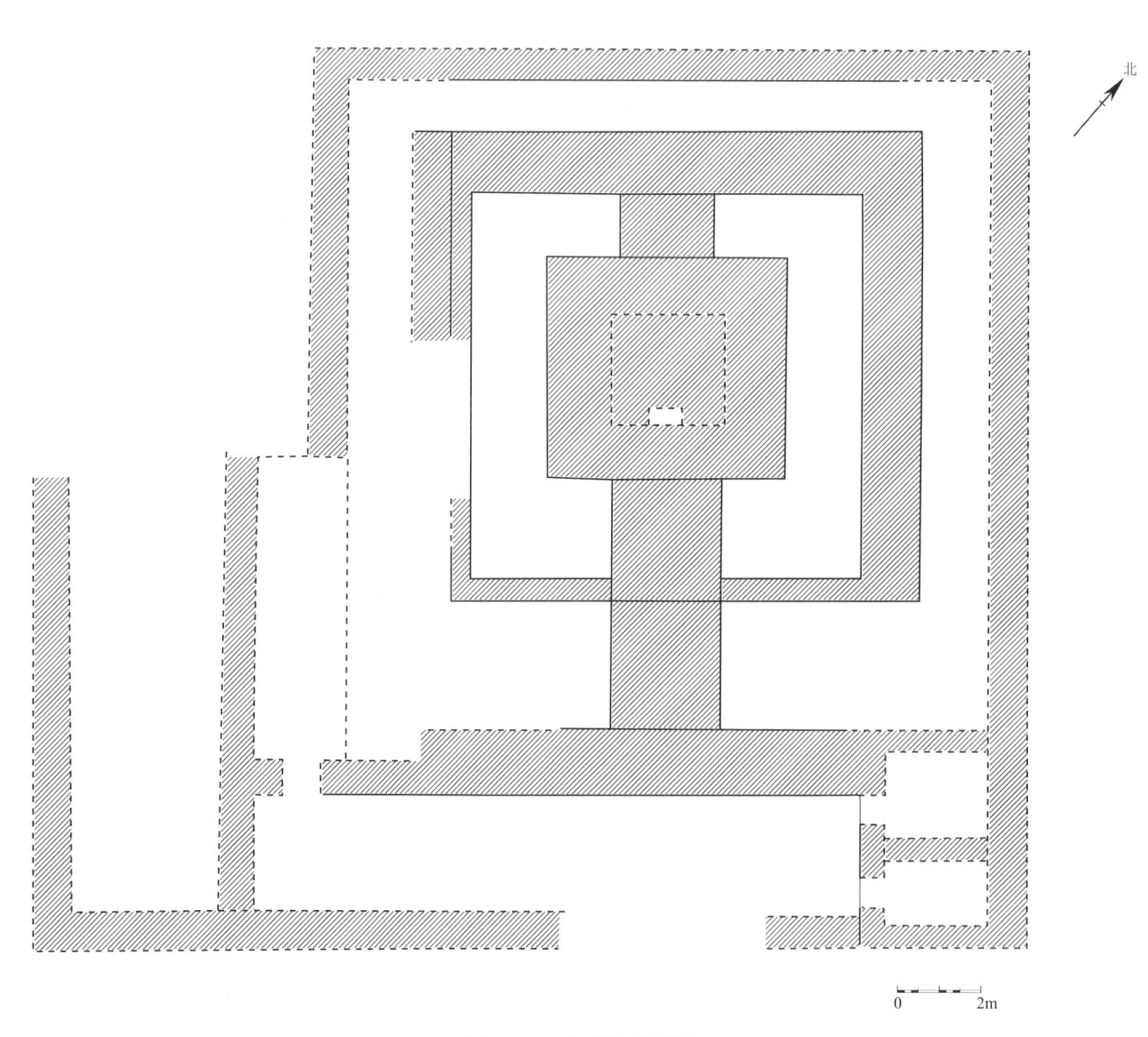

图4-17　3号寺院平面图

雅尔湖石窟

第五章　雅尔湖石窟

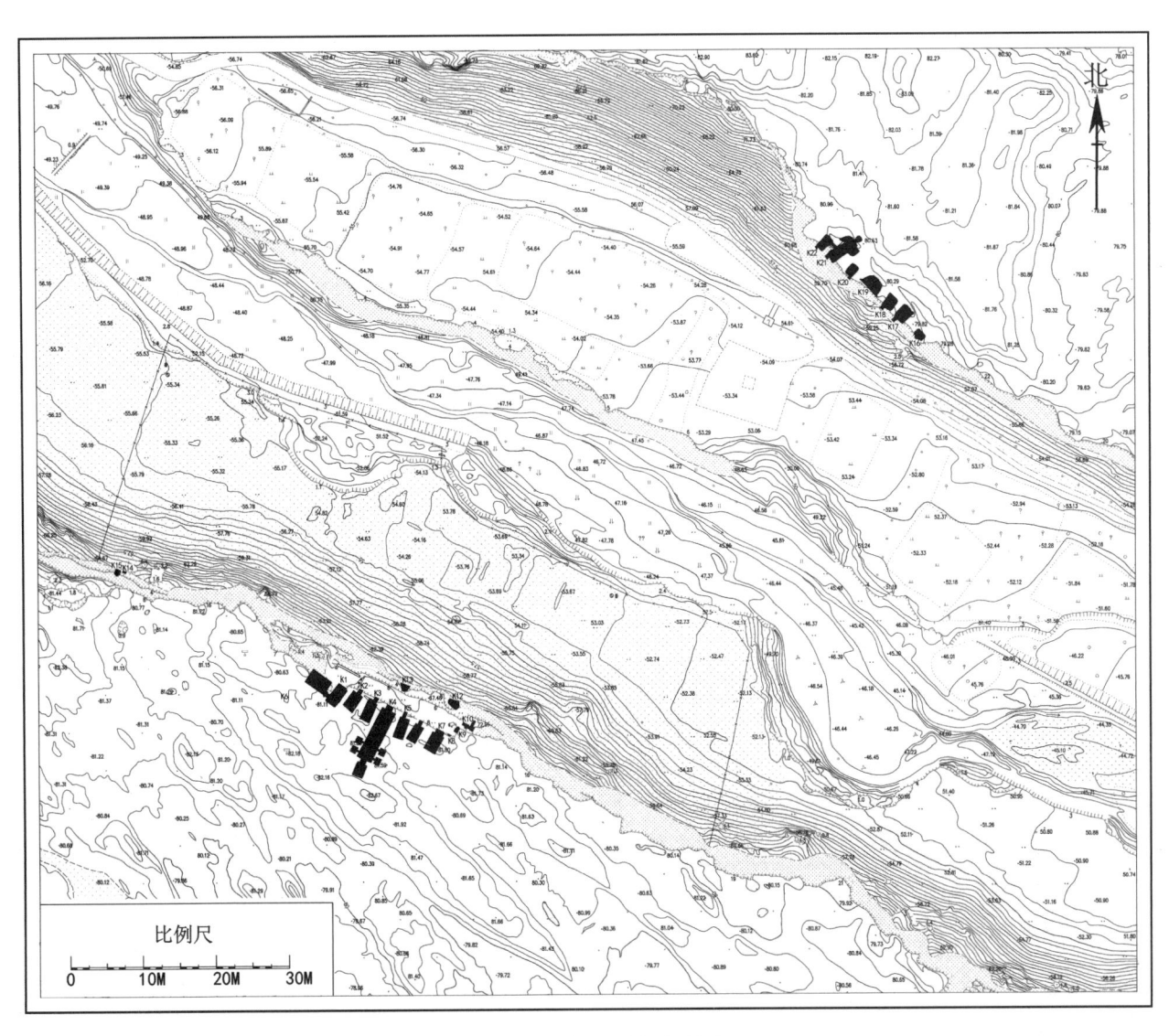

图5-1　雅尔湖石窟分布图

雅尔湖石窟位于吐鲁番市亚尔镇亚尔果勒村、交河故城亚尔乃孜沟两侧台地悬崖上。2001年并入交河故城，被公布为全国重点文物保护单位。

雅尔湖石窟始建于5世纪，持续使用到14世纪。石窟分沟西、沟北两区，共有22个洞窟，其中沟西区有洞窟15个，沟北区有洞窟7个。洞窟形制有方形平顶窟、方形纵券顶窟与方形横券顶窟。在这些洞窟中，沟南的第4、7窟保存有壁画，第5窟保存有突厥文题记，其内容据最新研究表明与摩尼教有关。

沟 西 区

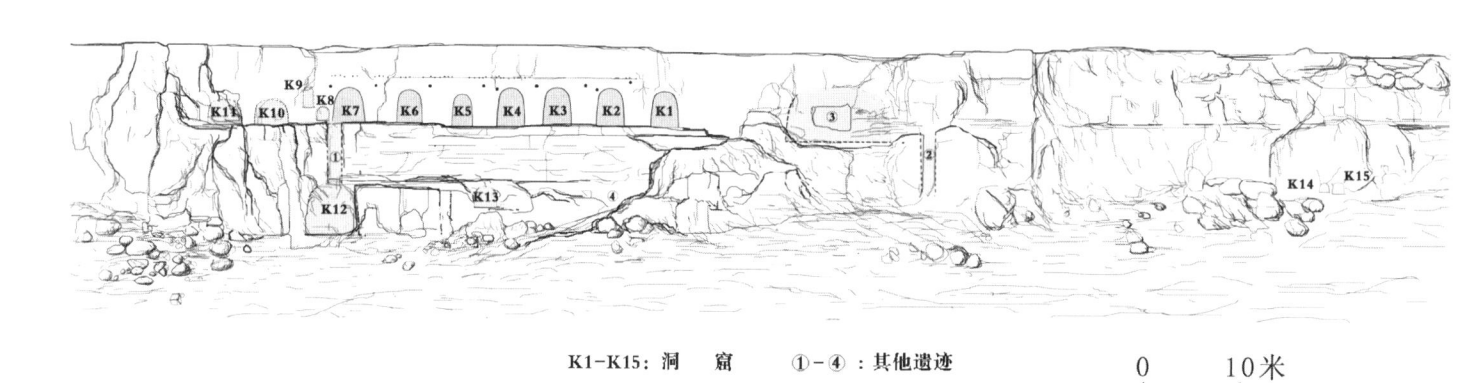

K1-K15：洞窟　　①-④：其他遗迹

图5-2　雅尔湖石窟沟西区立面图

第1窟

位置

位于崖壁西端，东邻第2窟。方向42°。

形制

长方形纵券顶窟。**主室**残深3.35、宽2.96、高3.35米。左侧壁靠正壁处开有一门，可通侧室，门高1.93、宽1、厚0.75米；右侧壁后部亦开一门，高1.67、宽0.8米。**侧室**为长方形横券顶窟。侧室进深6.25、宽4、高4米。门的左侧墙壁上有一拱形龛，下宽0.6、高1.6米；右侧壁靠门处的中上部有一拱形小龛，宽1.1、进深0.42、高0.36米（图5-3）。

内容与现状

主室前部坍塌，窟门不存，**左侧壁**靠正壁处开有一门，可通侧室。**右侧壁**后部亦开一门，可通第2窟，现已用土坯封堵。侧室左侧壁大部分坍塌，券顶靠北侧亦坍塌，后做了修补。左侧墙壁上有一拱形龛。**右侧壁**靠门处的中上部也有一拱形小龛。窟室内有烟熏痕迹，墙壁用草拌泥涂抹，其外用白灰涂抹。窟内无壁画。主室正壁中部有大片朱色汉文题记，漫漶不清。

第2窟

位置

西邻第1窟。方向40°。

形制

长方形纵券顶窟。窟室进深5.14、宽3.2、高3.86米。窟门拱形，门道宽1.1、进深1.84、高2.97米。**前壁**左侧距地面0.74米处开一小龛，宽1.29、进深0.92、高1.2米。**右侧壁**靠正壁处开有一拱形门，可通第1窟主室，宽0.73、进深1.18、高1.6米（图5-4）。

内容与现状

前壁左侧下方有一小龛。龛的右侧坍塌，做了修补。**右侧壁**靠正壁处开有一拱形门，可通第1窟主室。窟室被烟熏，墙壁用草拌泥涂抹，其外隐约可见白灰涂抹痕迹，下部草拌泥脱落，露出开凿痕迹。窟内无壁画。门道西侧和正壁有零星红色汉文题记，模糊不可辨识。**左侧壁**有尖硬物刻划的竖行回鹘文。

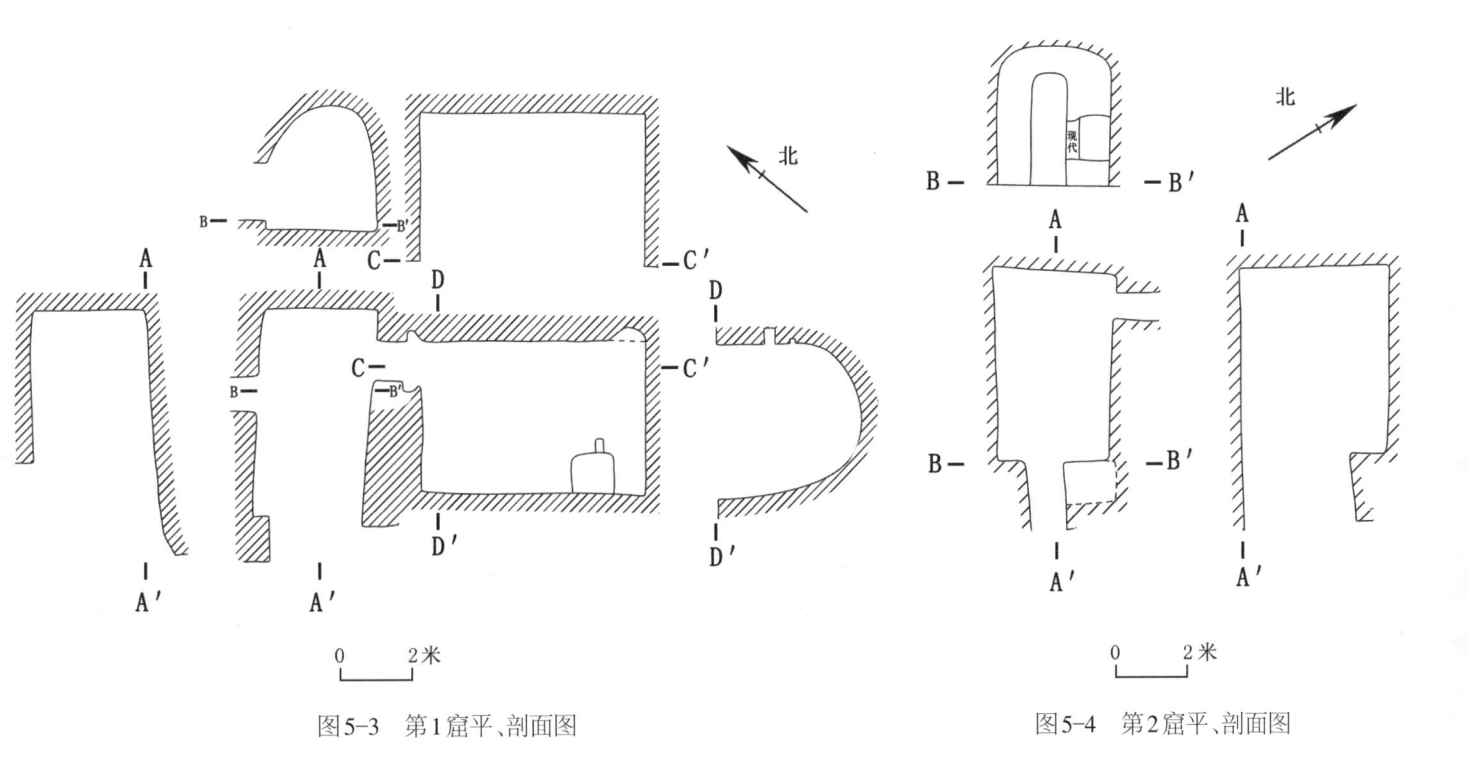

图5-3　第1窟平、剖面图

图5-4　第2窟平、剖面图

第3窟

位置

西邻第2窟。方向33°。

形制

长方形纵券顶窟。窟室进深5.3、前宽2.85、后宽2.97、高3.72米。窟门拱形,其位不在正中,偏东,门道宽1.1、进深2、高3.1米,门道右侧距地面1.25米处开一小龛,宽1.1、进深0.46、高0.48米。**前壁**左侧距地面0.91米处开一小龛,宽1.31、进深0.68、高0.71米,龛的右侧塌毁。**右侧壁**靠正壁距地面0.8米处开有一拱形龛,宽1.54、进深0.94、高0.86米(图5-5)。

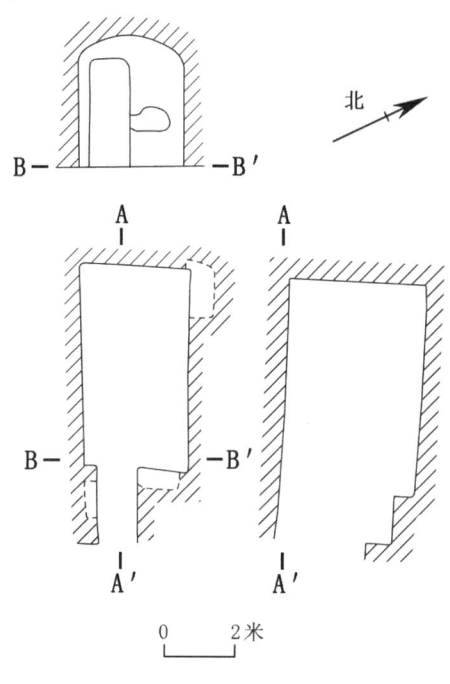

图5-5 第3窟平、剖面图

内容与现状

前壁左侧小龛右部塌毁。窟室被烟熏,墙壁用草拌泥涂抹,其外隐约可见白灰涂抹痕迹,下部草拌泥脱落,露出开凿痕迹。窟内无壁画。左右侧壁有零星的红色汉文题记。**左侧壁**另有尖硬物刻划的六行汉文题记。

第4窟

位置

西邻第3窟。方向36°。

形制

长方形纵券顶窟。主室进深14.84、宽4.12、高4.26米。窟门拱形,门道宽2.34、进深1.8、高3.47米。左右两侧壁靠正壁处各开两个小耳室,右侧壁由外向里第一个耳室距地面0.45米,门宽0.87、进深0.51、高1.47米,耳室进深1.93、宽1.81、高1.87米;第二个耳室距地面0.52米,门宽0.83、进深0.52、高1.44米,耳室进深1.9、宽1.76、高1.92米。左侧壁由外向里第一个耳室距地面0.42米,门宽0.91、进深0.51、高1.41米,耳室进深1.88、宽1.84、高1.7米;第二个耳室距地面0.45米,门宽0.83、进深0.52、高1.44米,耳室进深1.93、宽1.74、高1.77米。**后室**进深3.94、宽2.94、高2.95米,门为拱形,宽1.79、进深0.81、高2.92米(图5-6)。

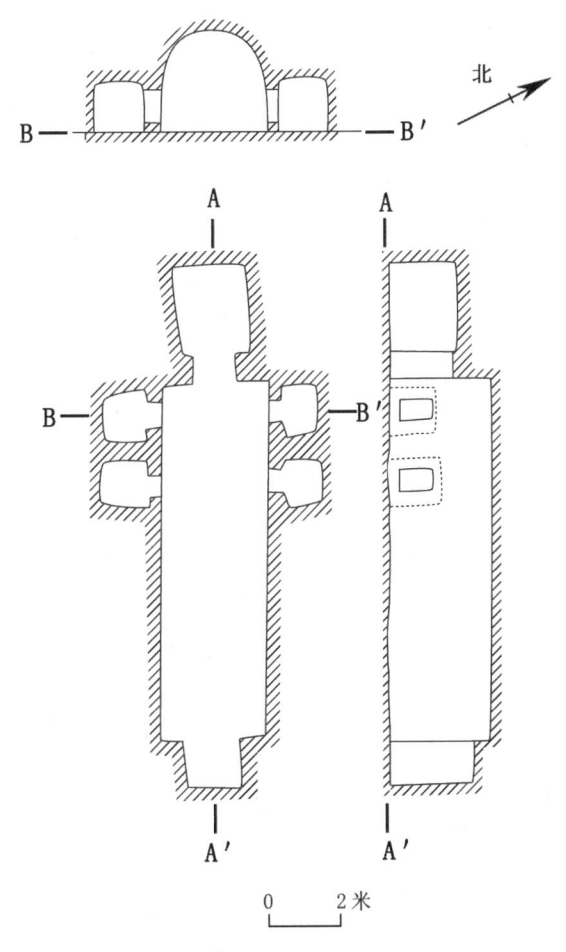

图5-6 第4窟平、剖面图

内容与现状

主室拱形门顶绘坐禅比丘一身,条幅式的身光似太阳光芒四射,形象独特;门之左侧壁残存少许壁画,为一天神或菩萨的圆形头光上半部分。**正壁**所绘壁画,模糊几不可辨,左侧自上而下有四层供养菩萨,其下有一菩萨或天部头像。**前壁**上部残存壁画,下部壁画脱落,其中前壁左侧上部存供养比丘上中下3排,上层残存2身,中层4身,下层2身,身着百衲衣。**左、右两侧壁**为大型说法图

图 5-7　第 4 窟左侧壁说法图

（图 5-7）。每侧壁上下两层，每层并列 11 幅，下层壁画大部分已脱落，上层除去被盗割的几幅外，[1] 其余保存较好。说法图构图是佛居中央，坐仰莲、覆莲双瓣莲花座，左右两面围绕 6 位闻法菩萨与佛弟子。佛的华盖、头光与身光图案各不相同，华丽繁复。每幅说法图之间有绘制精美的卷草纹装饰，侧壁与券顶连接处绘一条垂帐纹图案。此外，左侧壁还有后人刻划的"康熙陆拾贰……"和墨书的"肃州""乾隆……"等汉文题记。**券顶**绘左右相向而对 8 排千佛，每排 57 身，部分千佛被盗割，每身千佛均有汉文榜题。

后室门道左侧上部绘龙女，残存上半身，有头光，面向后室，双手托举一盘于胸前，盘内盛放宝物（图 5-8）。此外，头光之左上部描绘两条张嘴的蛇。门道右侧亦绘龙女残毁太甚。门道顶部绘 4 排千佛（坐姿），每排 3 身，其中一个千佛被盗割。**正壁**壁画完全脱落，中部残存柱洞和桃形背光，可能为一塑绘结合的观音。**前壁**左侧上方绘帷幔，下方一回鹘男供养人。右侧上方一回鹘供养人，头部残缺；此供养人下方另有一供养人，残存脸部，为一女性形象。**券顶**绘四排千佛，每排 14 身，部分千佛脱落或被盗割。千佛结跏趺坐于莲花座上，穿红色袈裟，每个千佛的左上方有榜题框，但未写千佛名。

---

[1] 东侧壁由外向里第 5、6、9、10 幅被盗割，西侧壁由外向里第 11 幅被盗割。

图5-8　第4窟后室门道左侧龙女

左侧壁（从里往外）壁画示意如下：

1	2	3	4	5	6	7	8	9	10
15				14		13	12		11

分上下两层。第一层，1—5为坐佛，其中1、5保存较好，2、3、4几乎完全脱落。6—10为五组世俗装天部像，每组三人。第二层，15脱落；14残存头光；13残存头光；12残存头光，左上方有榜题，被盗割；11为四组神祇，左上方有榜题，被盗割。

右侧壁（从外向里）壁画示意如下：

1	2	3	4	5	6	7	8	9	10
11	12		13		14		15		

分上下两层。第一层，1—5为五组世俗装天部像，壁画几乎全部脱落，唯1与5保存少许。6—10为坐佛，保存较好。第二层，11为两个神祇；12画面脱落；13残存两条回鹘文榜题、一个背光、

一个头光,一个神祇的面部形象;14似为披帽地藏菩萨,左上方有榜题,惜脱落;15画面残甚,有头光,左上方有榜题,未提写文字。

第5窟

位置

西邻第4窟。方向12°。

形制

长方形纵券顶窟。窟室进深5.73、宽2.86、高4.3米。窟门拱形,其位不在正中,偏西,门道宽0.99、进深1.9、高3.36米。门壁内侧右面距地面1.1米处开一拱形小龛,宽1.1、进深0.8、高0.71米(图5-9)。

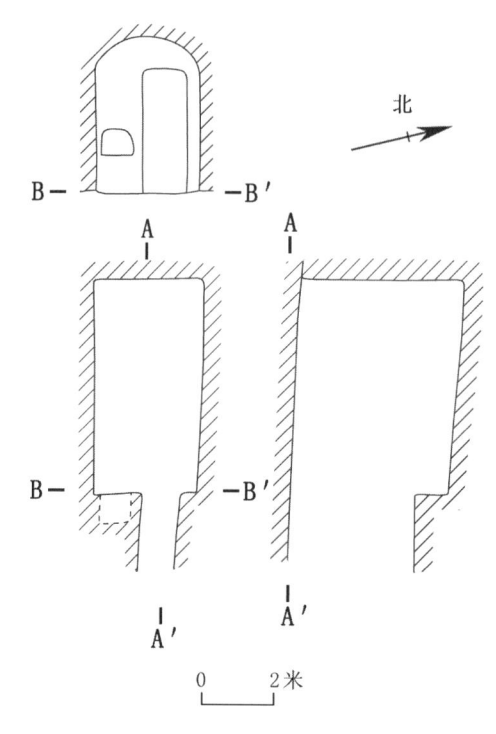

图5-9 第5窟平、剖面图

内容与现状

窟室被烟熏,墙壁用草拌泥涂抹,其外隐约可见白灰涂抹痕迹。窟内无壁画,但有不少题记:1.**门道**东侧有三行红色汉文题记;2.**正壁**有朱书汉文题记,模糊不可辨。此外还有红色人形图案;3.**左侧壁**中部有3行红色汉文题记(此处还有红色描画的人物头部形象、有尖硬物刻划出来的突厥文题记多处);4.**右侧壁**有尖硬物刻划出来的汉文题记,其中有两处汉文纪年"康熙六年""大清乾隆四十五年"。**右侧壁**中部有三处红色与二行黑色汉文题记。

第6窟

位置

西邻第5窟。方向40°。

形制

长方形纵券顶窟。窟室进深4.82、宽2.69、高3.93米。窟门拱形，其位不在正中，偏西，门道宽1.04、进深1.6、高3.17米。门壁内侧右面距地面0.93米处开一长方形小龛，宽0.58、进深0.29、高0.37米（图5-10）。

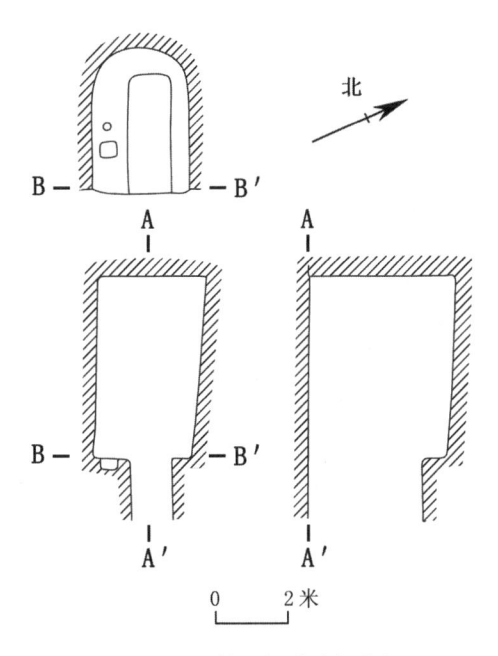

图5-10　第6窟平、剖面图

内容与现状

正壁残存的桃形背光的上部，塑绘结合，有红色颜料痕迹。窟室被烟熏，墙壁用草拌泥涂抹，其外隐约可见白灰涂抹痕迹，下部草拌泥脱落，露出开凿痕迹。窟内无壁画，有题记数条：1. 门道两侧与正壁有零散的朱书汉文题记，难以辨识，此外门道与正壁题记东侧各有红色描绘的人形图案；2. **左侧壁**中部有8行黑色汉文题记。

第7窟

位置

西邻第6窟。方向40°。

形制

长方形纵券顶窟。窟室进深5.12、宽3.5、高3.79米。窟门拱形，门道宽2.53、进深1.64、高3.44米（图5-11）。

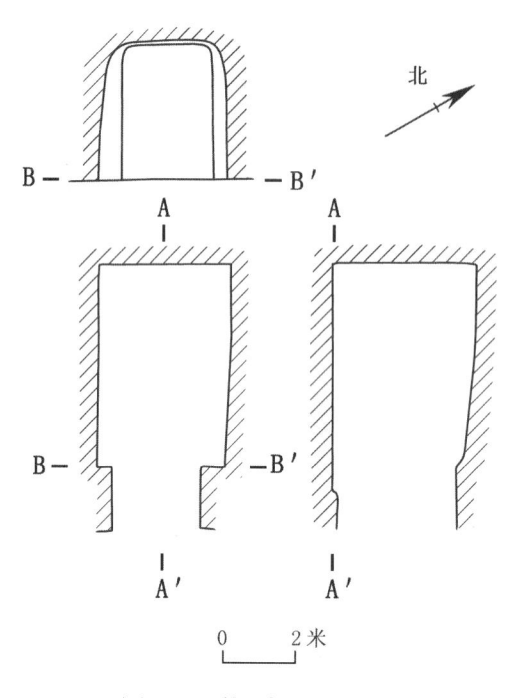

图5-11 第7窟平、剖面图

内容与现状

门道绘千佛，自券顶中脊为分界线，左侧残存11排千佛，每排残存8身；右侧残存10排千佛，每排残存8身，另有墨书汉文题记，模糊不可辨。**正壁**绘千佛，残存13排，每排9至19身不等；中下部矩形红色边框内绘一佛二菩萨，模糊几不可辨。**前壁**绘千佛。**左侧壁**绘千佛（图5-12），残存11排，每排22身与27身不等，下部矩形红色边框内绘一佛二菩萨，模糊几不可辨。**右侧壁**与左侧壁同。**券顶**绘三排莲花图案，每排10朵，其中有两朵莲花被割，莲花花蕊为浮塑，现均已不存。莲花之间，绘有树、摩尼宝珠、鸭、仙鹤、鱼、海螺、化生童子等图案。

第8窟

位置

西邻第7窟。方向25°。

形制

拱形龛窟。距地面0.6米处开龛，进深0.33、宽1、高1.14米（图5-13）。

内容与现状

龛窟内无壁画与题记。

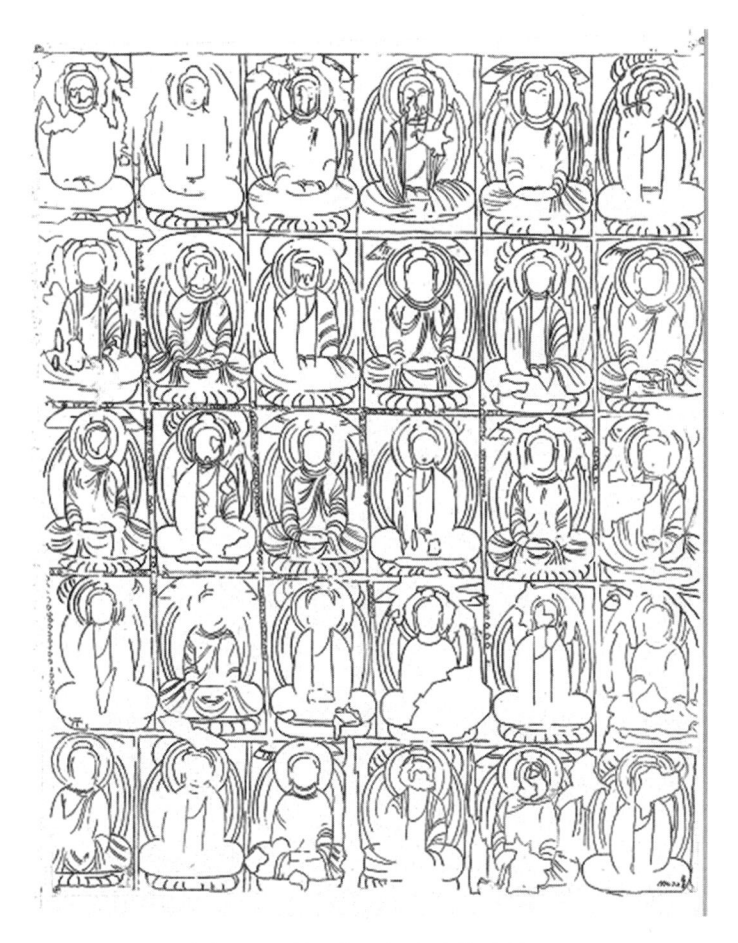

图5-12　第7窟左侧壁千佛（局部）

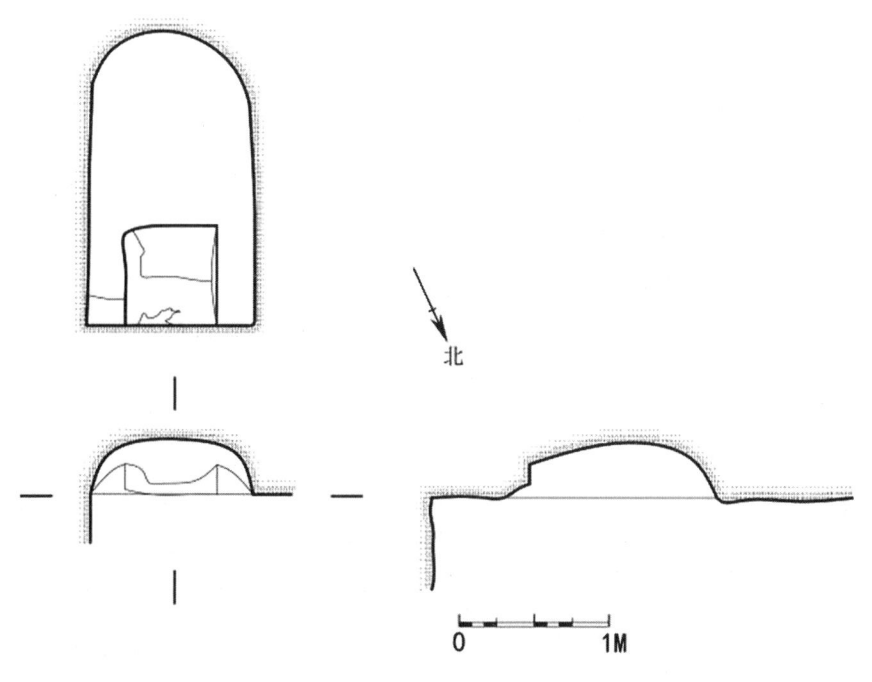

北

图5-13　第8窟平、剖面图

第9窟

位置

西邻第8窟。方向22°。

形制

拱形龛窟。距地面1.5米处开龛,进深0.74、宽1.45、高2米(图5-14)。

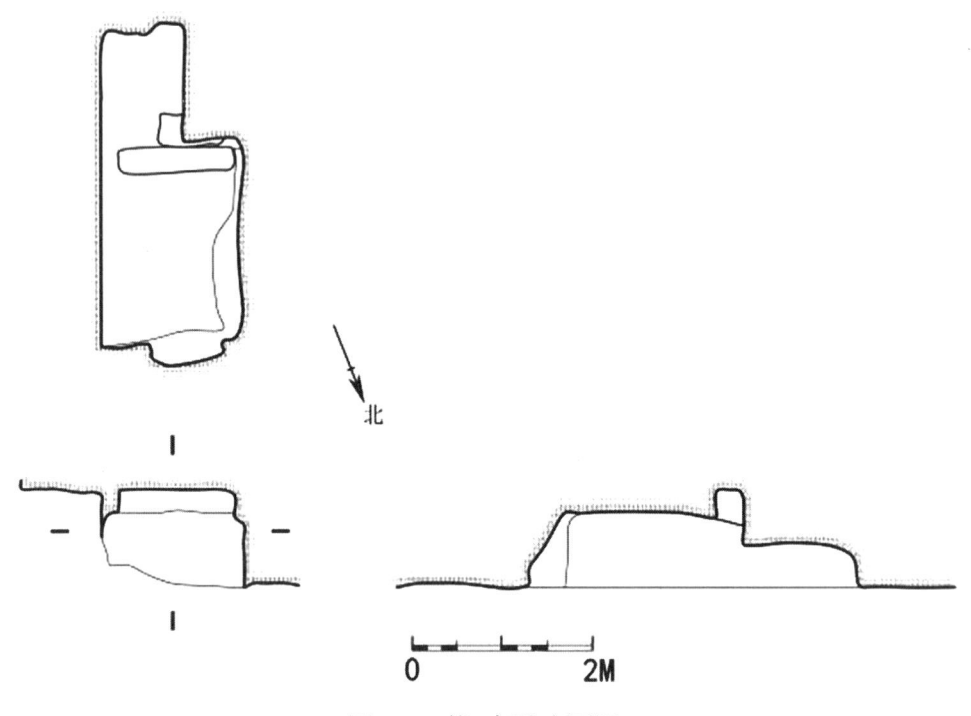

图5-14 第9窟平、剖面图

内容与现状

窟内无壁画与题记。

第10窟

位置

西邻第9窟。方向35°。

形制

方形纵券顶窟。窟室坍塌,仅剩地面和正壁部分,近方形,边长3.1米;地面靠右侧有一矩形坑,下面有虚土,长2、宽0.64、残深0.8米。正壁左侧距地面0.62米处开一拱形小龛,宽0.6、进深0.32、高0.6米(图5-15)。

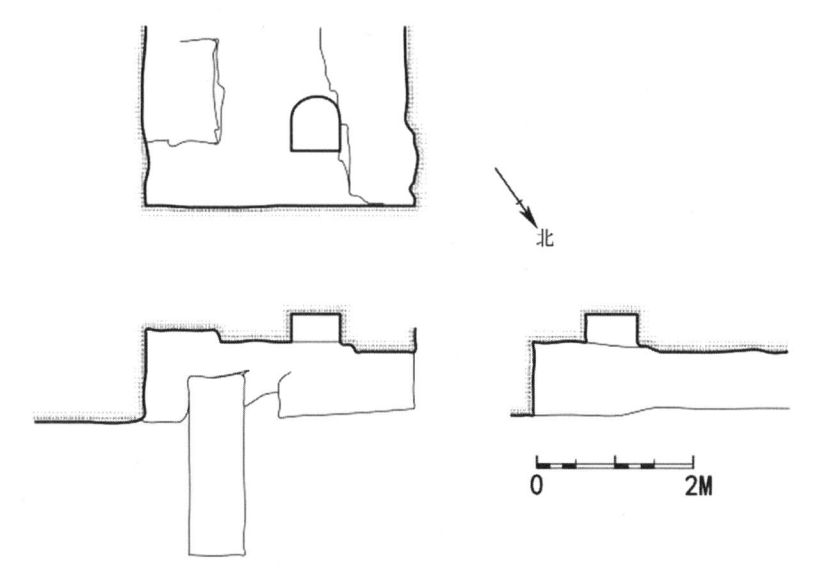

图5-15 第10窟平、剖面图

内容与现状

窟室坍塌,仅剩地面和正壁部分,近方形。地面靠右侧有一矩形坑,下面有虚土。正壁左侧距地面0.62米处开一拱形小龛。窟内无壁画与题记。

第11窟

位置

西邻第10窟。方向35°。

形制

方形纵券顶窟。坍塌严重。

内容与现状

此窟坍塌严重,仅剩左侧壁后半部分,从起券的痕迹来看,为方形纵券顶窟。

第12窟

位置

第7窟之下,西邻第13窟。方向34°。

形制

窟形不明,坍塌严重,仅剩瓶底状的窟底部,窟室进深2.7、宽3.9、高4.5米(图5-16)。

内容与现状

此窟坍塌严重,仅剩瓶底状的窟底部。左壁有火烤痕迹。

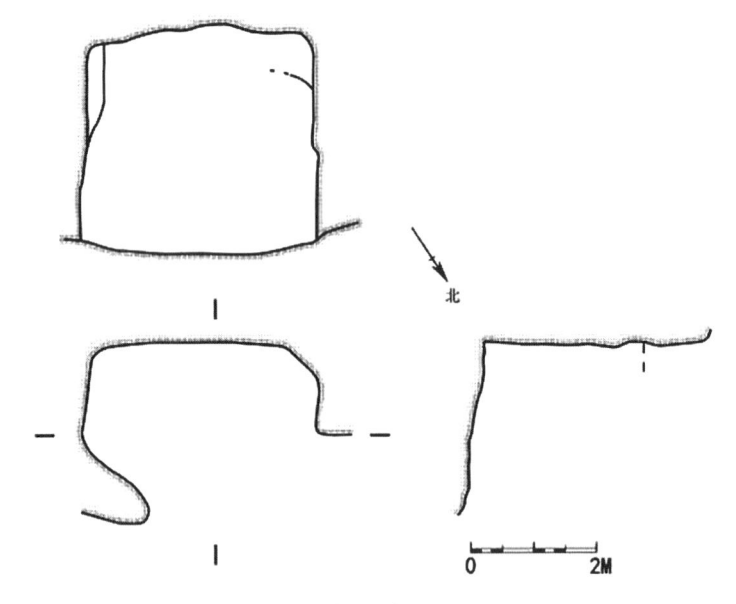

图5-16　第12窟平、剖面图

第13窟

位置

东邻第12窟。方向3°。

形制

窟形不明（图5-17）。

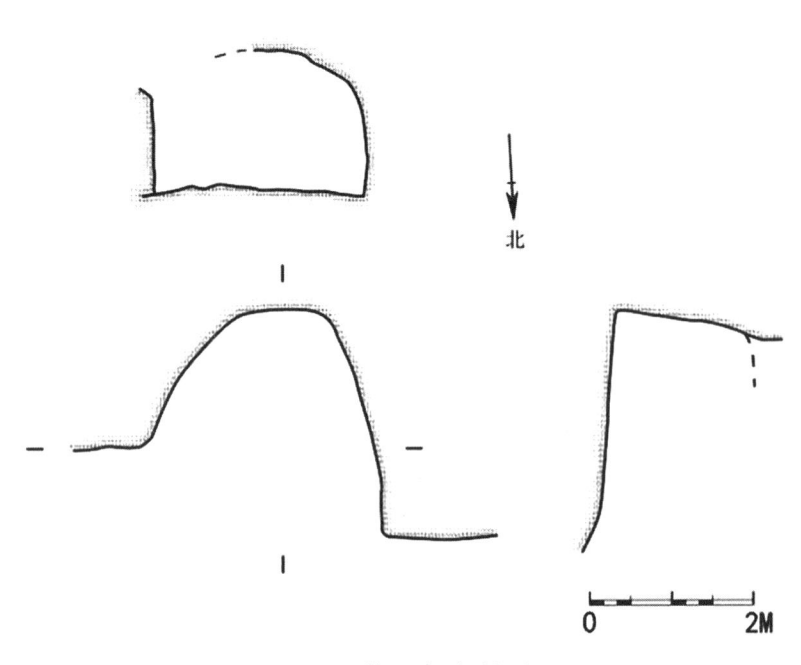

图5-17　第13窟平、剖面图

内容与现状

此窟坍塌严重,仅剩窟底一角。墙体有火烤痕迹。

第14窟

位置

东邻第13窟。方向15°。

形制

拱形龛窟。龛距地面1.8米,宽0.88、进深0.66、高0.83米(图5-18)。

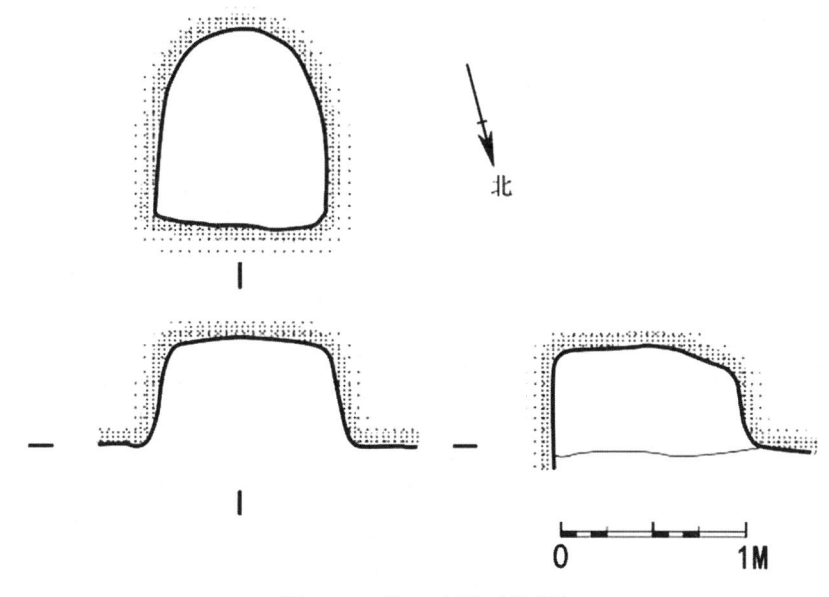

图5-18 第14窟平、剖面图

内容与现状

窟内无壁画与题记。

第15窟

位置

东邻第14窟。方向19°。

形制

拱形龛窟。龛距地面1.26米,进深1.76、宽1.5、高1.4米(图5-19)。

内容与现状

窟内无壁画与题记。

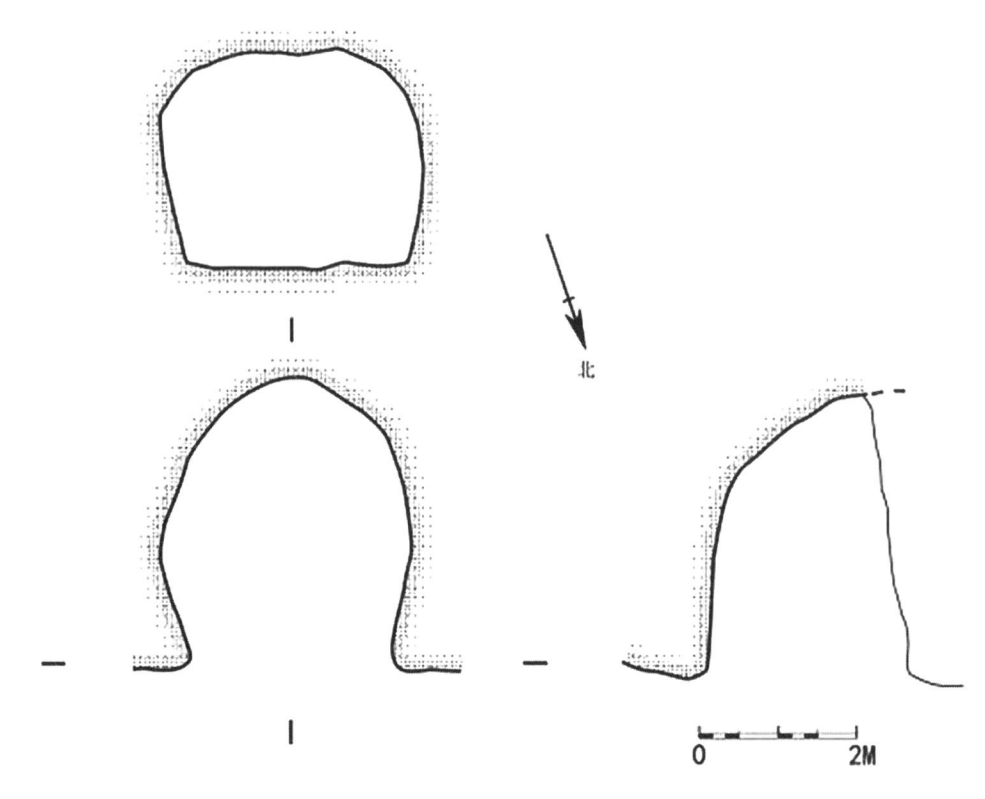

图5-19　第15窟平、剖面图

沟 北 区

图5-20　雅尔湖石窟沟北区立面图

第16窟

位置

位于沟北岸,上层,最东端。方向217°。

形制

长方形横平顶窟。窟室进深2、宽2.7、高1.2米。窟门宽0.74、高0.84米,墙体厚0.42米,左、右窟口距两壁均为0.8米。窟拐角处均呈弧形(图5-21)。

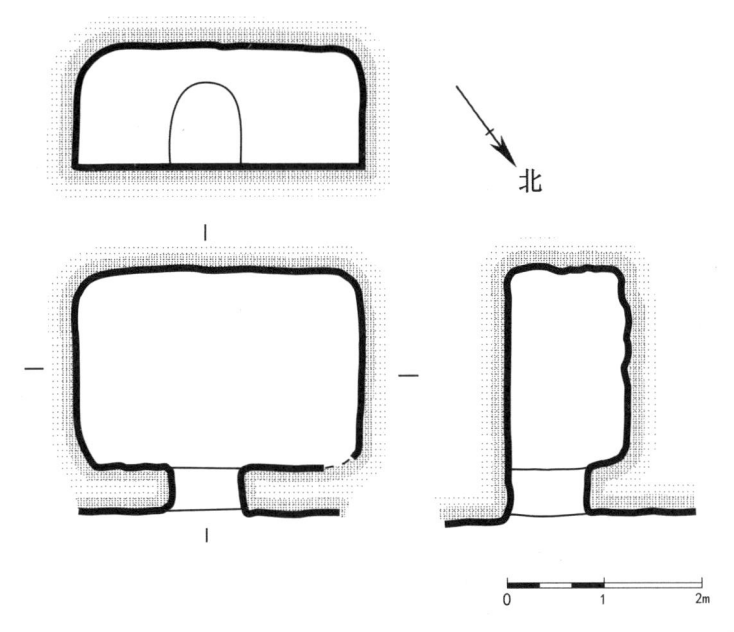

图5-21 第16窟平、剖面图

内容与现状

南壁拐角处因崖面开裂形成一条高0.3、宽0.1米的缝隙,可见外界光线。地面约有积土约0.1米。窟内无壁画与题记。

第17窟

位置

位于河沟北岸,下层,第16窟西侧。方向220°。

形制

长方形纵券顶窟。窟室进深3.8、宽3、高2.2米。窟门面南靠西侧开,宽0.88、高1.85米,券顶距门0.6米,门墙体厚1.5米,西侧现残存1.16米,有塌方。距地面1.25米处残存烟道遗迹,斜长0.8、进深0.15、宽0.11—0.15米。西侧距正壁1.41米处有一壁龛,宽0.51、进深0.32、高0.43米。左侧壁距小龛0.7米、距正壁0.6米处有一孔洞,宽0.16、进深0.19、高0.11米。出窟门在崖壁西侧距地面1.88、距门道0.95米处有一龛,宽0.69、进深0.23、高0.39米(图5-22)。

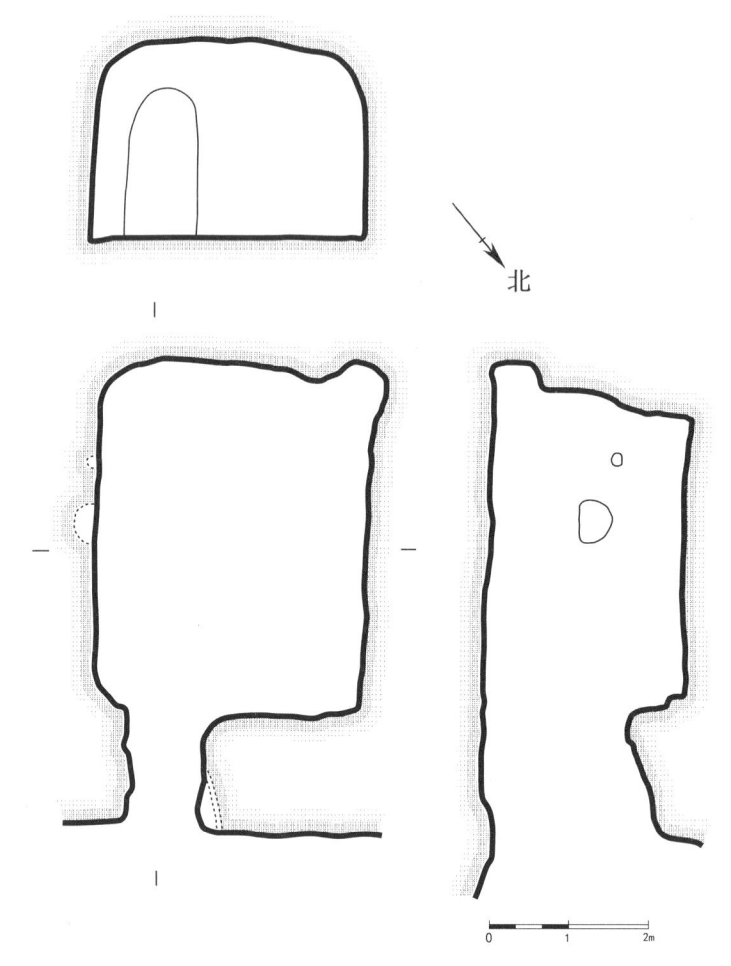

图5-22　第17窟平、剖面图

内容与现状

正壁东侧底部有部分坍塌,窟内以西侧壁中部处为中心形成细沙土堆,铺满窟内地面,细沙土溢出窟门。券顶、壁面均有严重的烟熏痕迹。窟内无壁画与题记。

第18窟

位置

位于河沟北岸,下层,第17窟西侧。方向215°。

形制

长方形纵券顶窟。窟室进深3.95、宽3.05、券高2.25米。窟门面南靠西侧开,宽1、现残高0.8

米,有积土,可下挖。门墙体厚0.8米。门上方有一横槽,上距券面0.54,宽1.0、进深0.1、高0.15米。前壁门东侧距地面积土0.88米、距东侧壁0.36米处有一壁龛,宽0.47、进深0.26、高0.3米。

全窟有孔洞5处,门槽两侧各一孔洞,西侧孔洞深0.33米,距地面积土0.89、直径0.15米;东侧孔洞深0.3米,距地面积土0.92、直径0.15米;前壁与左壁转角处一孔洞,距地面积土1.22、宽0.19、进深0.14、高0.15米。右壁距正壁1.1米处有一孔洞,距地面积土1.23、深0.14、直径0.17米。左壁距后壁1.1米处有一孔洞,距地面1.2、深0.24、直径0.17米。各孔洞在同一平面上,距地面积土为0.92—1.2米。在门道东壁上有一烟道,距拱形门道顶部约0.2—0.7米,烟道斜向上长0.8、深0.05、宽0.06—0.12米(图5-23)。

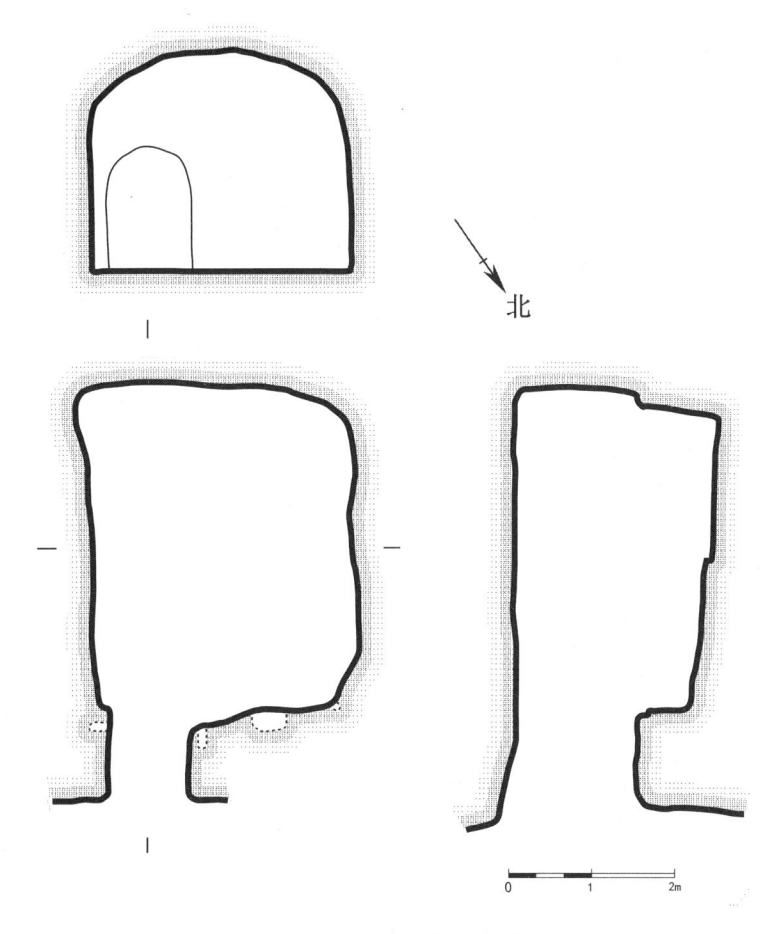

图5-23 第18窟平、剖面图

内容与现状

窟内有积土,有坍塌。券顶、壁面均有严重的烟熏痕迹。窟内无壁画。有现代游人刻画字迹等。

第19窟

位置

位于河沟北岸,下层,18窟西侧。坍塌严重,窟口方向无法准确判断,与其他各窟朝向一致。

形制

因崖壁、窟顶坍塌严重,形制无法判断(图5-24)。

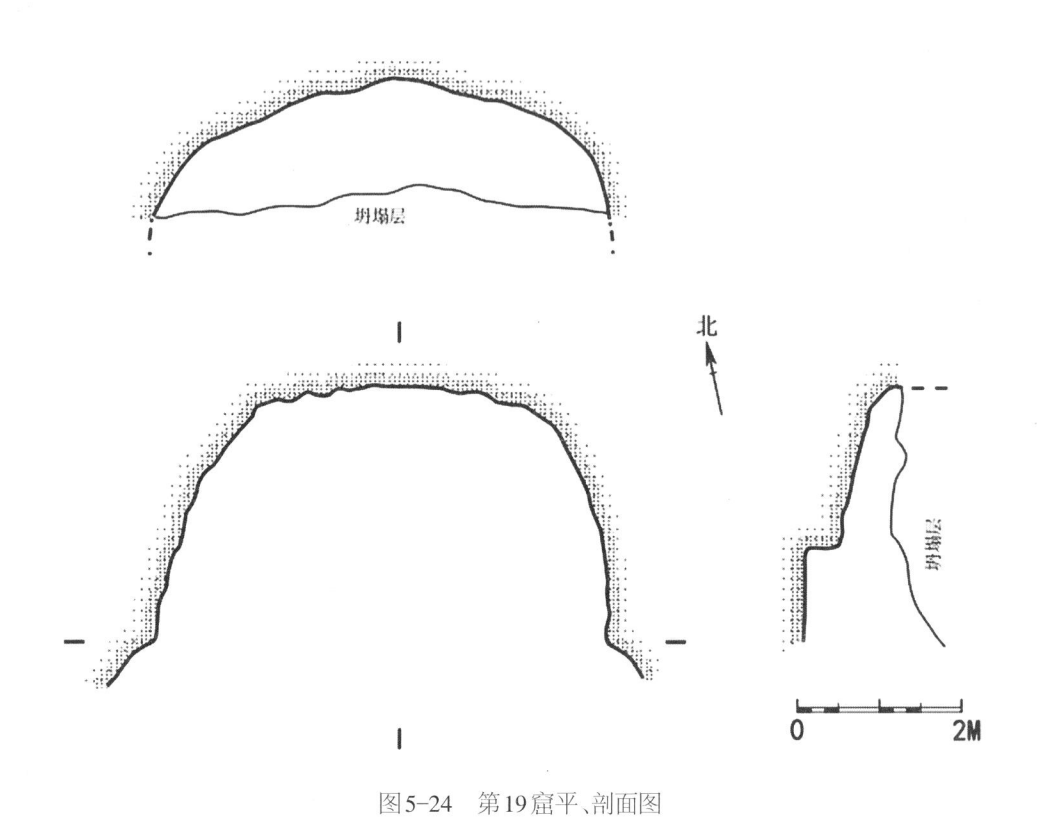

图5-24 第19窟平、剖面图

内容与现状

现崖面坍塌呈纵约15、横约20、深约10米的椎体。依坍塌面判断,该窟窟室至少宽5米,其形制较左右两侧洞窟都大。崖前坡面存大块坍塌物。窟内无壁画与题记。

第20窟

位置

位于河沟北岸,上层,第19窟西侧。方向224°。

形制

长方形纵券顶窟。窟室进深3.37、宽2.5、高1.15米。窟顶稍平,略带穹隆风格,自中部四下铺披，在与四壁面近连接处有一圈椭圆形的白色条带，带宽0.1、南北直径3.13、东西直径1.91米。条带上砂砾明显，窟内其他处均为坚硬土质。四壁连接处呈弧面。窟门宽0.73、高1.15、墙体厚0.72米。门框两侧各有两处凹坑，大小不一（图5-25）。

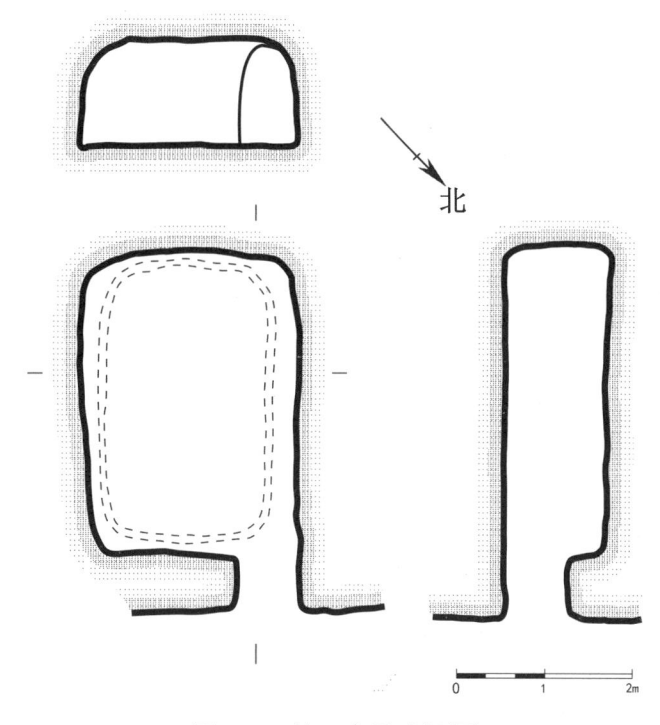

图5-25　第20窟平、剖面图

内容与现状

窟门内偏西有大量积土，堆状，约0.5米高，为崖前裂缝处溜下来细质沙土。窟底靠西侧即正北角落处积土层面较低，呈浅坑状，约0.1米，下刮可见该窟地面；另一角落处积土则稍厚。无坍塌。窟室无壁画与题记。

第21窟

位置

位于沟北岸，下层，20窟西侧。方向215°。

形制

长方形纵券顶窟。正壁开一小室，亦为长方形纵券顶。**主室**进深10.6、宽3.3、券高3.4米。窟门面南靠西侧开，宽1.16、高2.17、墙体厚2.0米。**前壁**券顶向下1.1米处残存一门槽，残存靠东部分长0.6、深0.13、槽高0.15米。门槽内有一直径0.03米的小圆洞，深0.08米。小圆洞上距门槽上边0.1米，距槽东侧边0.2米。前壁门东侧上方距券面0.1、距东壁0.5米处有一天窗，宽0.6、进深1.0、高0.64米。天窗垂直向下0.2米处有一长方形龛，宽0.54、进深0.2、高0.18米。长方形龛垂直向下0.83米处有一椭圆形龛,下距地面0.35、宽0.43、进深0.3、高0.4米。主室左侧壁距券顶1.75、距窟口2.8米处有一门道通往7号窟。

小室为长方形纵券顶,进深2.4、宽1.3、现高0.7米,下有积土。小室窟门上距券顶1.42米,窟门居中开,平顶,宽1.2、高2.07米(因主室前部可见地面,故在主室后部依券顶计数得小室高,实际测量高0.7米,下有大量积土,主室坍塌物亦涌进小室),进深(门墙厚)0.5米,两侧居主室两侧壁各1米。小室右侧壁距后壁1米处有一小龛,宽0.5、进深0.3、高0.3米。小室左侧壁距前壁0.15米处有一小龛,宽0.5、高0.2米,有扁平小洞一直向内纵深,或为后期坍塌及鼠洞所致。小室内抹有草泥皮,较粗糙,秸秆较长。墙面涂白,现券顶、后壁及两侧壁可见大面积涂白面(图5-27)。

内容与现状

主室后部左右两侧大部坍塌,但可见后壁残存面,黑褐色。窟室无壁画。

题记

小室东壁面靠后0.5米处有一回鹘文题记残笔画,墨书。

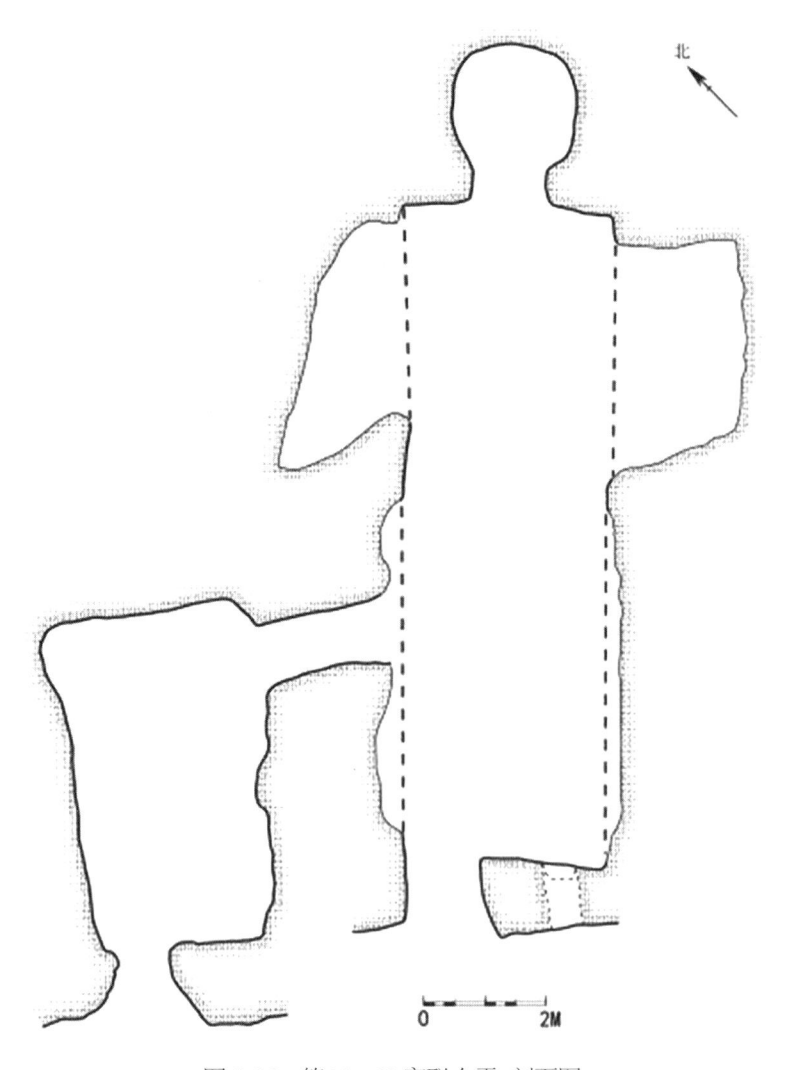

图5-26 第21—22窟联合平、剖面图

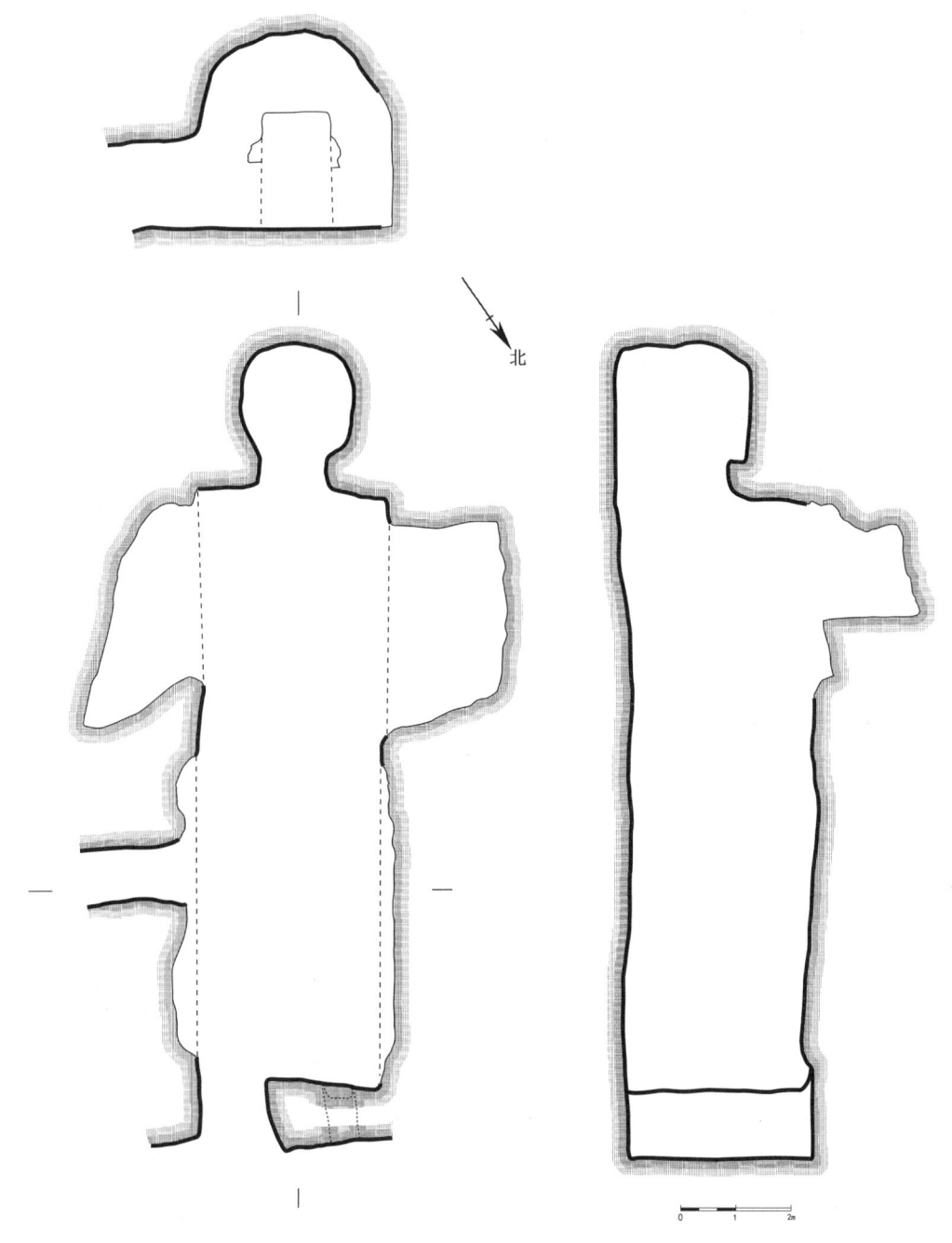

图5-27　第21窟平、剖面图

第22窟

位置

位于河沟北岸,下层,21窟西侧。方向216°。

形制

长方形纵券顶窟。窟室进深5.19、宽3、高2.93米。右侧壁底部有一门道通往6号窟,宽1.2、高

0.92米（依据窟室前部可见地面及券顶计数得知此门道高1.6、从虚土处测量所得高度为0.92米）、进深2米。窟门面南靠西侧开，宽1.1、门墙体厚0.8米，东侧残存门墙体高0.5米。因崖面坍塌，无法确定窟门高度，但有一处遗迹似为窟门遗迹，测得高度为1.73米。右壁距前壁2.58、距地面1.22米处有一孔洞，宽、高均为0.1米（图5-28）。

内容与现状

券顶及券面均为黑褐色，两侧壁面为草拌泥涂抹，残存草拌泥泥皮。正壁下部土块掉落较严重，残存后壁面与券顶连接处。西侧壁面中间部分与券顶连接处可见少许红色。窟内无壁画，有近现代游人题记，多"九七"字样。在通往6号窟的门道口与后壁拐角处有"九七钟传熙"五字，楷体刻画，简体，字体美观。

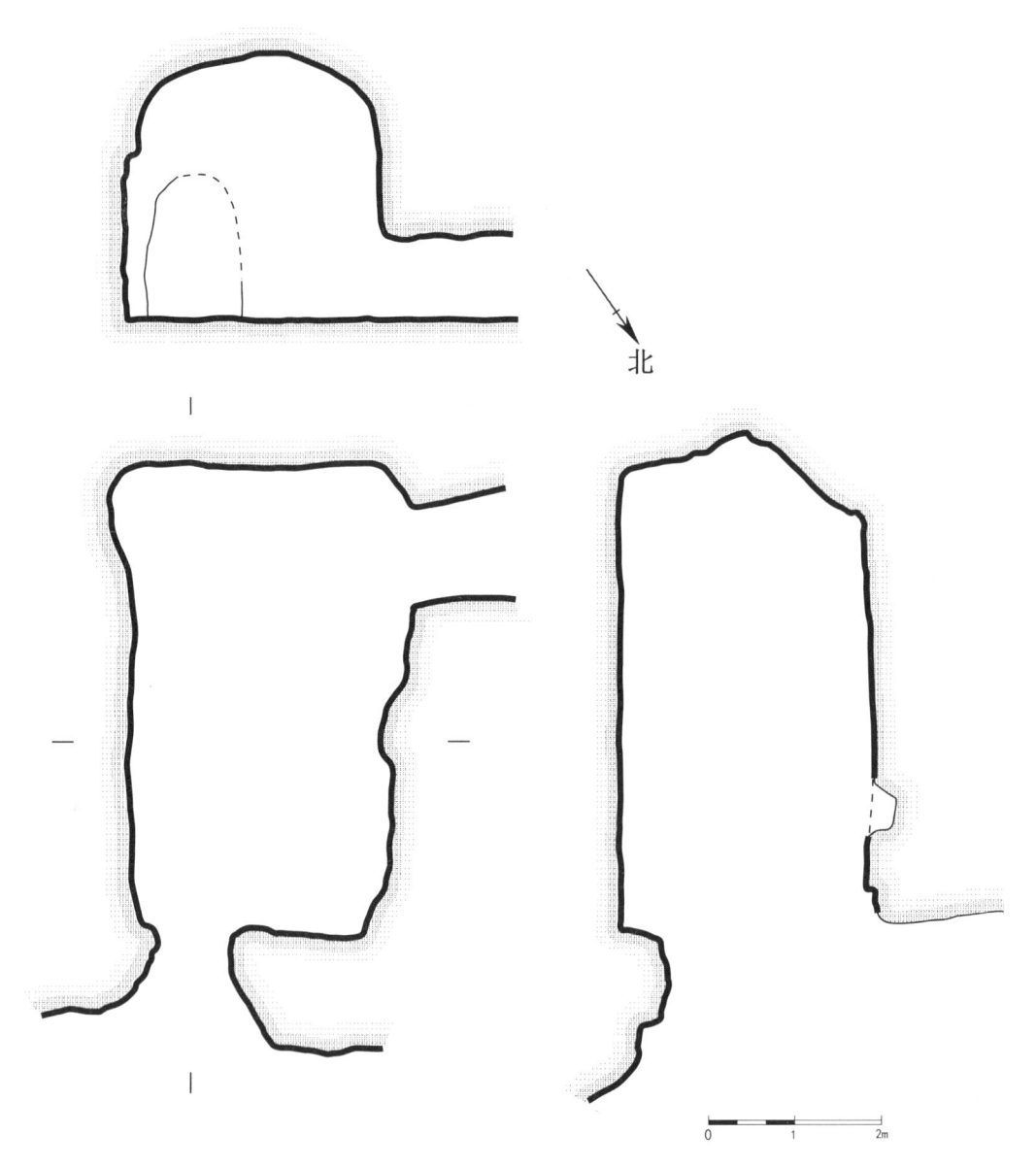

图5-28　第22窟平、剖面图

亚尔乡石窟

第六章 亚尔乡石窟

亚尔乡石窟位于交河故城以北的一号台地东南边缘处,东距吐鲁番市10千米。1998年3月9日,被公布为市级文物保护单位。

亚尔乡石窟现存7个洞窟。其形制有中心殿堂窟和纵券顶窟两种。其中第1、2号窟为长方形纵券顶窟;3号窟为中心殿堂窟,前室左、右两侧残存墙体,主室前部为长方形横券顶,主室后部为穹隆顶的方形殿堂,不规则甬道,第3窟中壁画绘制年代应在中晚唐时期;第4至7号窟为僧房遗迹,仅依稀可见残存墙体。

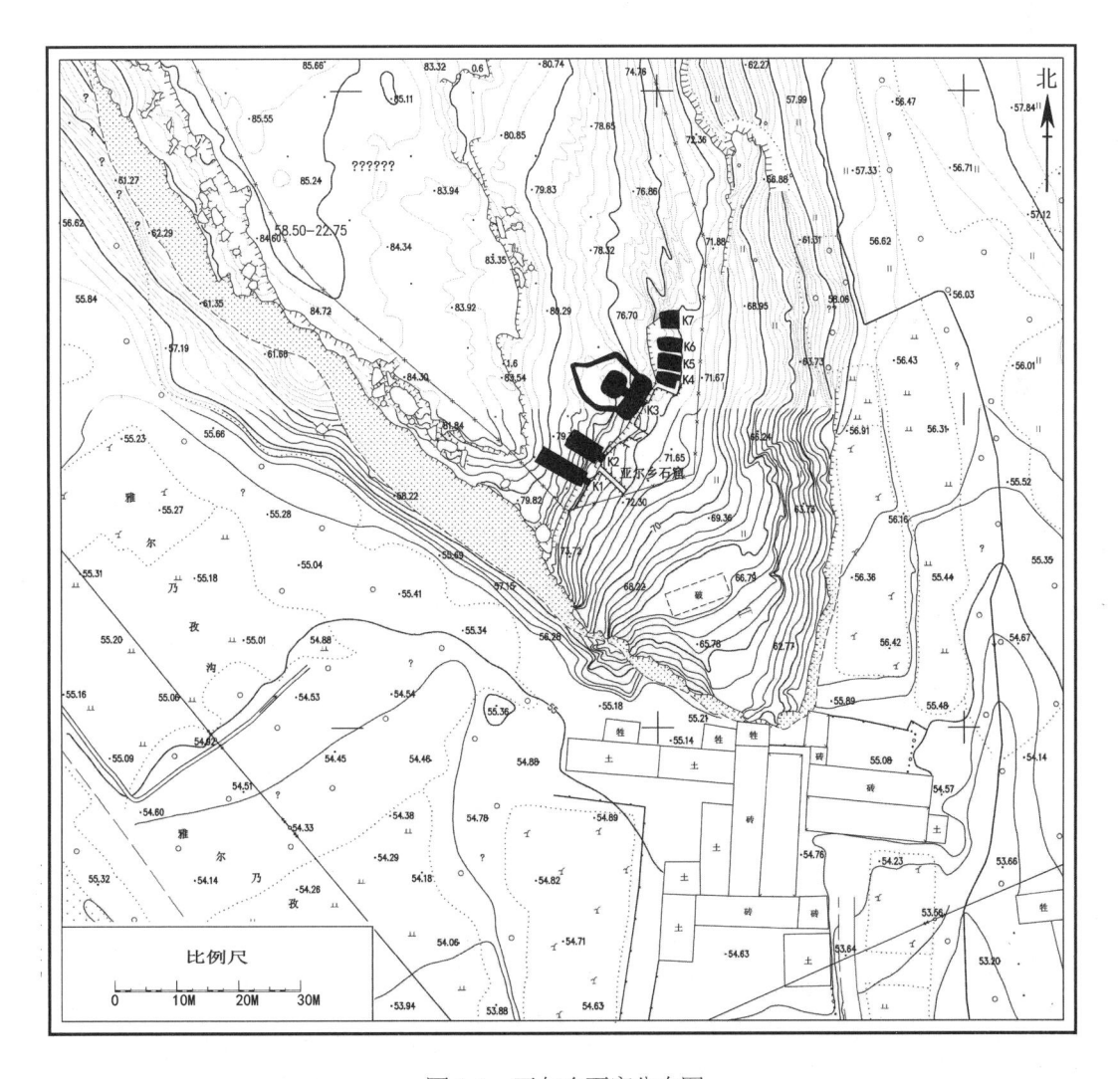

图6-1 亚尔乡石窟分布图

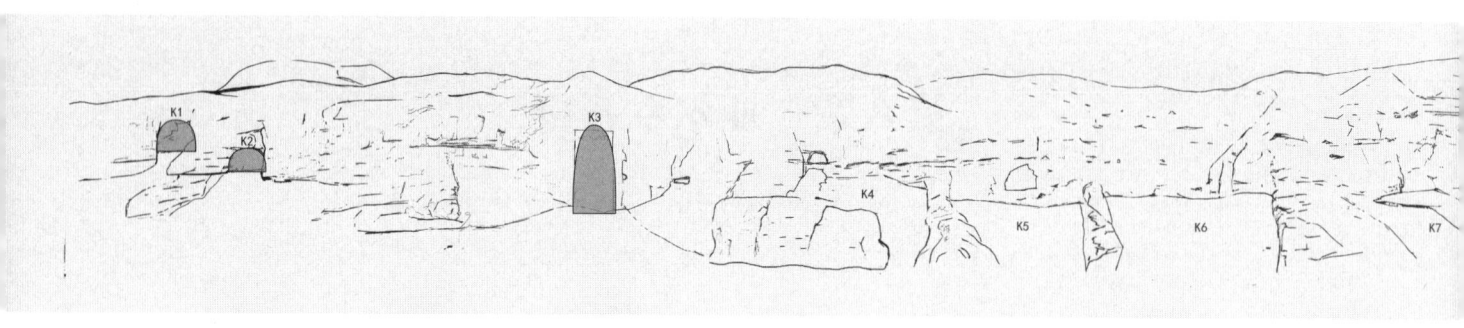

图6-2 亚尔乡石窟立面图

从第3窟保存的壁画来看,既有吐蕃式样的毗沙门天王,有回鹘式样的千佛,极可能开创于吐蕃与回鹘角逐高昌之时,即8世纪末至9世纪初。

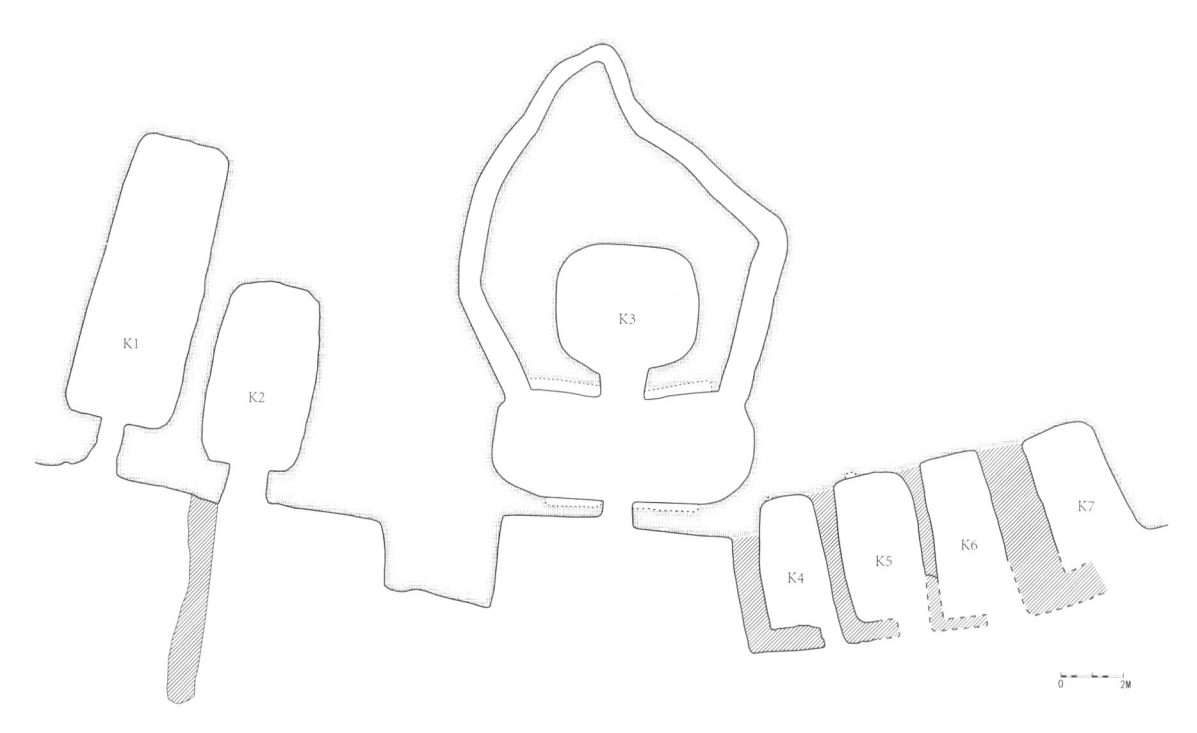

图6-3 第1—7窟联合平面图

第1窟

位置

位于交河故城沟北台地东南角边缘台面最南端,北邻第2窟。方向114°。

形制

长方形纵券顶窟。窟室进深9.05、宽3.34、高1.82米。窟门宽0.76米,居中,距两侧壁各1.08米,窟门处坍塌无法确定高度,左侧门墙厚0.65米,向门外延伸崖壁0.95米,右侧门墙厚0.52米,向门外延伸崖壁1.57米(图6-4)。

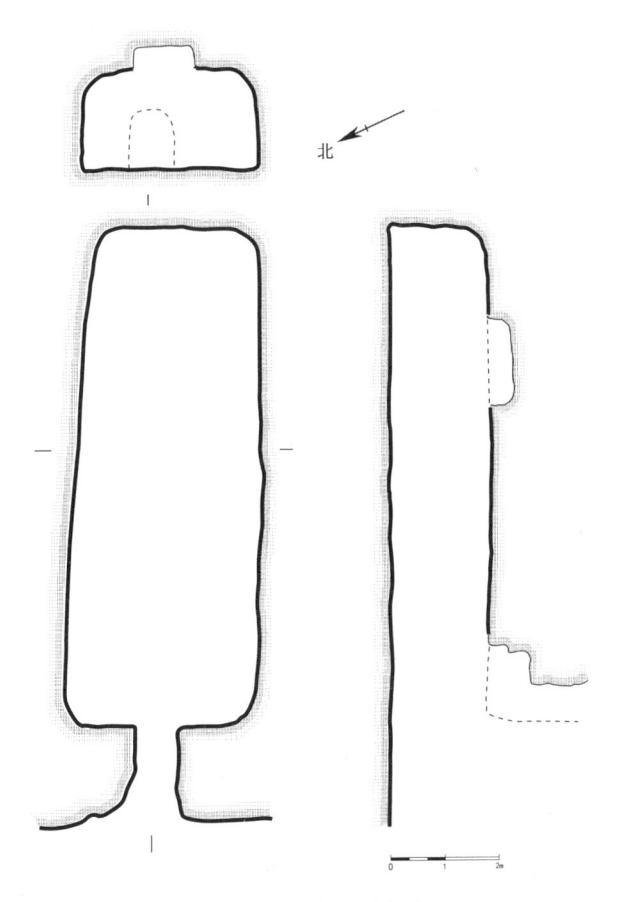

图6-4 第1窟平、剖面图

内容与现状

窟室正壁呈弧形。券顶距窟后壁1.51米处有坍塌,坍塌区域进深0.43、南北长1.5、东西宽1.2米。距窟前壁1.44米处崖面坍塌,致使无法确定窟门高度。窟口处有大量积土,深约1.5米,距窟顶0.2米,几乎堵塞窟口,仅容1人匍匐进入,积土自窟口一直延伸至窟底,正壁处积土深约0.7米。窟内无壁画与题记。

第2窟

位置

南邻第1窟。方向121°。

形制

长方形纵券顶窟。窟室进深5.75、宽3.29、高2.66米。窟门宽1.29、高2.22米,距右侧壁0.62、距左侧壁0.69,门墙厚0.92米。与窟门顶部基本平行的右壁处有一门槽洞,宽0.18、进深0.5、高0.1米。窟外右侧壁处向外延伸有一墙体,长6.36、残高约1.5、厚约0.72—0.97米。窟外左侧壁向西3.6米处有一墙体,与3号窟相隔,长0.41、残高0.65米(图6-5)。

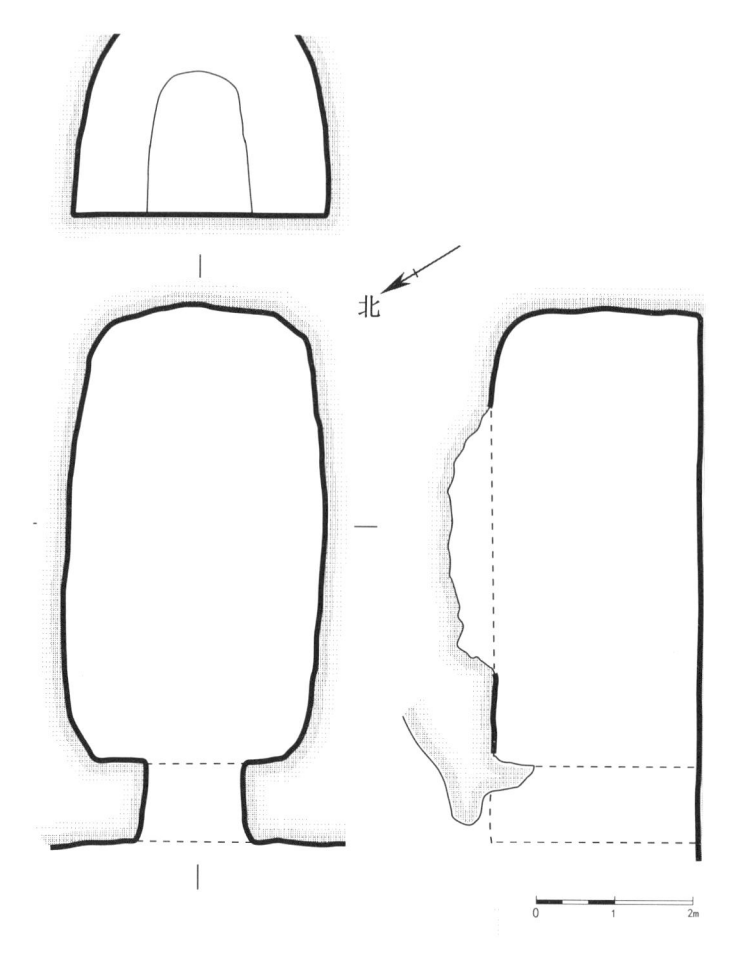

图6-5 第2窟平、剖面图

内容与现状

券顶中后部坍塌严重，仍可见券面。左侧壁距正壁1.46米处有一裂自券顶延伸至窟底的裂缝。窟口处左侧有大量积土，延伸至窟底，窟口积土距券顶0.82米，因窟口处积土较厚，依据窟门的崖壁面距券顶0.4米，窟高2.62米，推测窟门高约2.22米。地平处有厚约0.1米的芦苇秸秆。窟内无壁画与题记。

第3窟

位置

南邻第2窟。方向114°。

形制

中心柱窟。主室前部为长方形横券顶，后部为穹隆顶。**前室**仅残存左右墙体，进深4.1、宽7.7、门宽0.77米。左侧墙体距门2.85米，长2.7、宽0.7、残高1.3米，右侧墙体距门2.85米，长3.26、宽

0.72、残高0.35—1.3米。**主室前部**呈长方形横券顶,窟室进深3.08、宽8.29、高3.34米;门宽0.93、高2米。门墙厚0.8米;前壁与正壁距地平1.6米处有起券槽,深0.2—0.4、高0.25、各宽约2.3米。**主室后部**为穹隆顶,窟室进深3.63、宽4.44、高3.13米。门宽1.48、高1.71米,左侧门墙厚1.1、右侧门墙厚0.98米;左右门墙壁上各有3个大小不一的门槽凹进墙体,其中最大者宽0.1、进深0.17、高0.18米;前壁右侧凹进一龛,宽1.38、进深0.43、高1.57米。主室前室正壁两侧开左、右甬道,左右甬道里端与后甬道相通,左甬道口距窟门2.49米,宽1.08、高1.89米;右甬道口距窟门2.28米,宽1.1、高1.89米;甬道总周长31.8米(图6-6)。

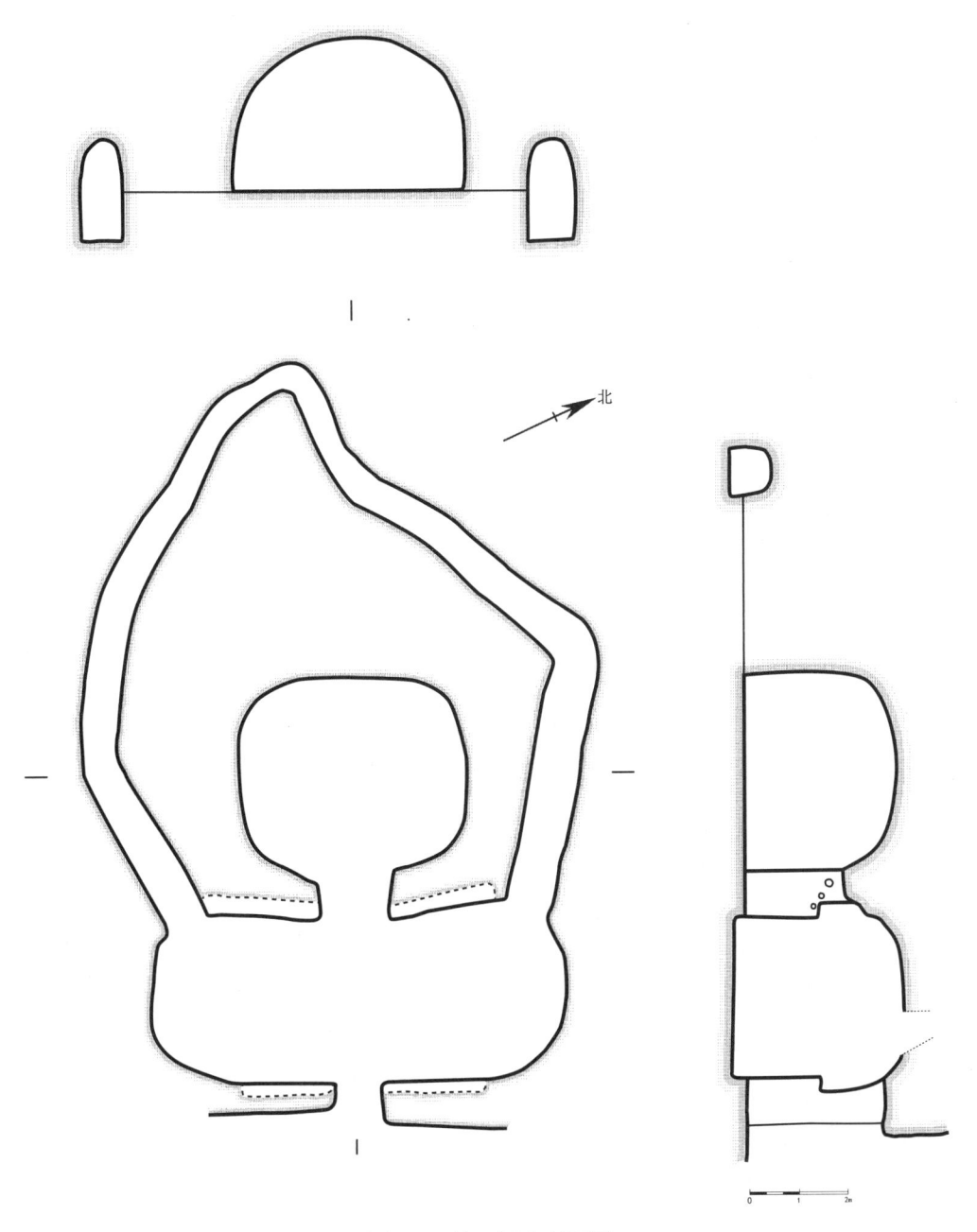

图6-6 第3窟平、剖面图

内容与现状

前室仅残存左右墙体。主室前部的长方形横券顶坍塌严重，塌落土块堆积于窟中；左侧券顶原来即有坍塌，但崖面未塌落；右侧券顶于2019年坍塌且崖面塌落，可见天空；四壁涂白灰，右侧前壁距地平约0.5米处有红色壁画残迹；据之前考察者言，在土块未塌落前，可见前室地面右侧有一直径约0.94米的井状下挖的土坑。甬道修建极为粗糙，两侧甬道口处较宽敞，后甬道较低窄，且方向偏离严重，约呈60°的夹角状；左右甬道开挖时均略有偏离，左甬道偏西北方向、右甬道偏东南角。左甬道偏西北方向开挖约4.9厘米处，后甬道转向东南方向开挖约7.5米；右甬道偏东南角方向开挖3.7米处，后甬道转向西北方向开挖约9米处后甬道相连通。为使后甬道顺利联通，后甬道整体呈不规则三角状。

主室后部穹隆顶室内壁面上刷一层白灰即绘制壁画，壁画内容示意如下（从上至下，从右至左）：

1																			
2																			
3																			
4	5				6								7					8	9
10	11	12	13	14	15	16	17	18	19	20	21	22	23	24	25	26	27	28	

共分五层（含顶部）。第一层1为莲花图案，位于穹隆顶部，保存较好；第二层2为16身千佛，保存较好，旁有白色榜题框；第三层3为16身千佛，保存较好，旁有红色榜题框；第四层4—9为6身飞天，颜色线条模糊，红色卷云较清晰；第五层10—28为4身天王、15身菩萨。

1为莲花图案。主室后部穹隆顶部，以白色打底，用红色、白色等颜料绘制了一幅绽放的大莲花，四层宽厚的莲瓣层层交错叠压，中间花蕊清晰可见，外围处绘有垂幔流苏并缀有珠状饰物。

2—3为千佛（坐佛）。莲花图案周围绘有2圈千佛（坐佛），每圈16身佛像，共32身千佛。佛禅定坐于莲座上，身穿双领垂肩式袈裟，手持禅定印契，结跏趺坐于莲座上，旁边有白色或红色榜题框，无文字。

4—9为飞天。6身飞天位于第四层即第三层千佛与第五层菩萨、天王之间，大致分布位置如壁画示意图所示。画工在壁面上通过简洁流畅的线条勾勒出飞天形象。颜色线条较模糊，依稀可见大致轮廓，长裙飘逸，红色卷云掠过，有轻盈飞动之感。

10为菩萨。位于第五层最右侧窟口处，可见圆形项光、宝冠，面部已损毁，面朝右侧。身着红边披巾，佩璎珞、臂钏、腕镯。左腕置于胸前，左手脱落。上有1身飞天，披巾飘逸。

11为胁侍菩萨。右邻菩萨，左邻天王。可见圆形项光、宝冠，面部已损毁，面朝左侧天王。身着披巾，佩璎珞、臂钏、腕镯。右腕置于胸前，右手脱落，左手下垂置于腹前，左手基本脱落。

12为东方持国天王。右邻胁侍菩萨，左邻供养菩萨。此窟四方凹入处绘四大天王，据北天王位置，依照方位推测，此处可能是东方持国天王多罗吒，圆形项光，外层为火焰纹，头戴宝冠，颈配红色护领，身穿叠鳞纹甲胄，红色胸甲，面部丰圆，两目圆瞪，面朝右侧（图6-7）。

13为供养菩萨。圆形项光，头戴宝冠，面部脱落，面朝左侧。身着披巾，佩璎珞、臂钏、腕镯。侧身向左，手托盘，盘内盛有贡品。

14为菩萨。位于供养菩萨左下方，因壁面损坏，头部以下壁画缺失，仅存圆形项光、宝冠，面部脱落。手举华盖，盖顶系旗幡，三层宝塔状华盖，周边缀宝珠饰物，红色宝盖顶系旗幡，尾缀宝珠，随风飘荡。

图6-7 第3窟东方持国天王

15为菩萨。圆形项光，头戴宝冠，面部损毁。身着红色宽袖天衣、披巾，佩璎珞、臂钏、腕镯，双手置于腹前。

16为供养菩萨。圆形头光，头戴宝冠，面部不清。身着披巾，佩璎珞、臂钏、腕镯。右手托盘，虔诚供养。因壁面损坏，腹部以下壁画缺失。

17为菩萨。圆形头光，面部、发饰不清。身着披巾，佩璎珞、臂钏。壁画整体脱落较严重。

18为南方增长天王。此处为凹入处应绘1身天王，壁画整体脱落严重，仅残存项光外层火焰纹及星点红色颜料。据北天王位置，依照方位推测，此处可能是南方增长天王毗琉璃。

19为菩萨。壁画整体脱落严重，仅残存圆形项光及星点红色颜料。

20为菩萨。壁画脱落严重，残存圆形头光、宝冠、赭红色披巾。

21为菩萨。残存圆形项光，隐约可见披巾、臂钏。

22为菩萨。残存圆形项光、赭红色披巾。

23为西方广目天王。圆形火焰纹项光，戴宝冠，面部不清。身着甲胄，佩红色胸甲，系腹带。据北天王位置，依照方位推测，此处可能是西方广目天王毗娄博叉。

24为菩萨。壁画脱落严重，仅残存圆形项光、宝冠。

25为菩萨。残存圆形项光、宝冠一角、红色披巾。

26为菩萨。残存圆形项光，手举宝塔状华盖，盖顶系旗幡，随风飘荡，盖身、沿部及幡尾缀有宝珠状饰物。

27为北方多闻天王。壁画中天王头戴锥形斗鍪，头后有一牛角形项光，面部浑圆。身着甲胄，

图6-8　第3窟北方多闻天王　　　　　　　　　图6-9　第3窟杨柳观音

佩红色护领、红色胸甲，系腹带、腰带，佩如意云头。左手托宝塔，右手持枪，幡缨飘荡，威风凛凛（图6-8）。

28为菩萨。圆形项光，头戴宝冠。身着披巾，佩璎珞、臂钏、腕镯，右手置于胸前，左手曲臂向上举净瓶，瓶内插杨柳枝或单持杨柳枝，可能为观音菩萨（图6-9）。

此外，窟内有两处"僧□云"的刻画题记。

第4窟

位置

南邻第3窟。方向92°。

形制

僧房。平面呈长方形，进深3.99、宽2.13米。门宽0.67、门墙厚0.55米。距右壁0.1米处有一龛，宽0.44、进深0.15、高0.31米。右侧墙体残长3.95、高约1.3米。左侧墙体残长4.5、宽0.5、高0.66米。

内容与现状

僧房坍塌，仅见券面及墙体遗迹。窟内无壁画与题记。

第5窟

位置

南邻第4窟。方向92°。

形制

僧房。平面呈长方形,进深4.31、宽2.56米。窟门数据无法测量。距右壁0.8米处有一龛,宽0.64、进深0.36、高0.44米。左侧墙体残长3.25、宽0.4米,虚土层测高0.3米。右侧墙体残长4.5、宽0.5、高0.66米。

内容与现状

僧房坍塌,仅见券面及墙体遗迹。窟内无壁画与题记。

第6窟

位置

南邻第5窟。方向91°。

形制

僧房。平面呈长方形,进深3.55、宽2.08米。无法测量窟门数据。右侧墙体残长3.25、宽0.4米,虚土层测高0.3米。左侧墙体残长3.41、宽0.45米。

内容与现状

僧房坍塌,仅见券面及左侧墙体遗迹。窟内无壁画与题记。

第7窟

位置

南邻第6窟。方向94°。

形制

僧房。平面呈长方形,进深3.82、宽2.53米。无法测量窟门数据。右侧墙体残长3.41、宽0.45米。

内容与现状

僧房坍塌,仅见券面。左侧墙体遗迹模糊。窟内无壁画与题记。

大桃儿沟石窟

第七章 大桃儿沟石窟

大桃儿沟石窟位于吐鲁番盆地火焰山西段的大桃儿沟内，东距吐鲁番市高昌区葡萄沟镇的葡萄沟约3千米，与小桃儿沟相邻。1999年7月29日，被新疆维吾尔自治区人民政府公布为第四批自治区级文物保护单位。

大桃儿沟石窟有洞窟10个、地面佛寺3座、佛塔2座。洞窟依沟的西壁开凿，10个洞窟自南向北编号，大致可分为上下四层。第1—5窟为一组，在最下一层；第6、7窟为一组，基本在同一个平面上；第8、9窟相邻，第9窟位置高于第8窟；第10窟位于第9窟东北约50米的山顶上，地势最高。

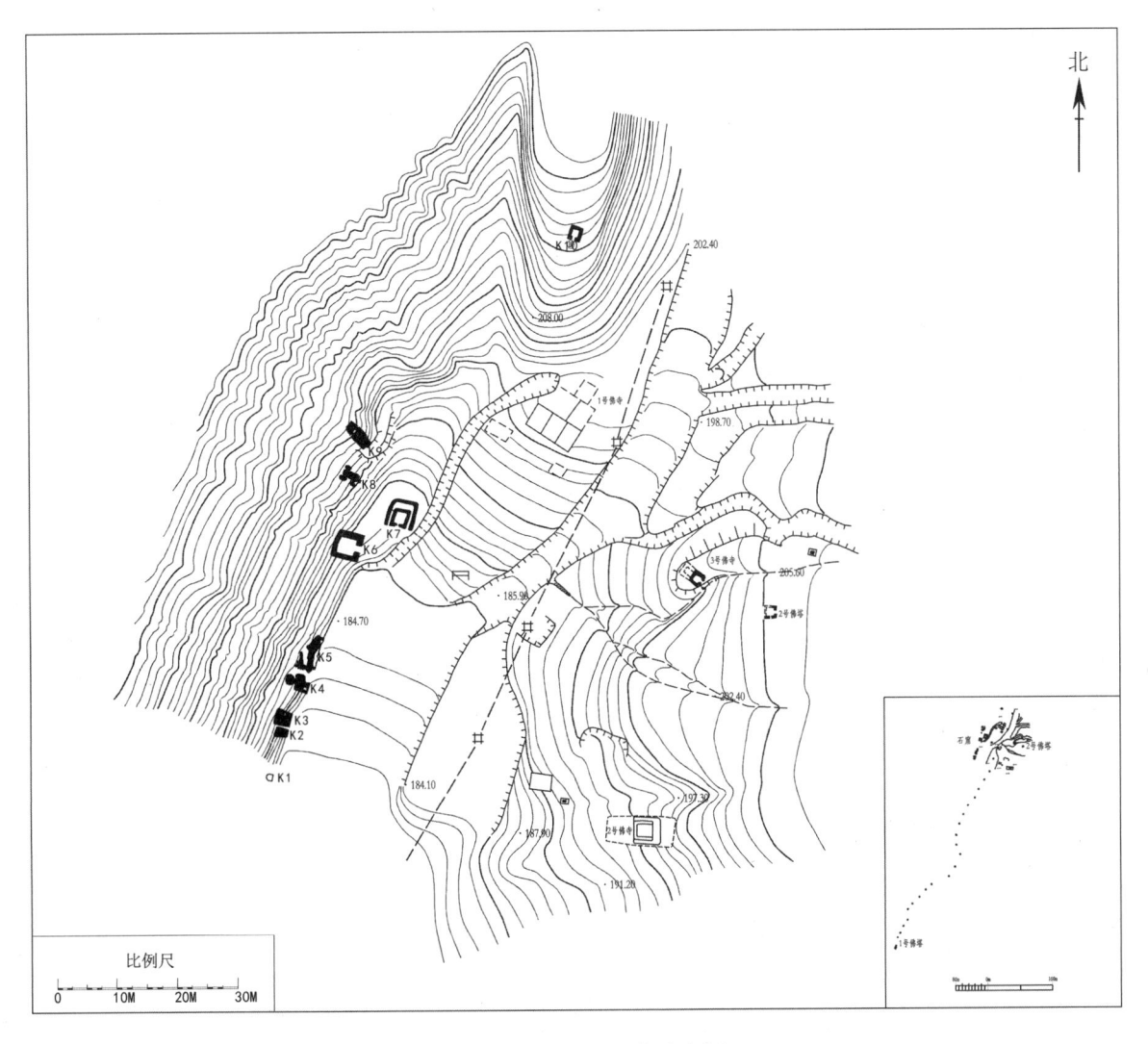

图7-1 大桃儿沟石窟分布图

图7-2 大桃儿沟石窟立面图

大桃儿沟石窟是一处宋元时期的藏传佛教遗存,洞窟形制有方形纵券顶窟、方形横券顶窟与穹隆顶窟。洞窟内现存壁画主要为藏传佛教风格,同时又有回鹘风格。

第1窟

位置

位于沟西诸洞窟最南面的崖壁上,以崖壁垂直线为准。方向99°。

形制

形制不明。

内容与现状

坍塌严重,仅残留一小龛形状。窟内无壁画与题记。

第2窟

位置

位于沟西区,紧挨第1窟,在其北面。方向100°。

形制

长方形纵券顶窟。石窟偏前面南北向有一大裂缝穿透崖体,裂缝宽0.25—0.6米。窟室残深3.4、宽1.9米,券顶至地表堆积1.1米(图7-4)。

内容与现状

前部坍塌,窟门不存,窟顶及四周砂石掉落,地表堆积甚多。窟顶及四周的草拌泥墙几乎全部脱落,仅在窟门左边留有稍许。窟内无壁画与题记。

第七章　大桃儿沟石窟

图7-3　第2—4窟联合平面图

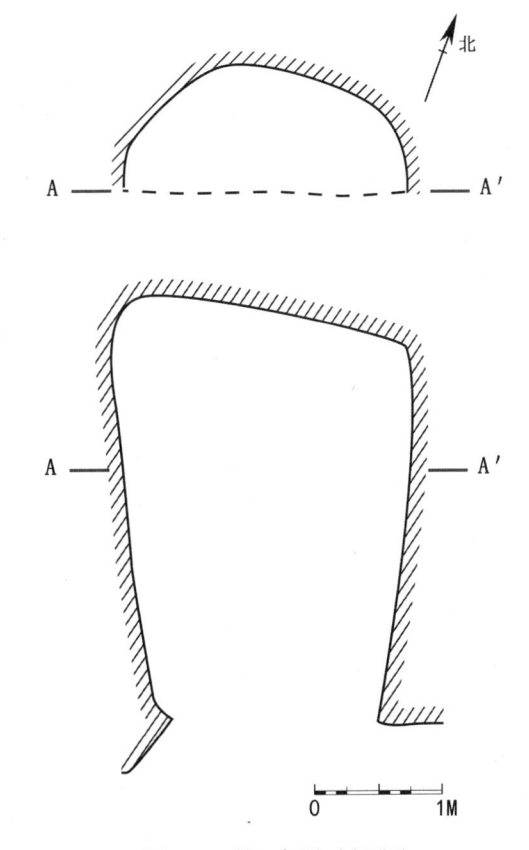

图7-4　第2窟平、剖面图

· 157 ·

第3窟

位置

位于沟西区,紧挨第2窟,在其北面。方向115°。

形制

长方形纵券顶窟。石窟偏前面南北向有一大裂缝穿透崖体,裂缝宽0.16—0.8米。窟室残深3.89、宽3.22米,券顶至地表堆积1.74米(图7-5)。

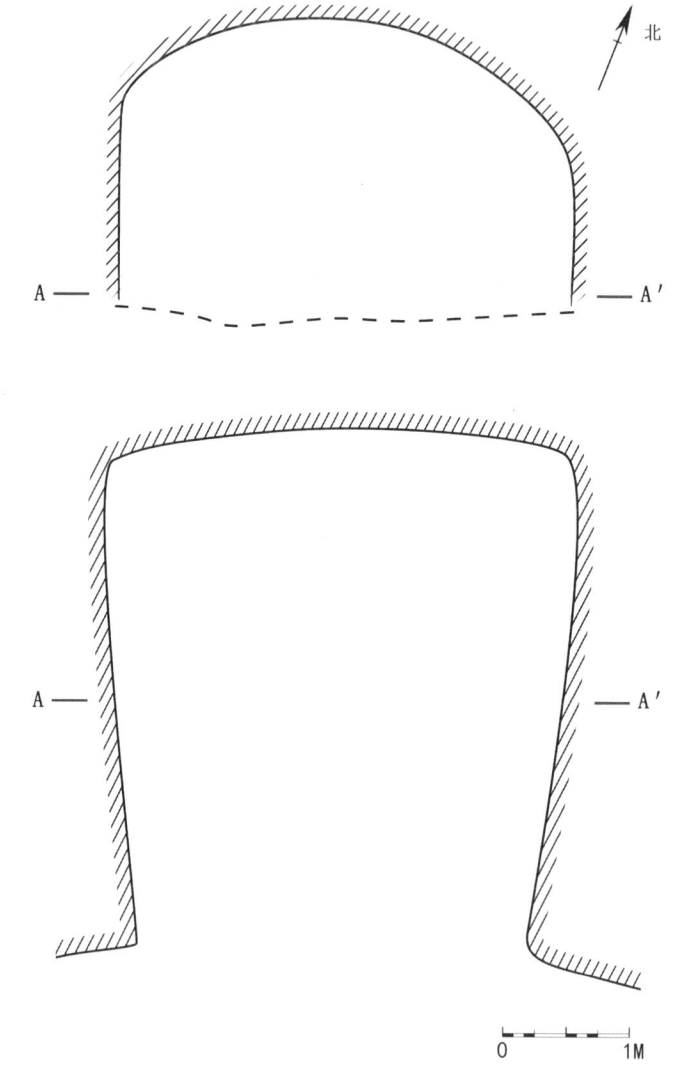

图7-5 第3窟平、剖面图

内容与现状

前部坍塌,窟门不存,窟顶及四周草泥墙皮掉落,下方尚存,地表有堆积。窟内壁画无存。

第4窟

位置

位于沟西区，紧挨第3窟，在其北面。方向110°。

形制

前室平面略呈长方形，横券顶；后室平面略呈圆形，穹隆顶。两窟门，成联拱形，左边窟门拱形，下宽0.85米，拱顶之地表堆积0.7米；右边窟门呈梯形，下宽1米，上宽0.75米，顶部至地表堆积0.66米。前室进深4、宽2.5米，券顶至地表堆积1.25米。后室窟门拱形，下宽1、拱顶至地表堆积1.07米。后室平面略呈圆形，直径2.2米，穹顶至地表堆积1.95米（图7-6）。

内容与现状

两窟门，成联拱形。左边窟门拱形，右边窟门呈梯形。后室窟门拱形，后室平面略呈圆形。窟内无壁画与题记。

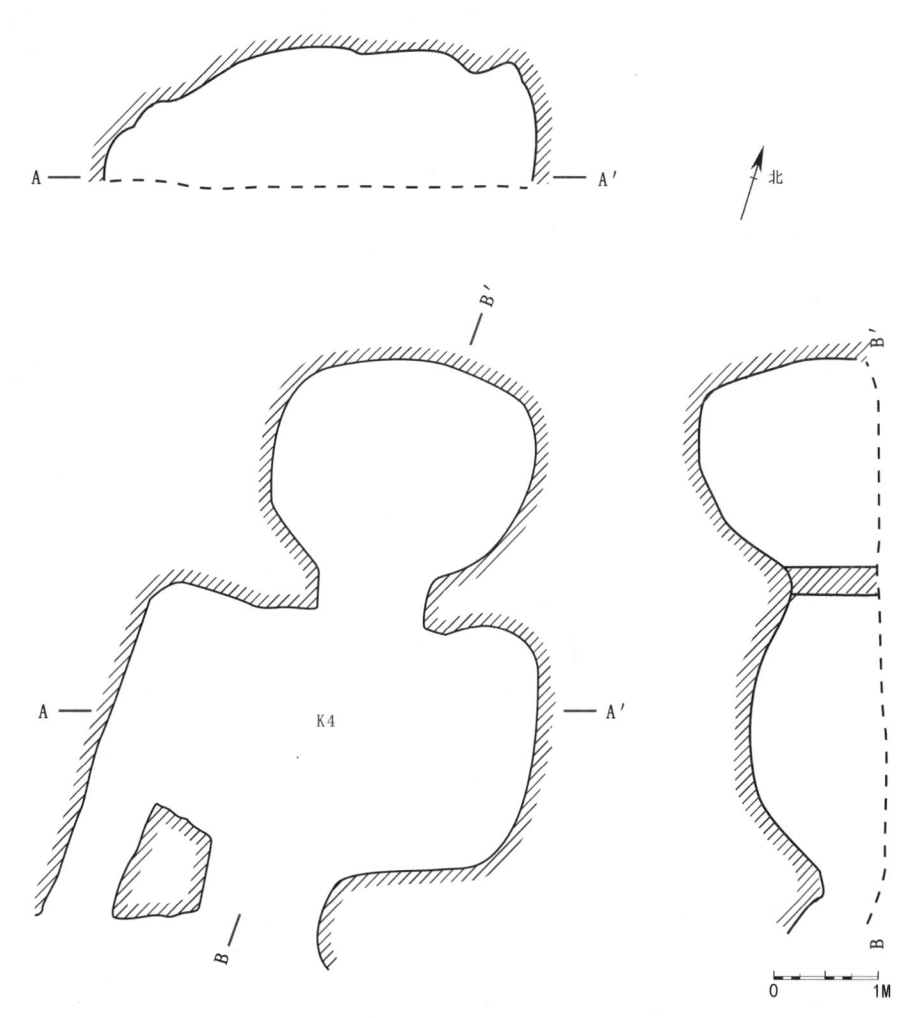

图7-6 第4窟平、剖面图

第5窟

位置

位于沟西区,紧邻第4窟,在其北面。方向94°。

形制

前室平面为月牙形,券顶。窟左有一后室,平面略呈圆形,穹隆顶。左边窟门,上部坍塌,下宽1米,拱顶至地表堆积0.9米;右边窟门,下宽0.96米,拱顶至地表堆积0.9米。窗子在洞窟的最右边,拱形,下宽0.6米,拱顶至地表堆积0.6米。前室进深9、最宽处2米,券顶至地表堆积最高处1.9米。前室前壁有两个小龛,正壁有9个小龛。中部对称有两个圆形洞室,向上延伸,左边洞室直径0.65米,右边洞室直径0.4米。后室窟门拱形,下宽0.67米,拱顶至地表堆积0.75米;窟室近似圆形,穹隆顶,穹顶至地表堆积1.2米。左边洞室直径0.65米,右边洞室直径0.4米。后室窟门拱形,下宽0.67米,拱顶至地表堆积0.75米;窟室近似圆形,穹隆顶,穹顶至地表堆积1.2米(图7-7)。

内容与现状

两窟门,拱形,前室前壁有两个小龛,正壁有9个小龛。此外还残留有一烟囱,为现代遗留痕迹,中部对称有两个圆形洞室,向上延伸,穹隆顶用草泥涂抹,草泥内用木条支撑,与上面砂石黏合,四周有5个龛,最右边有一洞室。后室穹隆顶部绘有一个大莲花,红线描绘,莲花花瓣间有回鹘文题记。

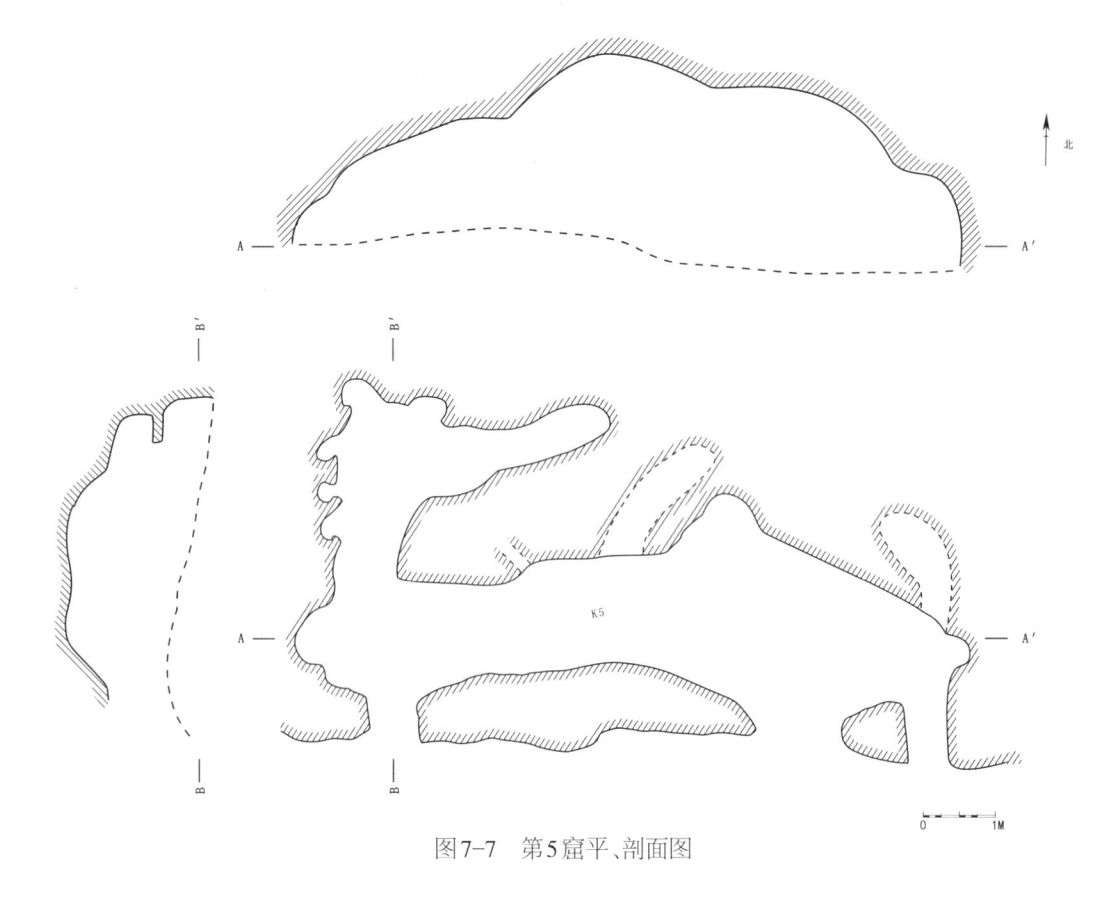

图7-7 第5窟平、剖面图

第6窟

位置

位于沟西区,在第5窟北面,比第1—5窟地势高,与第7窟在一个层面。方向111°。

形制

方形穹隆顶窟。拱形窟门,下宽1.6、高1.9、墙厚1.25、边长4米,穹顶至地表堆积4.39米(图7-8)。

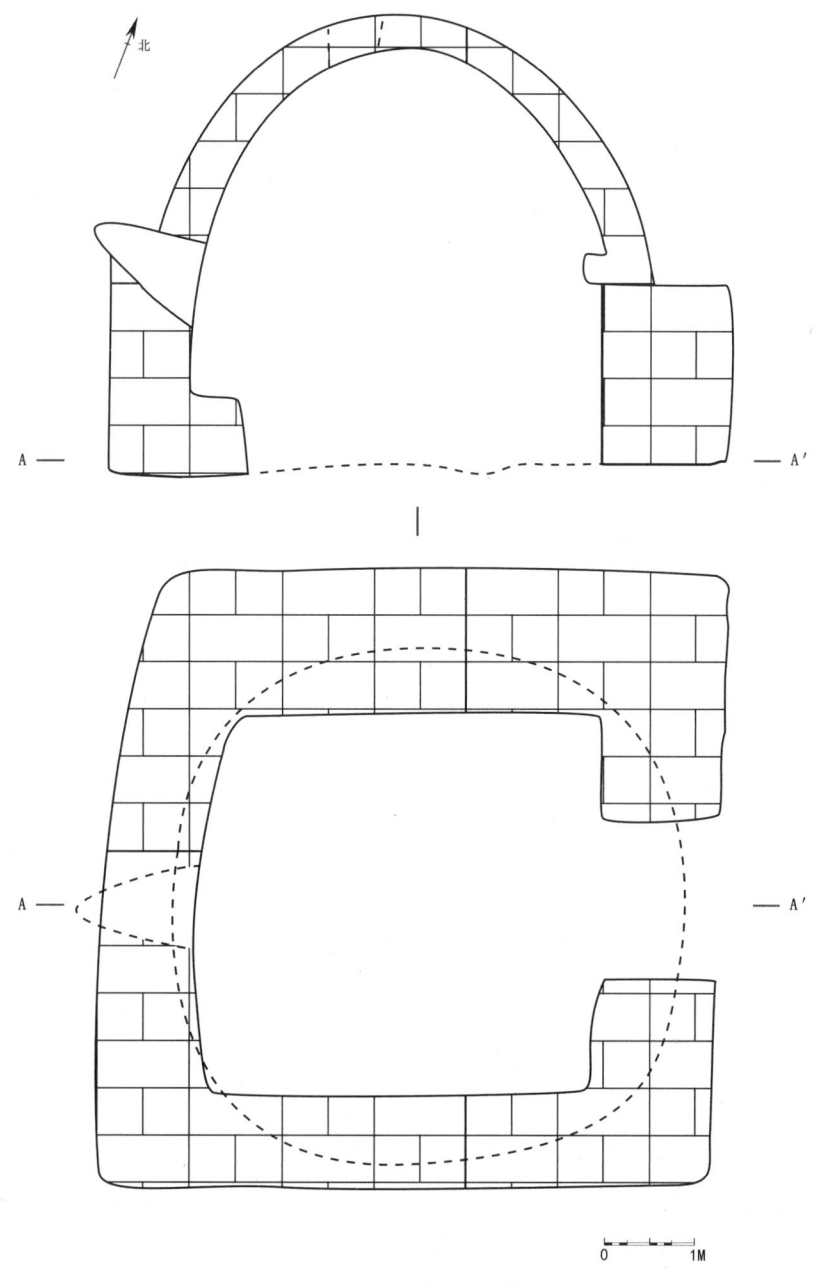

图7-8 第6窟平、剖面图

内容与现状

建在崖前,土坯垒砌。洞窟西南角(正壁与左侧壁相交之角)残留一烟囱,右壁中部亦有一烟囱,为现代遗留痕迹。地表堆积大量土坯,为穹顶和正壁坍塌下来的遗留物;此外地表还残留一比较完整的土坯方砖,边长0.52、厚0.08米。洞窟上部有两个坍塌孔洞,一个在穹顶中心稍靠后部;另一个在左边。

穹隆顶部绘一大莲花,莲花内有五个圆环,一个圆环在穹顶中心,余绕其四周分布。每个圆环内绘有一坐佛,仅留头光与身光。穹顶圆环周围的四个圆环间隔部分,绘有五身站立的菩萨,脚踩莲花台,残留头光与身光。据我们初步分析,穹顶圆环内坐佛为大日如来,其余四个圆环内坐佛为四方佛,四个菩萨为四波罗蜜菩萨。莲花之外的穹窿部分,隐约可见几十身佛像(或菩萨像),惜仅有模糊的头光或身光。正壁残存一大型身光,根据正壁前部的高台,以及后面的孔洞分析,初应有佛塑像。

第7窟

位置

位于沟西区,在第6窟西北面。方向195°。

形制

方形穹隆顶窟。窟门上部坍塌,形状不明,宽0.76米。墙厚1米。正壁边长3.55米。前壁边长3.45米。左侧壁边长3.87米。右侧壁边长3.7米。残存穹顶最高处至地表堆积2.8米(图7-9)。

内容与现状

崖前建造,土坯垒砌。上部坍塌,仅留后墙左角部分。残存壁画稍许,风化严重,隐约可见缠枝花卉。

第8窟

位置

位于沟西区,在第6窟北面,地势较第6窟较高。方向117°。

形制

平面略呈长方形(正壁与前壁稍带弧形),纵券顶。崖内开凿。窟室进深6.7、宽1.9、高1.9米。窟门偏左,长方形,宽0.65、高1米(图7-10)。

内容与现状

僧房窟。崖内开凿。窟门偏左。左侧壁前后各有一个耳室,右侧壁后部靠近正壁处有一耳室。窟室中部两侧壁上方有两个对称的圆形小孔洞。另,左侧壁上方靠近窟门处,开一小龛。窟室内烟熏严重,壁画无存。

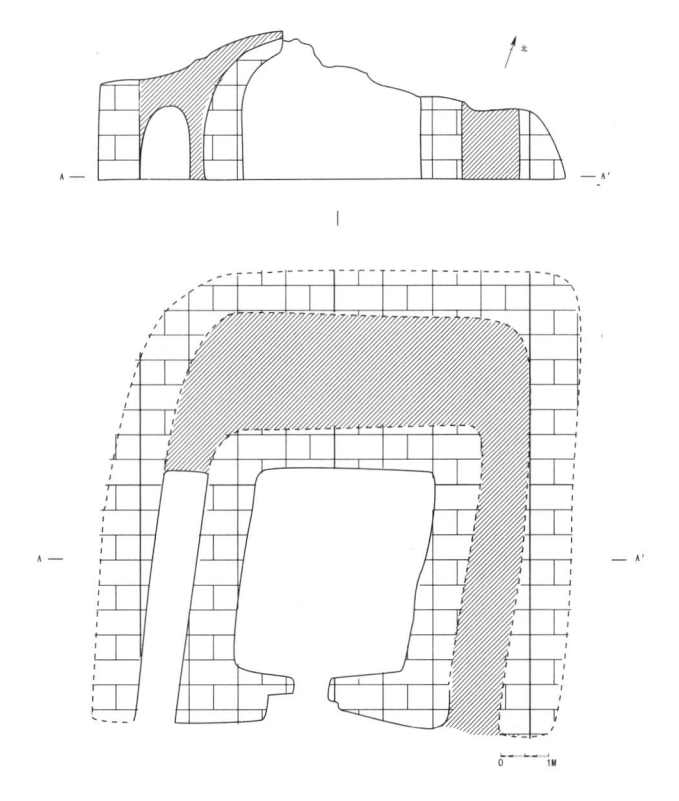

图7-9　第7窟平、剖面图

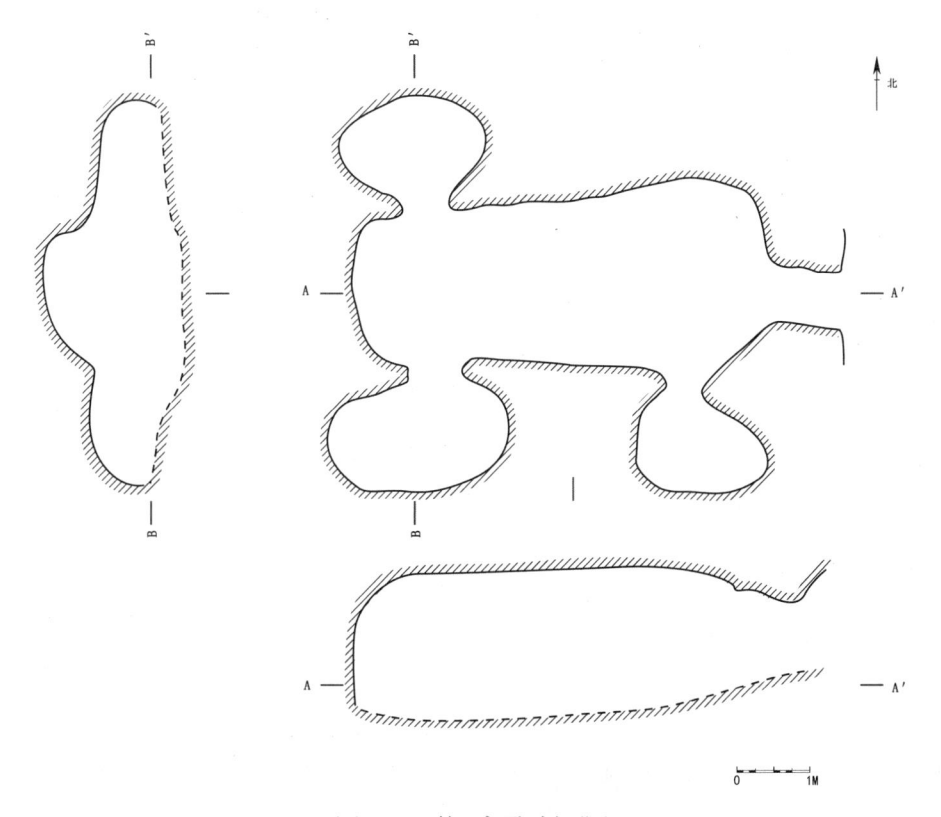

图7-10　第8窟平、剖面图

第9窟

位置

位于沟西区,在第8窟北面,地势较第8窟较高。方向123°。

形制

长方形纵券顶窟,前后室总长7、宽3米,券顶至地表堆积2.15米。主室正壁开二门通后室,左边门宽0.53、高0.8米;右边门宽0.66、高1.05米。左右两侧壁上方开6个小龛,左壁1个,右壁5个(图7-11)。

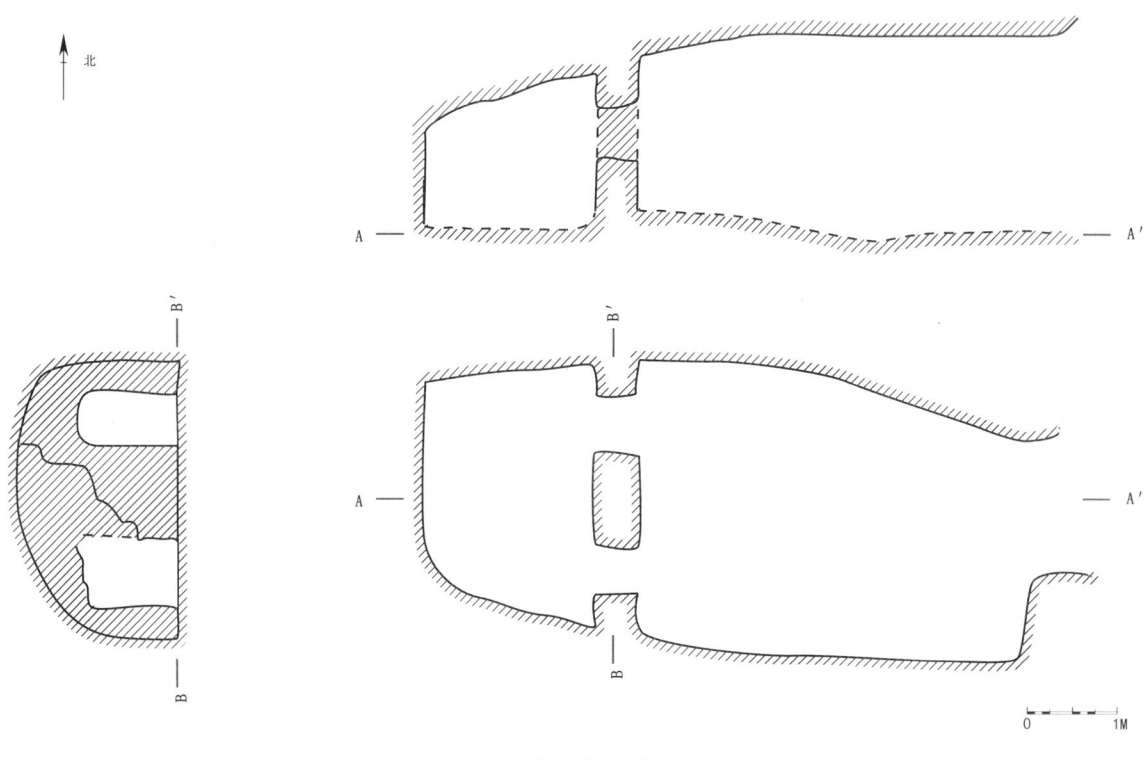

图7-11　第9窟平、剖面图

内容与现状

该窟曾经过两次改建。两次改建均是20世纪当地居民暂住时所为。第一次改建时将后室门用土坯封堵,形成正壁。正壁左右两边各开一小门,通向后室,并在主室左右两侧壁上方开6个小龛,左壁1个,右壁5个。

主室门道坍毁。残存壁画有:右下角残存一塔,三层塔结构,其上有覆钵,塔的上方有缠枝花卉;右上部分残存两个头光,疑为菩萨,左面一个头光后菩提树叶非常繁茂,周围饰以缠枝花卉;右面上方部分残存半个头光及五叶冠冠叶。**前壁**大部分坍毁,仅留左右两边上部一角。现代居民居住时,将左边坍塌部分重新用土坯垒砌,角部开有一烟囱。残存壁画有:左上角有一动物(龙?)形象,残存三只腿，每个腿三个爪，旁有缠枝花卉；动物腿的下部残留菩萨五叶冠冠叶。右上角有一菩萨头光，其后有菩提树叶。左右两角也存有少许，保存状况较差。**顶部**中心绘一大莲花，周圈绕以同样大小的莲花，惜已被烟熏，仅剩大致轮廓。两侧各绘两排八十四大成就者图像，每排11幅，被盗割。

左、右侧壁各绘两排八十四大成就者图像，每排11身。上下两排图像之间以莲花作为装饰，莲花造型较为独特。下部有红色边框，宽5厘米。大成就者图像保存不佳，大部分已经脱落，亦有盗割痕迹。具体内容如表7-1、7-2：

1. 左侧壁自外向里（图7-12）

图7-12　第9窟左侧壁壁画

表7-1　第9窟左侧壁壁画主题示意表

序号	1	2	3	4	5	6	7	8	9	10	11
上排	脱落	脱落	脱落	脱落	?	韦那巴（?）	甘巴力巴	?	?	巴查巴	莲花金刚
装饰	以莲花作为装饰，莲花造型较为独特。										
序号	12	13	14	15	16	17	18	19	20	21	22
下排	脱落	脱落	?	韦那巴	卢伊巴	札查巴	?	?	?	郭卡力巴	班德巴
边框	红色边框，宽5厘米。										

5为一尊者坐于兽皮垫上，腿上放一圆形鼓（？）。画面损毁严重，仅存兽皮垫与圆形鼓，且脱落不全，原有榜题无存，其身份无从考释。

6为一尊者立于兽皮垫上，抱一琴（或琵琶），右手抚之，还可见两个大耳环，胳膊上有臂钏，脚踝处有脚环，腰间有飘带。图像虽保存不甚完整，原有榜题无存，其所抱琴尚可辨别。该尊者可能为韦那巴大师，存疑。

7为一尊者侧坐于兽皮垫上，具身光，宽肩细腰，上身赤裸，胳膊上有臂钏，着红色短裙，短裙上饰以联珠纹饰，腰后系红色飘带，双腿盘曲，右腿置于左腿上，兽皮垫前方卷起，其前置一长条形红色板状物（？）。图像保存不甚完整，头部损毁，原有榜题无存。此尊者为甘巴力巴大师。

8为一尊者坐于兽皮垫上，左腿贴于垫上，脚掌向上，右腿跷起，具头光与身光，胳膊上有臂钏。图像保存不甚完整，头部损毁，胸部以下至腰间有大片脱落，原有榜题无存。

9为一尊者坐于兽皮垫上，瘦骨嶙峋，双臂弯曲，两手置于大腿上。右下角一小童立于兽皮垫上，骨瘦如柴，作舞蹈状（或戏弄状），尊者头部上方隐约可见一消瘦人形。图像保存不甚完整，唯尊者及小童形象保存较为完好，余皆损毁严重，原有榜题无存。

10为一尊者坐于兽皮垫上，有头光与身光。图像保存甚差，格伦威德尔描述此尊者左手拿一本书，举在胸前（现已无存），此即为巴查巴大师。

11为一尊者坐于兽皮垫上，有头光与身光，戴五叶冠（？），还可见两个大耳环，胳膊上有臂钏，左臂抱一女性，束发。图像保存不甚完整，腰部以下图像脱落，原有榜题无存。根据莫高窟出土回鹘文《八十四大成就者传》残片推知，该尊者为莲花金刚大师。[1]

14为一尊者呈站立姿势，具头光，宽肩细腰，身体扭曲呈S形，上身赤裸，下身穿短裙，左手执一杨枝（？），膝盖并拢，其下腿部成八字分开。图像保存不甚完整，头部及脚部损毁，原有榜题无存。

15为一尊者坐于兽皮垫上，头上隐约可见有冠饰，宽肩细腰，上身赤裸。左手扬起，右手置于胸前，两手似执一物，似为某种乐器。图像保存不甚完整，头、胸及腿部损毁，左上有回鹘文题记，有被盗割痕迹。根据回鹘文榜题可知，该尊者为韦那巴大师。

16为一尊者坐于兽皮垫上，有头光与身光，头上似有冠饰，上身赤裸，下身着短裙，腰间系飘带，两手置于胸前（稍向下），右手莲花指，左手执鱼肠。此尊者为卢伊巴大师。

17为一尊者坐于兽皮垫上，有头光与身光，头上隐约可见有冠饰，上身赤裸，腰间有红色飘带，胳膊上有臂钏，右臂搭于右腿上，自然下垂，左手前伸。格伦威德尔描述该尊者手托红色书写板（现已脱落），据此推知其身份为扎查巴大师。

18为一尊者坐于兽皮垫上，有头光与身光，宽肩细腰，上身赤裸，胳膊上有臂钏。

19为一尊者坐于兽皮垫上，图像保存较差，仅存头光、身光、腿部。

20为一尊者呈站立姿势，身体前倾，扭曲呈S形，有头光，黑发卷于脑后，戴有大耳环，胳膊上有臂钏，着短裙，腰间系有飘带。

21为一尊者坐于兽皮垫上，有头光与身光，束发偏右，宽肩细腰，上身赤裸，胳膊上有臂钏。根据回鹘文榜题可知，该尊者为郭卡力巴大师。

22为一尊者立于兽皮垫上，有身光，着红色袒右袈裟，右手执锡杖（或天杖），左手托颅钵。图像虽保存不甚完整，头部无存。根据尊者手拿锡杖与钵，推知该尊者为班德巴大师。

---

[1] 参见陈爱峰、陈玉珍、松井太：《大桃儿沟第9窟八十四大成就者传图像补考》，《敦煌研究》2020年第5期，第74页。

2. 右侧壁自外向里（图7-13）

图7-13　第9窟右侧壁壁画

表7-2　第9窟右侧壁壁画主题示意表

序号	1	2	3	4	5	6	7	8	9	10	11
上排	脱落	?	米那巴	?	扎巴力巴	龙树菩萨	?	?	?	?	阿津达
装饰	以莲花作为装饰，莲花造型较为独特。宽5厘米。											
序号	12	13	14	15	16	17	18	19	20	21	22
下排	脱落	脱落	脱落	脱落	脱落	脱落	嘎那巴	?	?	札马力巴	?
边框	红色边框，宽5厘米。											

2为一尊者立于兽皮垫上，有身光，仅存衣饰飘带。

3为一尊者坐于兽皮垫上，胳膊上有臂钏，脖子上戴有项链，菩萨头部及左右两边绕有7条鱼。此尊者为米那巴大师。

4为一尊者坐于兽皮垫上，有头光与身光，头戴三叶冠，冠内有宝珠，宽肩细腰，上身赤裸，胳膊上有臂钏。

5为一尊者侧坐于兽皮垫上，有头光与身光，头光内有火焰装饰，脖子上有项链，胳膊上有臂钏，腰系红裙，腰后有飘带。右手拿锤，左手执凿，凿子已嵌入石块中。此尊者为札巴力巴大师。

6为一尊者交脚而坐，周身绕以大蟒蛇，头上残存一蛇头。图像保存较差，头部、胸部以下至左腿部损毁，但围绕尊者的蟒蛇尚清晰可见。此尊者为龙树菩萨。

7 为一尊者坐于兽皮垫上，有头光与身光，头上有冠饰，胳膊上有臂钏。

8 为一尊者坐于兽皮垫上，有头光与身光。图像保存较差，脸、胸部以下至腰间皆损毁。

9 为一尊者呈站立姿势，两臂上举，胳膊上有臂钏，上身赤裸，下身穿红裙，裙摆飞扬。主尊身前有一小像，左手托颅钵，腰系虎皮短裙，脚踝处各有一条小蛇盘绕，其姿势颇类大黑天。图像保存较差，主尊及侍者头部无存。

10 为一尊者坐于兽皮垫上，有头光与身光，胳膊上有臂钏。图像保存较差，头、胸及左腿部均残失。

11 为一尊者面向左呈站立姿势，有头光，可见两大耳环，腰间飘带自然下垂。尊者右腿前迈，左腿后撤，微向前弯曲，左脚踩在木头上，下横插一木作为支点，两手握斧头，用力向木头砍去。图像保存尚可，唯头、两臂及手部图像脱落，其身份为阿津达大师。

18 为一尊者坐于兽皮垫上，有头光与身光，耳戴耳环，颈有项饰，胳膊上有臂钏，宽肩细腰，上身赤裸，下身着短裙。右手上举，其上悬浮一双面鼓，左手托颅钵于胸前。考诸画像，嘎那巴大师典型特征是空中有七只宝伞与七只手鼓，这里的图像由于画面空间狭小，仅用一只手鼓代替，具有象征意义。此尊者可能为嘎那巴大师，存疑。

19 为一尊者，衣饰繁复华丽，具头光。

20 为一尊者坐于兽皮垫上，具头光与身光。

21 为一尊者，有头光与身光，戴耳环。根据图像和回鹘文榜题推知，此尊者为札马力巴大师。

22 为一尊者坐于兽皮垫上，有头光与身光，着袒右袈裟。图像保存尚可，脸及手部损毁。左上角残存回鹘文榜题。

第10窟

位置

位于沟西区，窟第9窟东北约50米的山顶上。方向184°。

形制

长方形纵券顶窟。窟门拱形，下宽0.8、高1.7、墙厚约0.7米。窟室进深1.9、宽1.65米，券顶至地面1.8米（图7-14）。

内容与现状

整个窟室不大，壁画保存不太好，满壁凿痕、刮痕，间有处处小块脱落痕迹，左侧壁靠近正壁处有大片淋雨痕迹。正壁有一巨型身光几乎占满全壁，从残存痕迹看，似有一立佛塑像。前壁壁画无存。券顶下部绘制帷幔，造型别致。左、右侧壁壁画内容示意如表7-3、7-4。

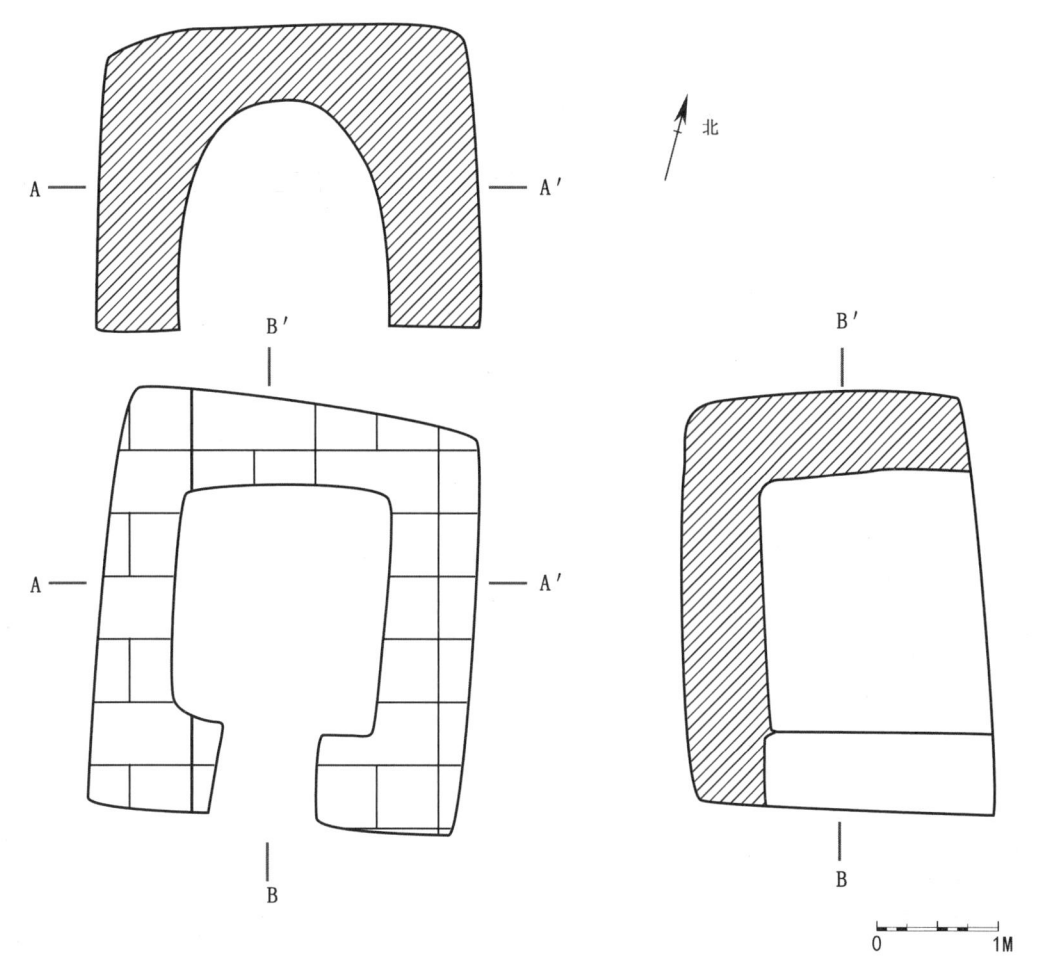

图7-14 第10窟平、剖面图

表7-3 第10窟左侧壁壁画主题示意表

帷幔	塔顶	帷幔
9至10身伎乐菩萨立于三层楼阁之上	第3层	9至10身伎乐菩萨立于三层楼阁之上
边框		边框
9至10身伎乐菩萨立于二层楼阁之上（有回廊）	第2层	9至10身伎乐菩萨立于二层楼阁之上（有回廊）
边框		边框
9至10身伎乐菩萨立于一层楼阁之上（有回廊）	第1层 塔	9至10身伎乐菩萨立于一层楼阁之上（有回廊）
边框（有一大波浪纹）		

中部绘有一砖（？）结构塔,每层均有卷檐。塔下有一个大波浪纹作为支撑。第1层绘一佛二菩萨,第二层绘二佛并坐,第三层绘制一佛,塔顶模糊不清。与每层对应,左右两侧均有9至10身不等的伎乐菩萨,有头光,立于回廊之内。

券顶部绘制两排坐佛,相向而对,每排8身,总16身,每个坐佛均具覆钵形头光与身光,其外再罩一覆钵形背光。

表7-4 第10窟右侧壁壁画主题示意表

十六观 15	十六观 16	一佛二菩萨					十六观 1	十六观 2
十六观 14	高僧（疑是上师）	弟子	弟子	主佛（坐姿）	弟子	弟子	高僧（疑是上师）	十六观 3
		胁侍菩萨	胁侍菩萨		胁侍菩萨	胁侍菩萨		
十六观 13	观世音						大势至	宝树观 4
十六观 12		似有一佛						宝池观 5
十六观 11	十六观 10	十六观 9		十六观 8		十六观 7		十六观 6

右侧壁绘观无量寿经变。主尊为无量寿佛,具身光与头光。两侧各绘四身弟子与胁侍菩萨,具头光。弟子两侧各绘一高僧（极有可能是上师）,胁侍菩萨两侧为观世音和大势至菩萨。主佛上方绘制一佛二菩萨,佛呈坐姿,具身光与头光;两侧菩萨具头光与舟形身光,站立于佛两侧,左侧菩萨面向佛,身体微向前倾,左腿前伸,膝盖弯曲,右侧菩萨绘制工整,面向前方。主佛下方有莲花池,上方有一化佛（？）,四周彩带飘扬。右侧壁周边绘制十六观想图,按顺时针方向排列。

1号佛塔

位置
位于大桃儿沟沟口。

形制
平面方形,穹窿顶。边长3.56、残高2.53、墙厚0.52米（图7-15）。

内容与现状
北墙壁保存比较完整,东墙壁和西墙壁仅保留与北墙壁连接的部分,穹窿也仅保留起券部分,佛塔其他部分皆塌毁。从形制来看,门应开在北壁,塔的顶部类似柏孜克里克千佛洞及小阿萨佛寺遗址留下的多角形塔。

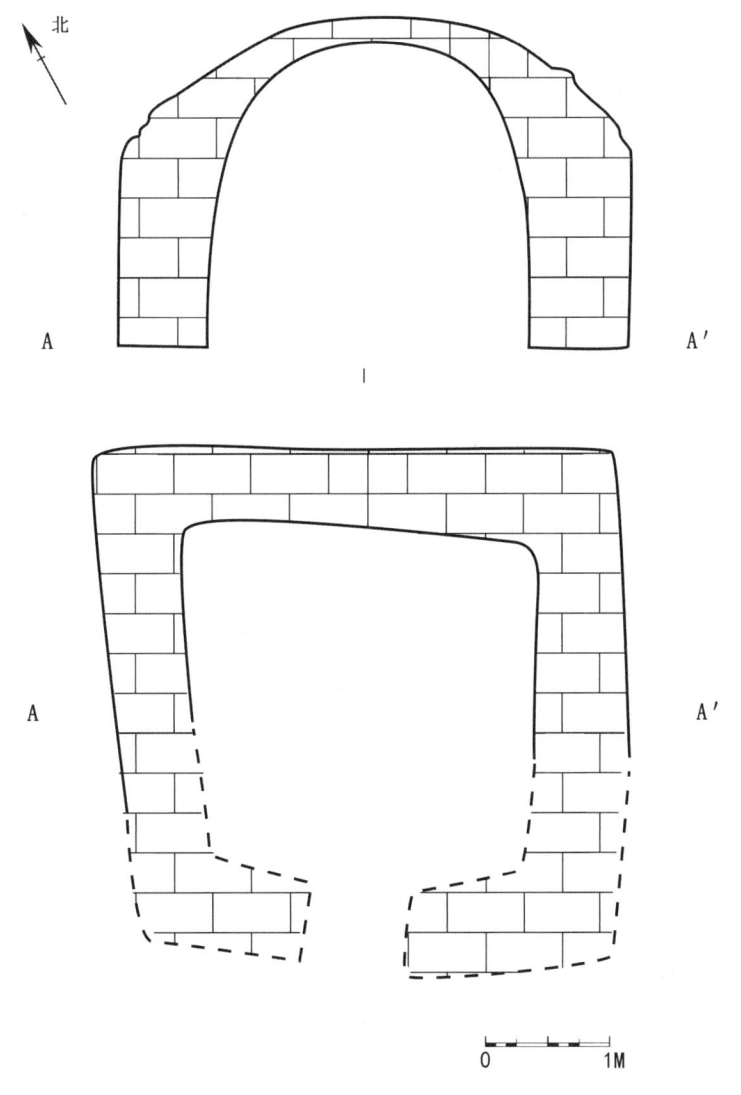

图7-15　1号佛塔平、剖面图

2号佛塔

位置

位于沟东区，与3号佛寺遥相呼应。

形制

平面方形，穹窿顶。边长3、残高2.36（穹窿顶至地表堆积，地表堆积0.3米）、墙厚0.5—0.6米。从整个形制看，四壁中间各开有一拱形门。东门（下宽0.7、高1.53米）与南门（下宽0.6、高1.53米）保存完整（图7-16）。

内容与现状

佛塔由长0.42、宽0.19、厚0.12米的土坯砌成，中间夹有大小不等的黑色石块，土坯外用草拌泥涂抹。佛塔留存南壁与东壁及其上面的部分穹窿，北墙壁残存与东墙壁连接的部分，西墙壁全部

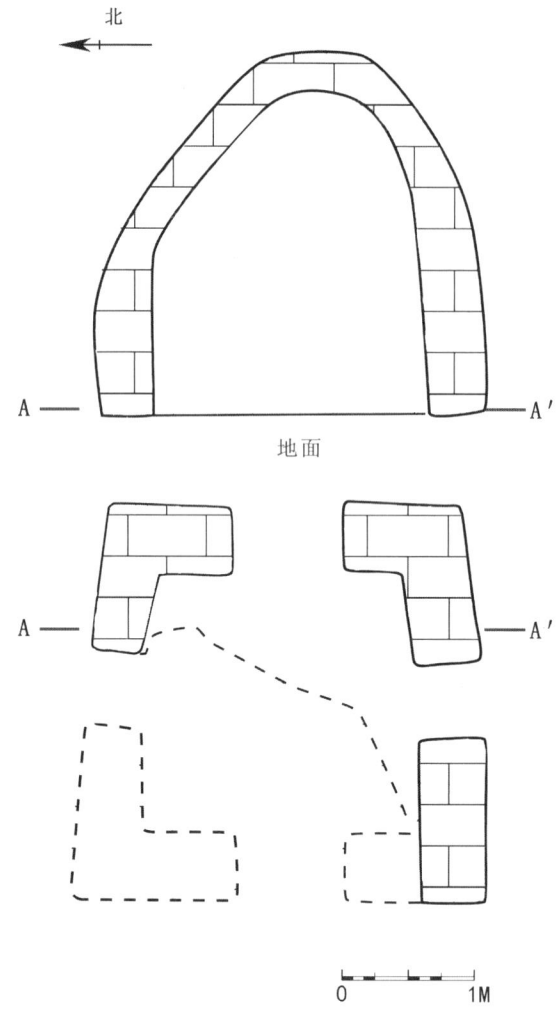

图7-16 2号佛塔平、剖面图

塌毁。上部拱顶部分仅坍塌一小块,北墙与西墙拱门坍塌无存。

佛 寺 遗 址

1号佛寺位于沟西区,10号窟下面。中心残留一方形房基,两侧有甬道痕迹,后面似为一排僧房,仅存房基。

2号佛寺位于沟东区,在2号佛塔南面。形制比较清晰,为中心殿堂式建筑。

3号佛寺位于沟东区,距2号佛塔仅20米,存房址两间,现已坍毁,仅留部分墙基。靠东的一间房址,墙基比较清晰,平面方形,边长2.8米。另一间地表坍塌堆积甚多,形制不可辨。

小桃儿沟石窟

第八章　小桃儿沟石窟

　　小桃儿沟石窟位于吐鲁番盆地火焰山西段的小桃儿沟内,西邻大桃儿沟石窟,东距吐鲁番市高昌区葡萄沟镇的葡萄沟约1千米。1999年7月29日,被新疆维吾尔自治区人民政府公布为第四批自治区级文物保护单位。

　　小桃儿沟石窟有洞窟6个,地面佛寺2个,沟东侧山顶上另有佛塔4个。洞窟依小桃儿沟的西壁开凿,基本呈南北走向,而寺院和佛塔分布于沟中平坦位置和两侧附近山头的顶部。

　　小桃儿沟石窟是一处宋元时期的藏传佛教遗存,洞窟形制有方形纵券顶窟及方形横券顶窟。洞窟内现存壁画主要为藏传佛教风格,同时也具有回鹘风格的特点。

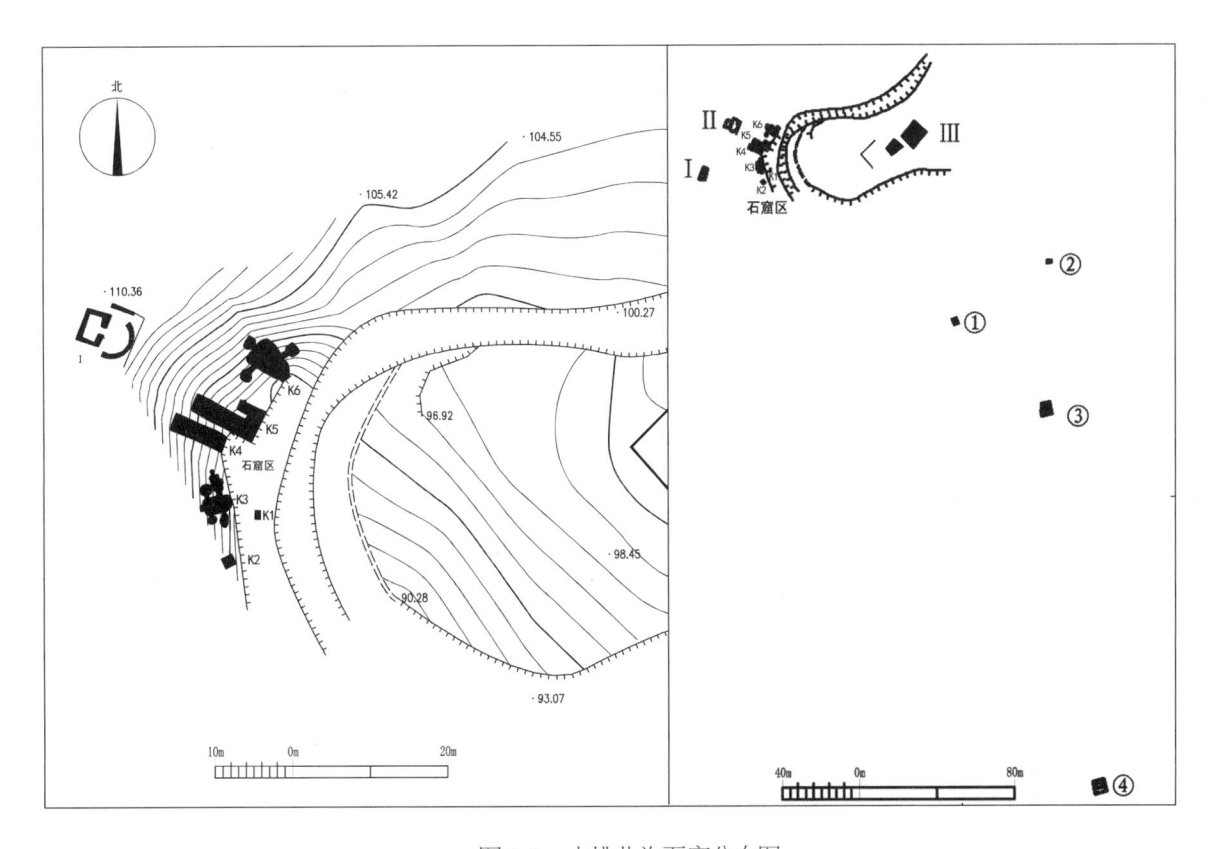

图8-1　小桃儿沟石窟分布图

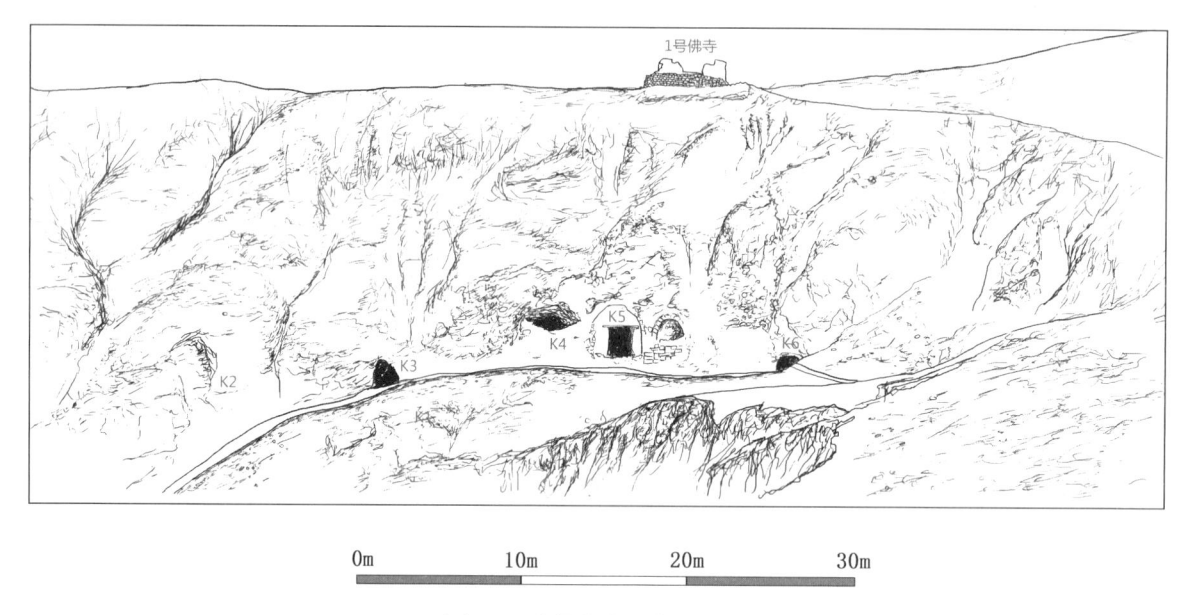

图8-2　小桃儿沟石窟立面图

第1窟

位置

沟西区诸洞窟下层，以崖壁垂直线为准。方向100°。

形制

形制不明。

内容与现状

坍塌严重，仅残留一块凸出位置。窟内无壁画与题记。

第2窟

位置

位于沟西区，上层洞窟的最南端。此窟开凿在沙粒沉积层中，位于第3窟所在黄土沉积层的上层。窟口方向77°。

形制

长方形纵券顶窟。窟室进深1.2、宽2.2、残高1.8米。

内容与现状

大部分已经坍塌，仅剩洞窟中后部。窟顶及四周的草拌泥墙皮几乎全部脱落。窟内无壁画与题记。

第3窟

位置

位于沟西区,南邻第2窟,北邻第4窟。方向88°。

形制

长方形纵券顶窟。两侧壁开有横向耳室。现存的洞窟入口高出洞窟地面1.36米。四个耳室中也有少许堆积。四个耳室从左向右顺时针编号为A、B、C、D。A耳室呈袋状,长1.8、宽1.1、高1.4米。B耳室底部近圆形,开口稍微内凹,直径1.2、高1.1米。C耳室底部呈圆形,直径1.55、高1.3米。D耳室平面近长方形,横券顶,长2.7、宽1.3、高1.7米,后部开龛,宽0.34、进深0.3、高0.3米,下沿距地面0.8米。右侧壁中部有一小窗,呈喇叭状,外宽0.4、内宽0.6、高1米。正壁正中开龛,宽0.77、深0.45、高0.8米,下沿距地面1米(图8-3)。

内容与现状

前部坍塌,窟门不存。出于保护需要,现有洞口被土坯封堵。洞窟内窟顶及四周采用草泥墙皮修葺,保存较好,四个耳室中有少许堆积。四壁留有较多现代涂画痕迹。地表堆积较薄。窟内无壁画与题记。

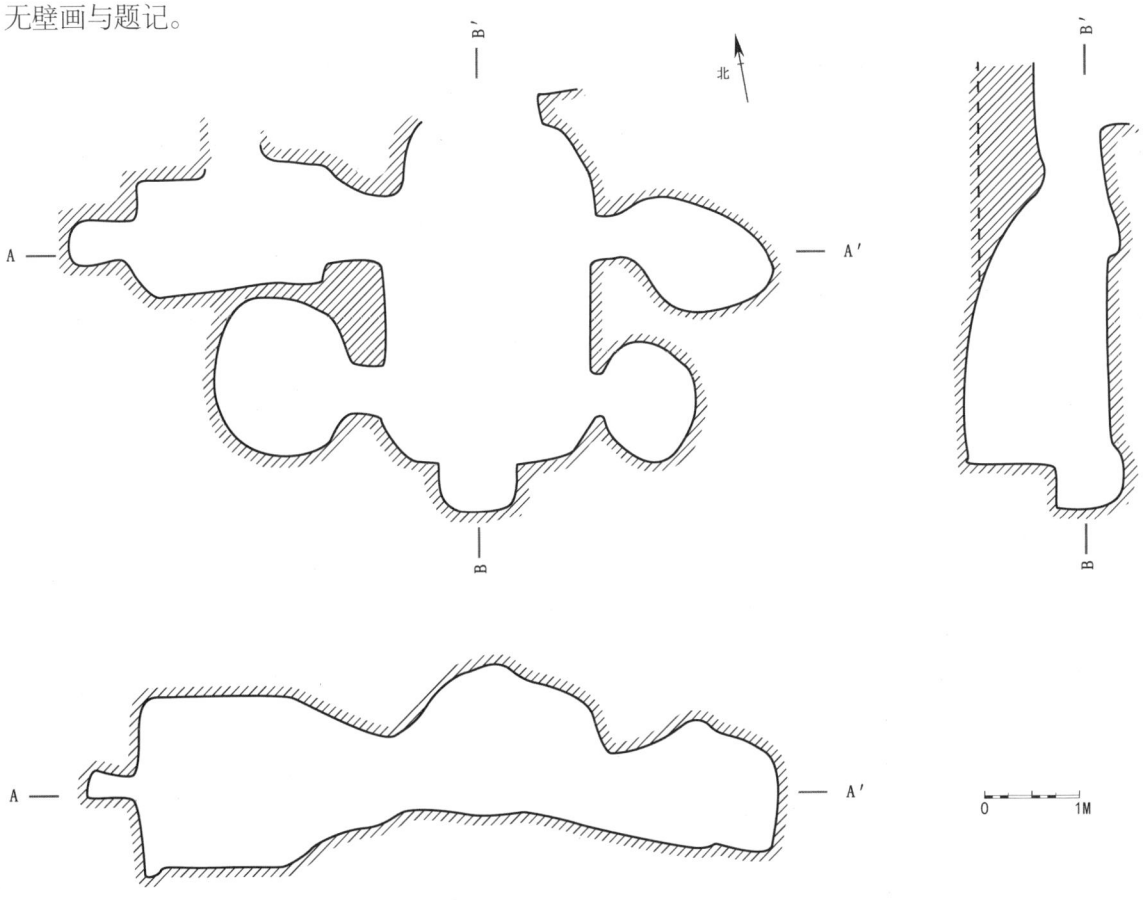

图8-3 第3窟平、剖面图

第4窟

位置

位于沟西区,南邻第3窟,北邻第5窟。方向72°。

形制

长方形纵券顶窟。整个洞窟由崖前砌土坯和崖内凿洞结合而成。前半部已坍塌,露出砾石沉积层的断面。崖内部分残长3.4、宽2.5、高2.4米(图8-4)。

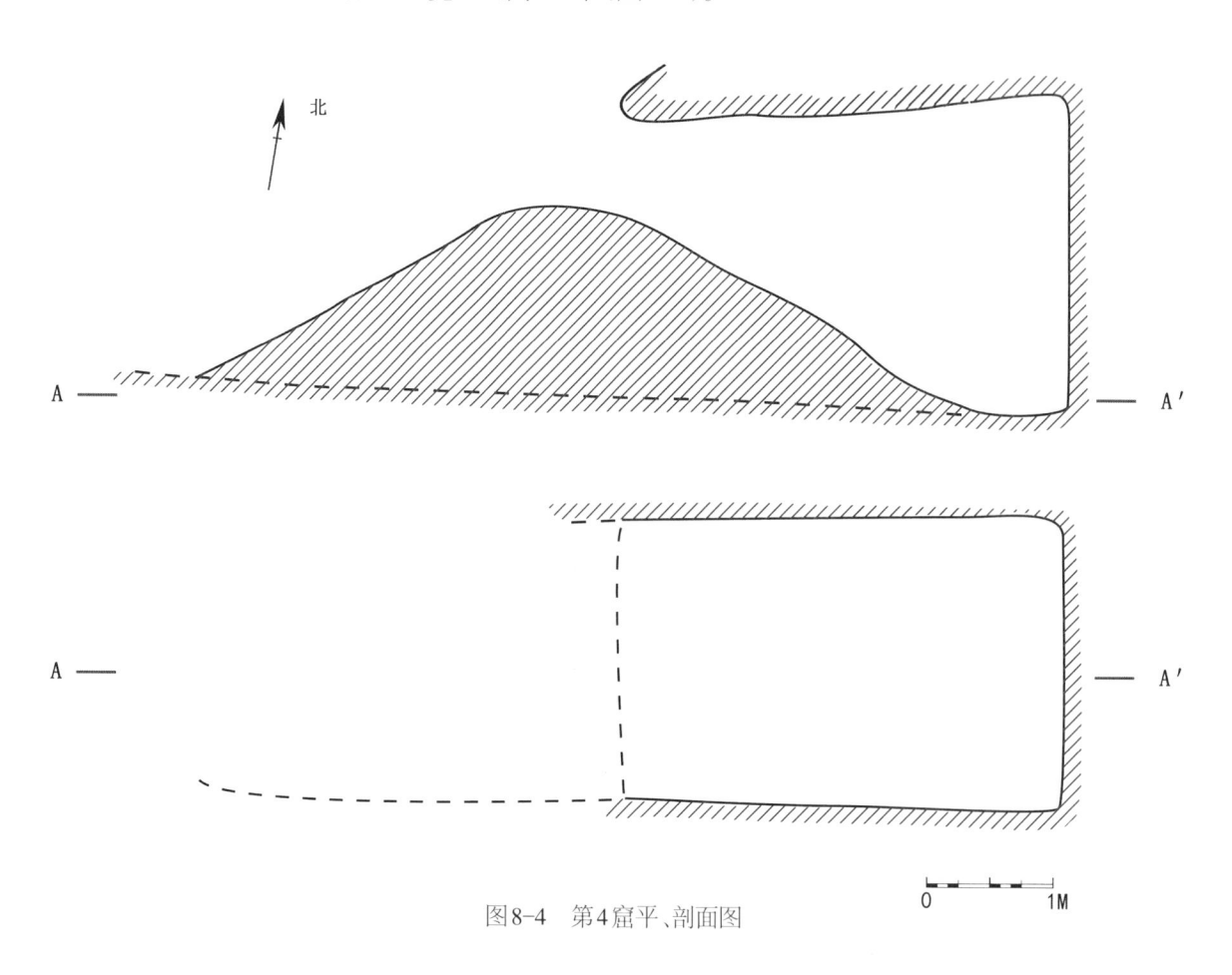

图8-4 第4窟平、剖面图

内容与现状

整个洞窟由崖前砌土坯和崖内凿洞结合而成。前半部已坍塌,露出砾石沉积层的断面。现在的洞口堆积大量砂土。土堆顶部与券顶之间留有一个空隙,可容一人自由出入。因坍塌严重,壁画荡然无存。格伦威德尔第二次到达吐鲁番时,此窟除了拱顶壁画毁坏之外,其余部分还存有大量的壁画。

第5窟

位置

位于沟西区,南临第4窟,北临第6窟。方向79°。

形制

长方形纵券顶窟。主室进深8.8、宽2.2、高2.5米。正壁遭到破坏,凿开了一个缺口,显系近世所为。由缺口进入,有一个进深2、宽2.3、高2.4米的后室,后室后部有一台座,长2.3、宽0.8、高0.45米。主室右侧有一耳室进深2.5、宽1.3、高1.7米(图8-5)。

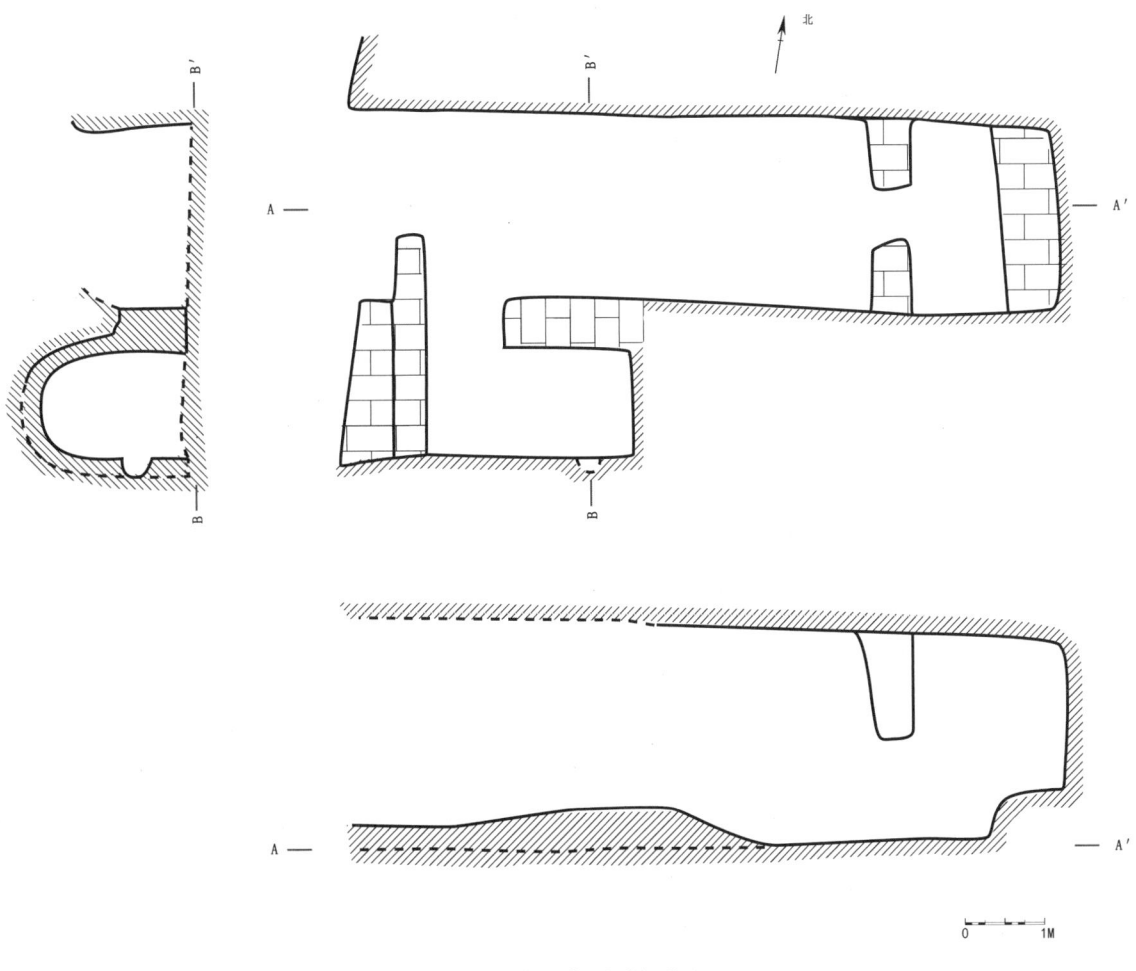

图8-5 第5窟平、剖面图

内容与现状

整个洞窟由崖前砌土坯和崖内凿洞结合而成。主室前半部分由土坯垒砌而成,现已坍塌,后半部分深入崖内。正壁遭到破坏,凿开了一个缺口,显系近世所为,由缺口可进入后室,后室后部有一台座。后室墙壁四周无壁画,亦无草泥涂抹痕迹。由此可以判断,此窟经过改建,改建时将洞窟的后部弃之不用,垒砌土坯封堵。主室右侧有一耳室,大部分坍塌,仅剩墙体下部和券顶后部。主室前部因保护需要而被土坯封堵,顶部壁画部分脱落,两侧壁靠下部分壁画脱落严重。壁画内容如下:

正壁中间残留塑像背后的背光,原来应有一坐佛塑像。正壁左侧有一立姿菩萨的头光与背光,呈覆钵形,其上绘一童子飞天,上身赤裸,披飞巾,乘彩云,形象活泼生动。右侧的壁画脱落,仅剩上方的一个小飞天,与左侧飞天呼应,形象雷同。**券顶**绘4排千佛,每排18身,现每排残存6至8身不等。千佛头光为尖桃形,覆钵形背光,宽肩细腰,着袒右袈裟,手结禅定印,结跏趺而坐。佛与佛之间的空白部分以缠枝花卉填充。券顶与两侧壁交接处绘红色为底色的垂幔。两侧壁壁画几乎脱落殆尽,左侧壁残存壁画示意如下:

帷幕							
1		4	5	9	13	17	21	25
2	3		6	10	14	18	22	26
			7	11	15	19	23	27
			8	12	16	20	24	28

此示意表根据格伦维德尔报告所制,根据格氏描绘,右侧壁1至4为一幅画面,5至28均为单独画面,表现的是善财童子五十三参场面,惜画面多已毁坏。如今仅1至5画面尚存,17至28画面连所依托的墙体也大部分坍塌不存。1、2、4为菩萨或高僧,有头光与背光,1、2和4之下,壁画脱落,3为一坐佛塑像的背光,下部脱落。第5幅画面也残毁严重,主体内容为一寺院,寺院的主庙金光四射,主庙左侧为一藏式佛塔,旁边环绕着郁郁葱葱的树木。画面左侧有一个庙,画工仅画出了庙的一角。主庙和佛塔下面有一圆形头光。

右侧壁布局与左侧壁相同,但只剩下1至4,余皆毁坏。与1相对的是一菩萨或高僧,与4相对的为一飞天,与正壁上的飞天形象雷同,有着硕大的头光。

左侧耳室,没有壁画。

第6窟

位置

位于沟西区最北面,南邻第5窟。方向132°。

形制

异形窟。**主室**平面前半部较窄,后半部较宽,顶部呈纵券顶。窟口毁坏严重,宽约1.2、高约

1.3米。**两侧壁**各有一耳室，左侧耳室靠近前部，平面近正方形，穹隆顶，进深2.1、高1.7米；右侧耳室靠近后部，平面呈不规则圆形，亦为穹隆顶，进深2.3、高1.4米。正壁距地面0.8米处掏挖一个壁龛，龛底近方形，穹隆顶，进深1.3、高1.7米（图8-6）。

图8-6　第6窟平、剖面图

内容与现状

洞窟开凿于西壁陡崖的砾石沉积层中，前部少部分坍塌，现已采用土坯封堵。**两侧壁**下部壁画损坏严重，两个耳室中无壁画，仅用白灰粉刷。**券顶**无壁画，仅用白灰涂抹。**正壁龛内**绘藏式风格的佛与菩萨。其中，龛顶中心绘一佛，有覆钵形头光与背光，结跏趺坐于覆莲座上，手结禅定印，穿红色袒右袈裟，四周绕15身同样形象的坐佛。佛的四周环绕着众菩萨，端坐于覆莲座上，具覆钵形头光与背光，戴五叶冠，有焰肩形背座。龛后壁壁画脱落。龛左壁绘三排菩萨与一排比丘，残存菩萨7身，比丘1身。龛右壁布局同左壁，残存菩萨10身。龛的拱形门上方绘一佛（图8-7），较其他佛与菩萨形体稍大，有覆钵形头光与背光，结跏趺坐于底色为深红色的覆钵形背龛（？）中，手结禅定印，穿深红色袒右袈裟，有焰肩形背座。

正壁壁龛的中线为界，左边连同左侧壁为一部分，右边连同右侧壁为另一部分，均分上下两层，上层绘上师与八塔图，下层绘学僧图和说法图。

右侧壁1至8为八个佛塔，其中佛塔1、7比较完整，佛塔2仅存塔座，佛塔3脱落不存，佛塔4残存塔座的一角，佛塔5塔顶及覆钵不存，佛塔6、8塔顶不存。佛塔直接绘制在底色为白色的墙壁上，以红黑两种线勾勒而成，覆莲塔座，共分三层，塔檐上挑，第三层上置以覆钵，塔顶有伞盖，缀以绿色塔幡。9、10为侍者与上师（图8-8）。11因破坏严重，难以辨识，似为一立姿供养人形象。12为一龙昂首听法图。13处壁画脱落。14为耳室的入口。15至17为两人一组的学僧图（图8-9、8-10、8-11）；其中16的下方，红色边框之外，有朱书题记，竖行书写，残存四字，第一行为"其西……"，第二行为"自净……"具体示意如下：

1	2	3	4	5	6	7	8	9	10	
红色边框										11
12	13			14		15	16		17	
红色边框										

图8-7　第6窟正壁龛内坐佛

图8-8　第6窟正壁上师与侍者

图8-9 第6窟右侧壁学僧图

图8-10 第6窟右侧壁学僧图

左边部分与右边部分对称分布。1至8为八个佛塔，其中佛塔1至4比较完整，佛塔5仅存覆钵，佛塔6、7的塔座脱落(图8-12)，佛塔8的塔座及塔顶脱落。佛塔式样与左边部分的佛塔雷同，唯佛塔7塔幡用缠枝花卉表现。9脱落、磨损严重，无法辨识。10仅存僧人头光及右侧袈裟。根据左右部分对称分布的特点分析，10可能是一位上师，9处原来应该绘上师的侍从弟子。11因磨损、刻画严重，难以辨识。12处墙皮脱落。13为两僧人，有头光。14为耳室的入口。15仅存两个头光。16处墙皮脱落。17仅存一僧人的头光。18仅存两僧人的上身部分，脸部凿毁。具体示意如下：

1	2	3	4	5	6	7	8	9	10	
红色边框										11
12	13	14	15	16	17	18	
红色边框										

1号佛寺

位置

位于石窟后面山梁上。方向339°。

图8-11 第6窟右侧壁学僧图　　　图8-12 第6窟左侧壁藏式佛塔

形制

平面呈长方形，平台长约8、宽6.65米。平台西侧修建南北向的长方形横券顶房间，长4.37、宽3.41米。门朝东，宽约0.8米（图8-13）。

内容与现状

佛寺底部采用土坯垫铺而形成平台。基本与石窟窟门朝向一致。房间已经坍塌剩下四周墙体，墙体残高2米左右。东侧和西侧（后墙）墙体较厚，约1.5米，南侧和北侧墙体较薄，约0.85米。

2号佛寺

位置

位于东北方向山谷间的一大块平地上。

形制

形制不明。有两片房址，规模较大。

内容与现状

已全部塌毁，形制复杂，难以辨清。

佛塔

1号佛塔

位于2号佛寺东面的山梁的一块平地上，已经坍塌无存，仅剩低矮的黄土堆积。

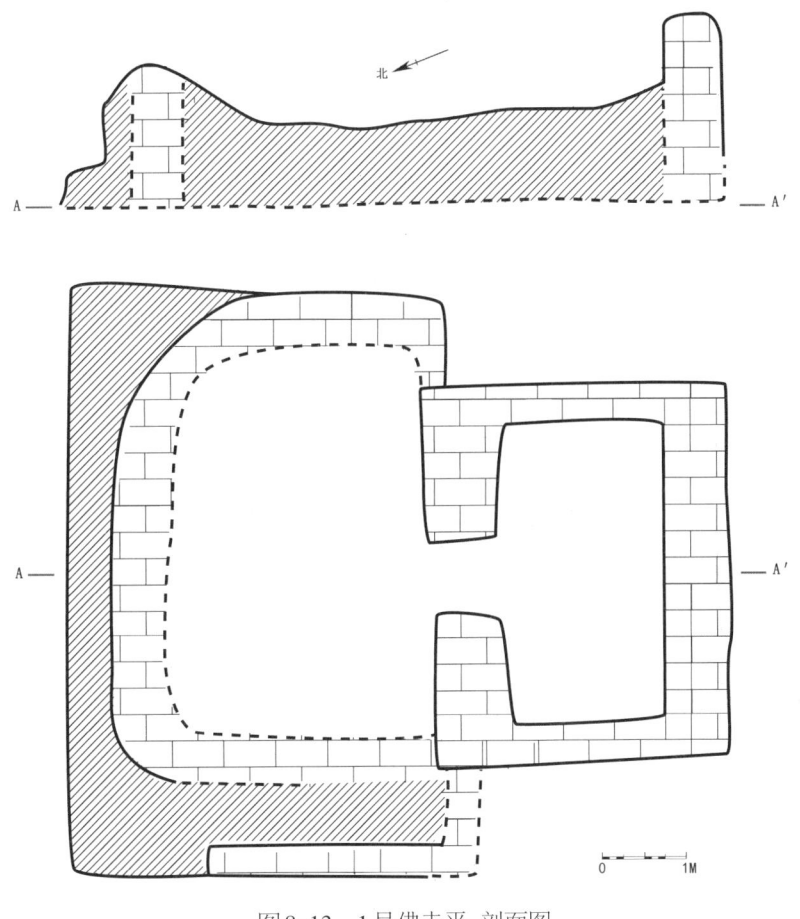

图 8-13　1 号佛寺平、剖面图

2 号佛塔

位于 1 号佛塔西南方向，距离约在 30 米之间，地势较 1 号佛塔高，坍塌严重，仅剩低矮的黄土堆积。

3 号佛塔

位于 2 号佛塔东面的一个小山包上，坍塌得仅剩平台、塔基及中心塔体的最下部分。小山包上先用土坯垫铺而形成一个平台，平台长约 7.03、宽约 6.06 米。塔基用土坯垒砌，长 4.66、宽 4.08 米。塔中空，因坍毁严重，顶部形制不明。塔体平面大体为方形，边长约 3.16、墙厚约 0.50 米，塔门朝南，门宽 0.87 米（图 8-14）。

4 号佛塔

位于 3 号佛塔东南面的一个山头上，保存状况与 3 号佛塔类似。山头上先用土坯垒砌而形成一个平台，基本为方形，边长约 6.80 米。平台南面有一缺口，宽 2.07 米。塔中空，因坍毁严重，顶部形制不明。塔体平面为长方形，长 4、宽 3.25、墙厚约 0.70 米，门朝南，宽 0.76 米。塔内正壁下部残存莲花台座（图 8-15）。

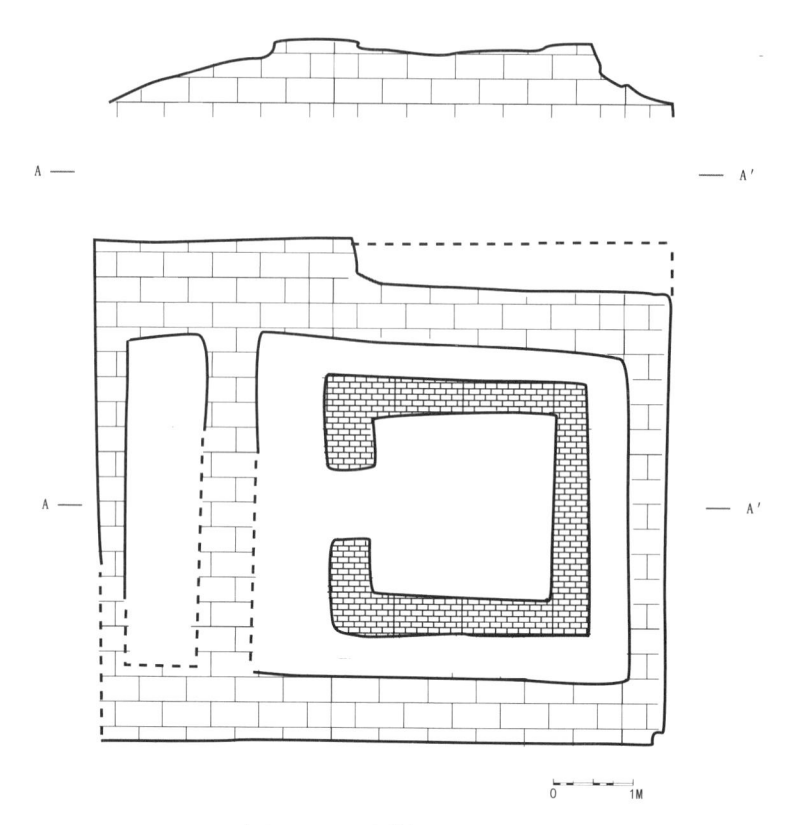

图8-14　3号佛塔平、剖面图

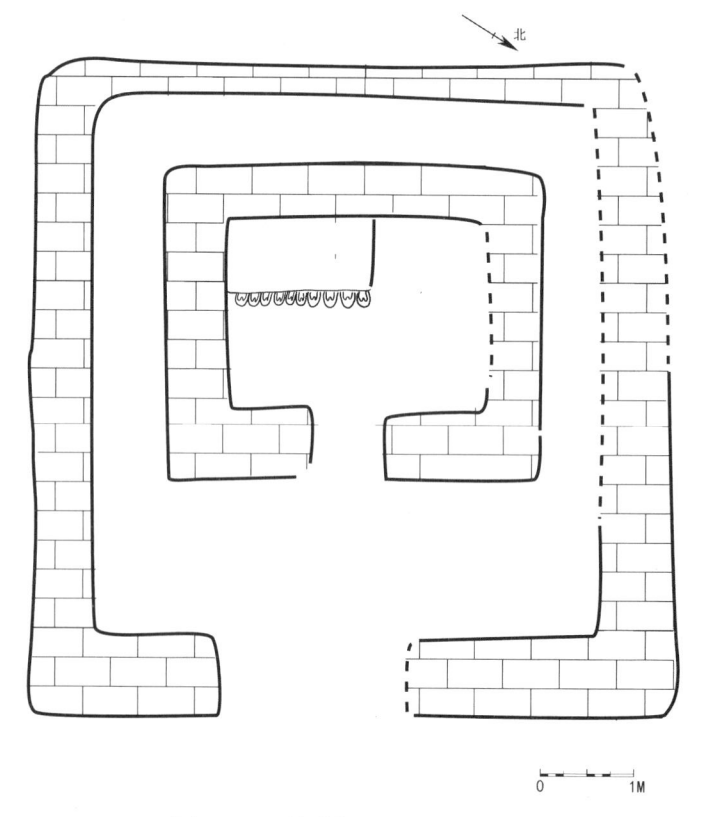

图8-15　4号佛塔平、剖面图

葡萄沟石窟

第九章　葡萄沟石窟

葡萄沟石窟位于新疆吐鲁番市高昌区东北11公里处葡萄沟山谷中。1998年，被公布为市级文物保护单位。

葡萄沟石窟主要分布在葡萄沟内的崖体上，共分为三区，有洞窟21个、佛塔1座。洞窟形制有方形平顶窟、方形纵券顶窟、方形横券顶窟和穹隆顶窟。其中Ⅰ区洞窟之间有甬道连接，保存较完整，在吐鲁番诸石窟中并不多见。Ⅱ区2个洞窟共用1个前室，别具一格，在吐鲁番石窟中仅此一例。这些具有特色的洞窟形制，丰富了吐鲁番石窟的建筑技艺和内涵。洞窟内壁画保存甚差，从残存的壁画题材与内容来看，可分为两期——高昌回鹘前期与后期，后期洞窟集中在Ⅲ区，具有明显的藏传佛教风格。

葡萄沟石窟Ⅰ区

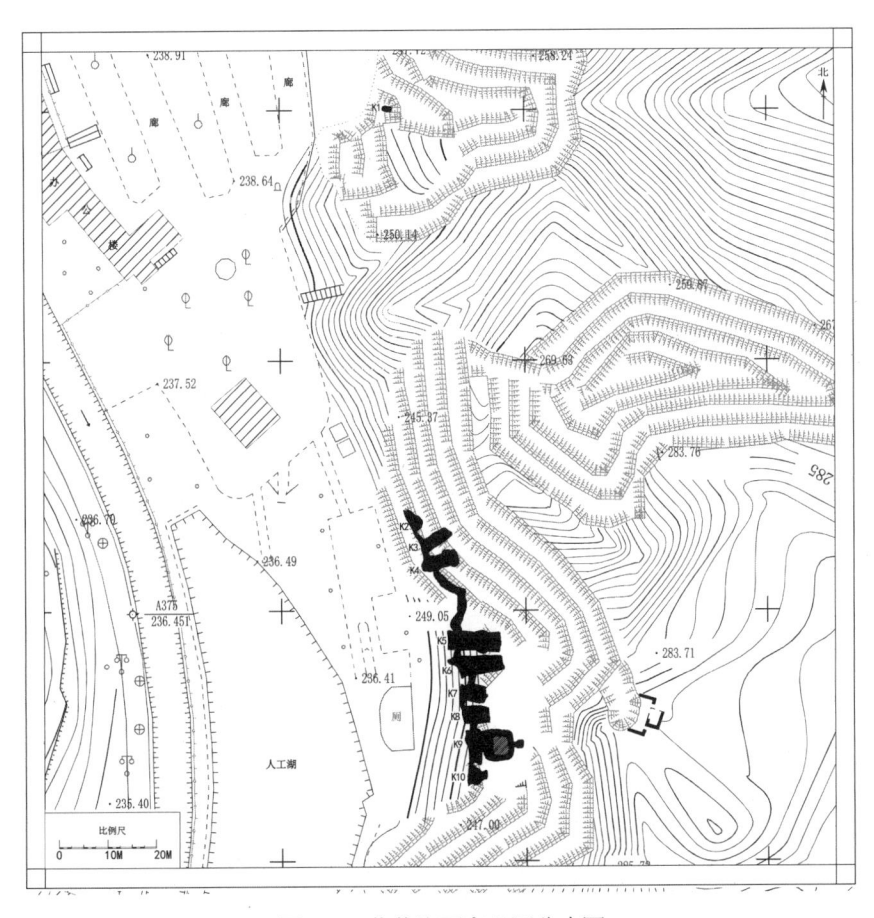

图9-1　葡萄沟石窟Ⅰ区分布图

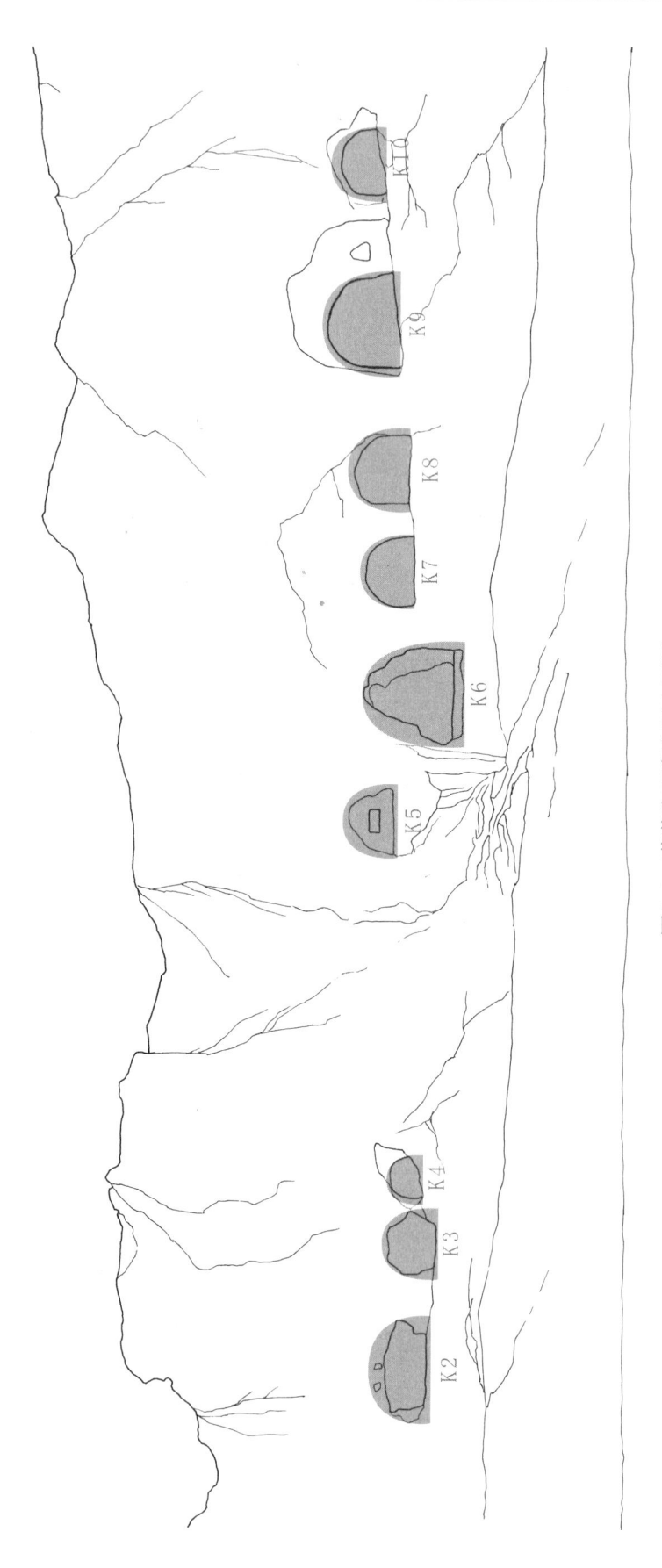

图9-2 葡萄沟石窟Ⅰ区立面图

第1窟

位置

位于第2窟北侧150米处。方向282°。

形制

长方形纵券顶窟。窟室进深1.79、宽0.97—1.03、高1.51米。窟口宽0.56、高0.85米。正壁长0.89米。左侧壁长1.45米。右侧壁长1.51米（图9-3）。

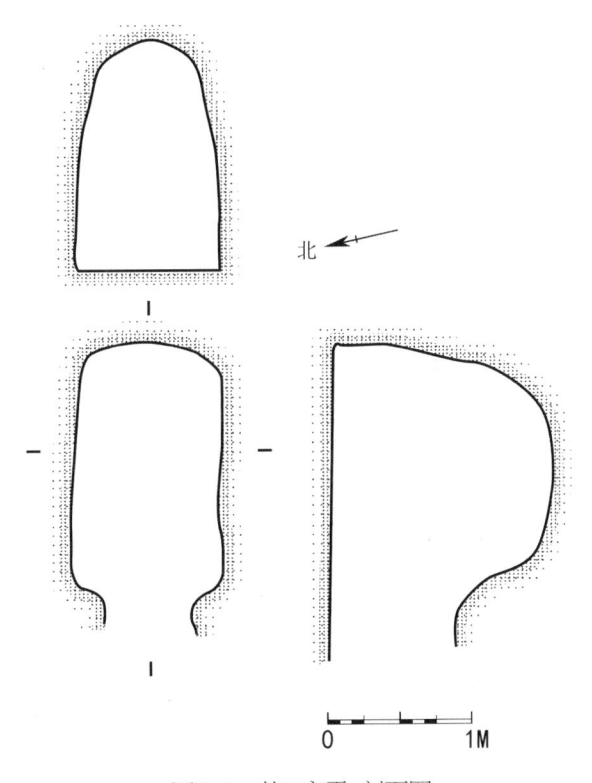

图9-3　第1窟平、剖面图

内容与现状

窟室后壁呈平面。窟位于崖体半山腰上，窟室较小、保存较好，在原有砂石岩体上开凿而成，未涂抹草拌泥。窟室无壁画与题记。

第2窟

位置

位于第1窟南侧150米处。方向266°。

形制

长方形纵券顶窟。窟室进深2.45、残高1.83米,宽度无法确定。窟口坍塌严重,残宽4.35米。正壁长1.5米。左侧壁长度无法辨识。右侧壁残长4.6米(图9-5)。

内容与现状

窟室后壁呈平面。窟室坍塌严重,致使窟室结构呈不规则形。窟口坍塌严重,左侧有宽0.6、进深0.25、高0.5米的坍塌凹坑。右侧有宽1.4、进深0.55、高1.25米的弧形坍塌凹坑。窟内涂抹草拌泥,脱落严重,窟口顶部残存少量草拌泥。窟内无壁画与题记。

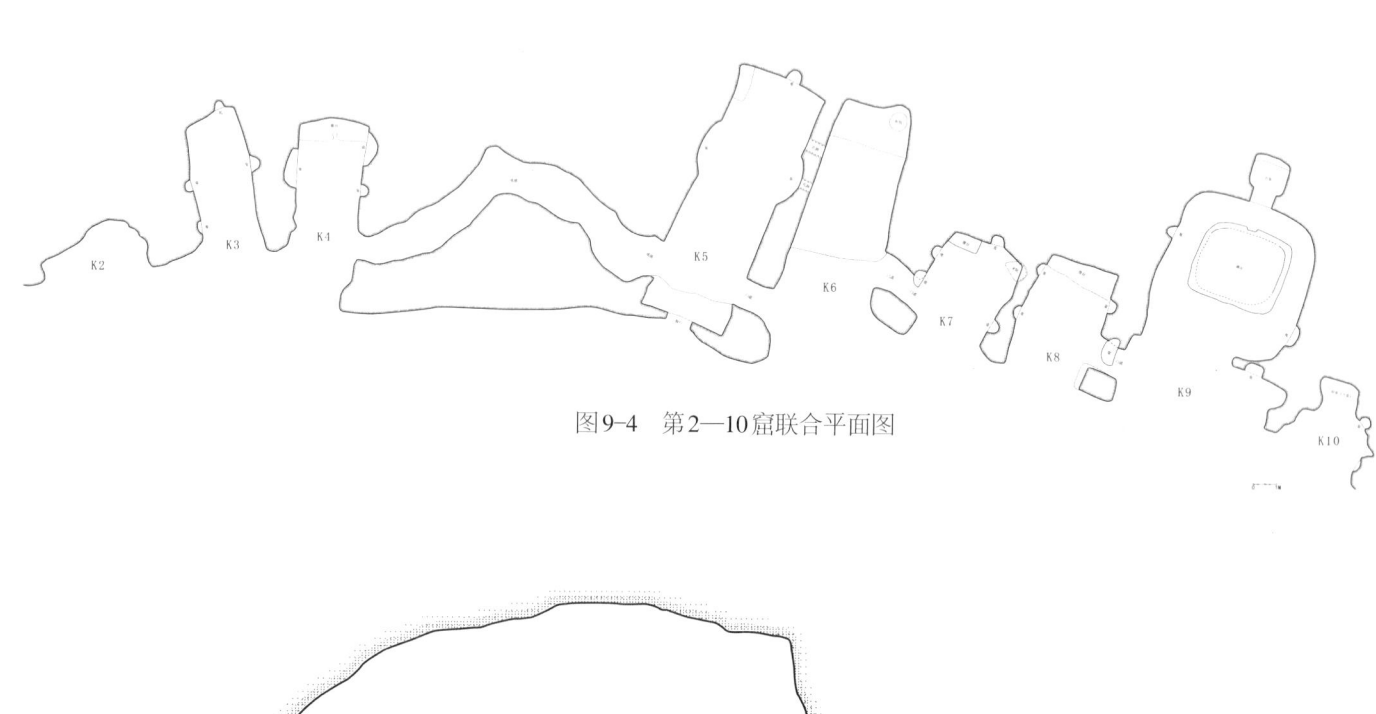

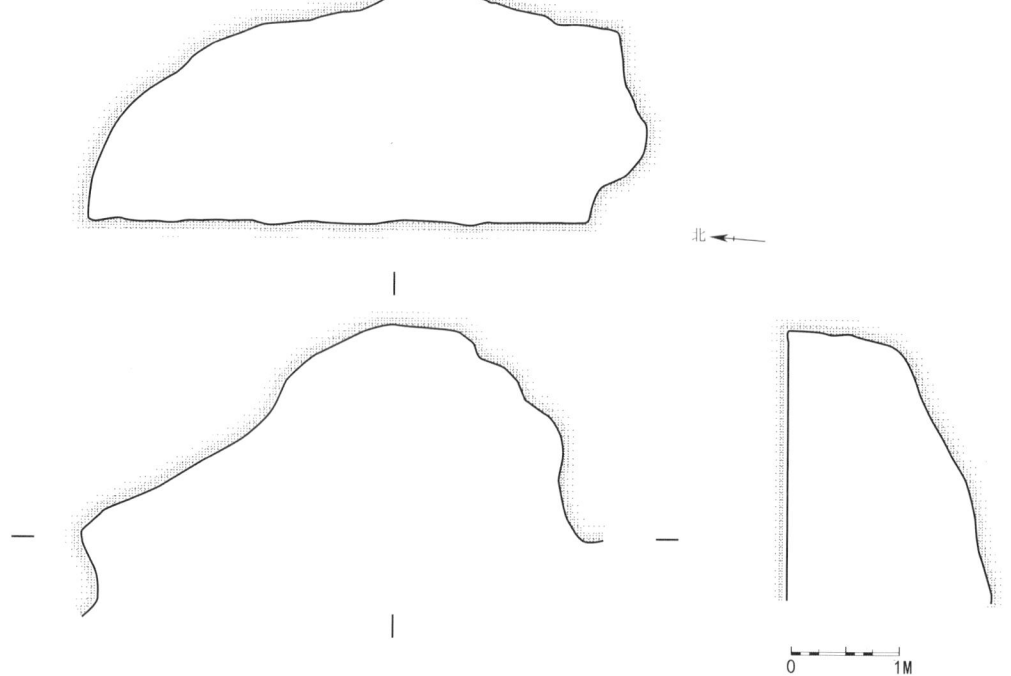

图9-4 第2—10窟联合平面图

图9-5 第2窟平、剖面图

第3窟

位置

位于第2窟南侧2.25米处。方向245°。

形制

长方形纵券顶窟。窟室进深6.05、宽2.6、高2.33、券高1.6米。窟口宽2.5米。**正壁**长2.4米。**左侧壁**长6.05米，壁面上有1个龛，龛位于距正壁1.6、距地面0.3米处，宽0.7、进深0.42、高0.43米。**右侧壁**长4.7米，壁面有2个龛，第一个龛位于距窟口0.4、地面1.4米处，宽0.55、进深0.15、高0.45米；第二个龛位于距窟口2.15、地面0.1米处，宽0.5、进深0.3、高0.4米（图9-6）。

内容与现状

窟室后壁呈平面。第3窟比第2窟地面高出约0.4米。**正壁**壁面下方距左侧壁0.25米处有一人为掏挖或坍塌口，宽0.3、进深0.35、高0.3米；正壁上方残留2层草拌泥，上涂白灰，呈黑色。**左侧壁**上有2个凹坑，一个凹坑宽0.55、底部坍塌进深0.15、高0.6米；另一凹坑宽0.5、进深0.2、高0.35米。**右侧壁**有一凹坑，宽0.35、进深0.1、高0.2米。**窟顶**因烟熏呈黑色，后部颜色比较重；窟口上方涂抹单层草拌泥，因烟熏呈黑色。窟内无壁画与题记。

第4窟

位置

位于第3窟南侧1.35米处。方向260°。

形制

长方形纵券顶窟。窟室进深6.25、宽3.15、高2.9、券高2.1米。窟口宽4.35米。**正壁**长2.95米，正壁处有1像台，像台长2.8、宽0.65、高0.6米，像台上有一基座，长1.2、宽0.8、高0.7米，基座中间有一直径为0.2、高0.7米的圆形竖槽，用于固定塑像所用。**左侧壁**长6米，壁面有1个连接5号窟的通道、2个龛，通道口宽1.4、高1.65米；第一个龛位于距正壁0.25、地面0.8米处，宽1.4、进深0.5、高0.6米；第二个龛位于距第一个龛1、地面0.9米处，宽0.55、进深0.35、高0.45米。**右侧壁**长4.5米，壁面有1个龛，位于距窟口2、地面0.9米处，宽1.35、进深0.5、高0.3—0.65米（图9-7）。

内容与现状

窟室后壁呈平面。4号窟地面高出3号窟约0.4米。**正壁**处的像台、基座保存较好，可见此处原有塑像，圆形竖槽即为固定塑像所用。**左侧壁**上的通道口有后期垒砌的门，外围门框宽1.4、高2.4米，用红砖垒砌，涂抹水泥，水泥面宽1.03、厚0.26米，内安装木门框，宽0.9米。**窟顶**中部至新修门处残留草拌泥，涂白灰绘壁画，颜色脱落严重，因烟熏呈黑色。壁画颜色脱落严重，因烟熏呈黑色，可见佛或菩萨，头光、身光明显。

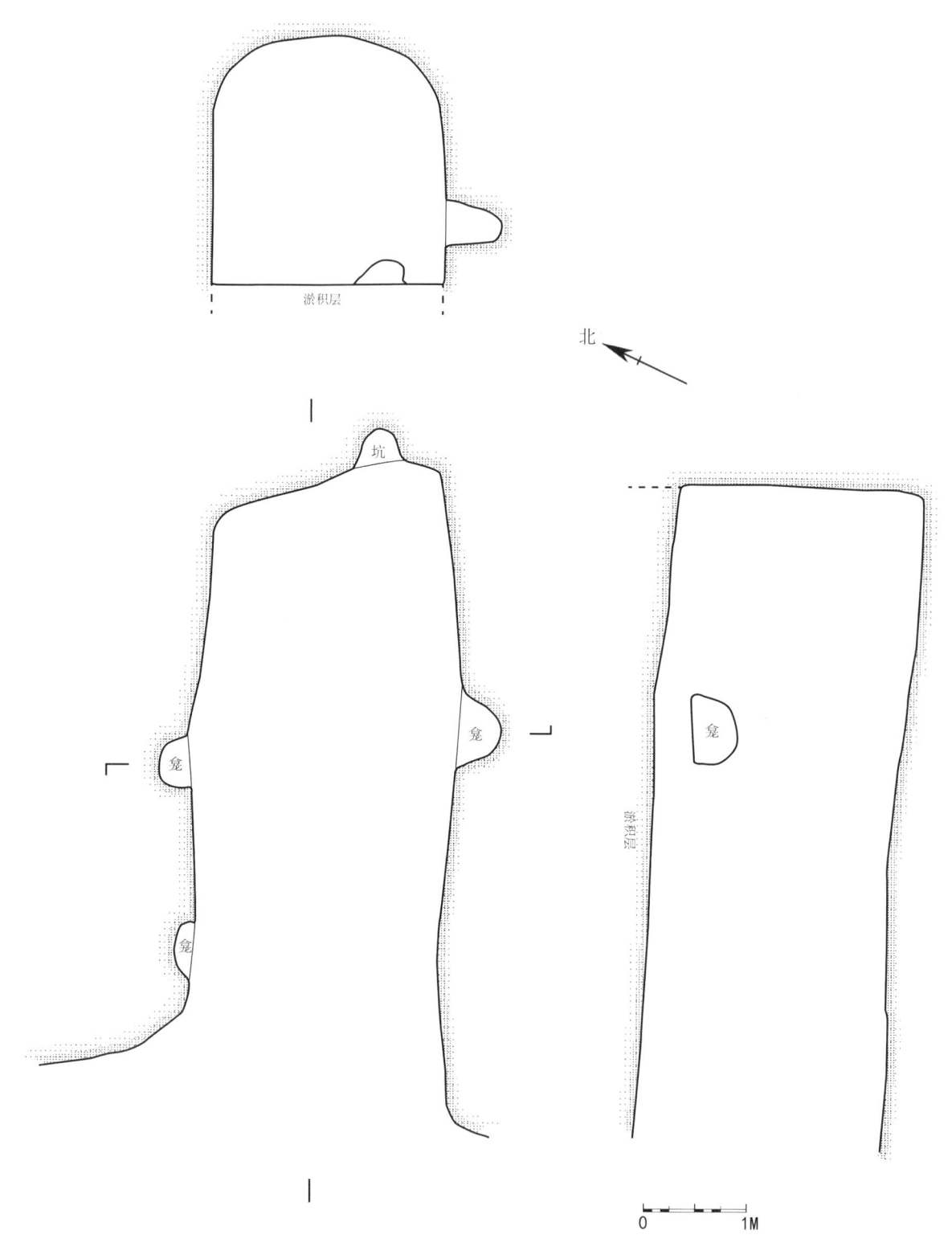

图9-6 第3窟平、剖面图

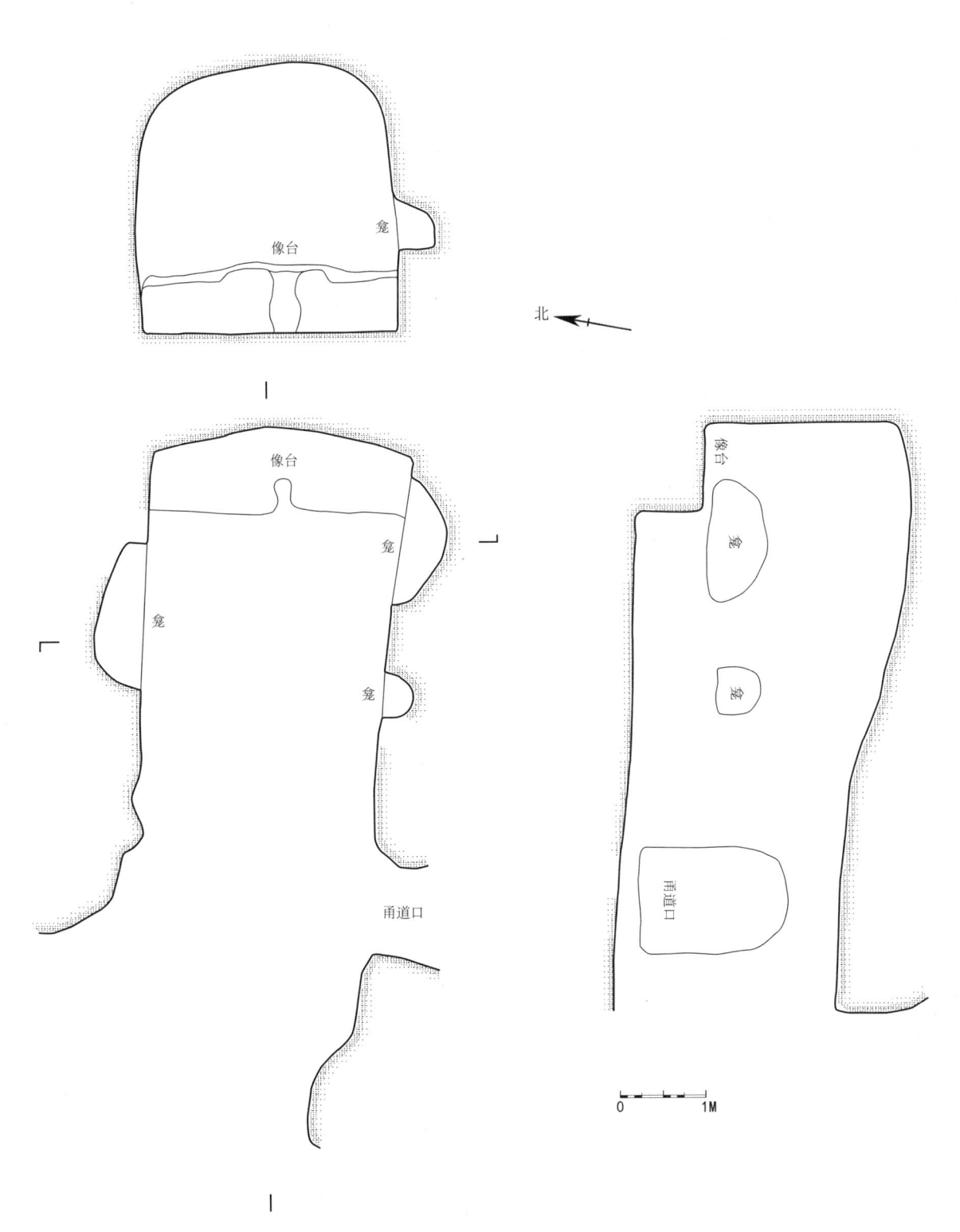

图9-7　第4窟平、剖面图

第5窟

位置

北邻第4窟，与第4窟之间由长约14.5米的通道相连。方向178°。

形制

长方形纵券顶窟。第4窟与第5窟之间由一道呈"人"字形的通道连通，一处通道口位于4号窟左侧壁窟口处，口宽1.4、高1.65米；向北偏东62°，长约7.1、宽1.9、高1.9米；拐角处宽1.5、高1.75米；向北偏东120°，长约7.4、宽1.7、高1.75米；距5号窟通道口3米处，通道底部变宽约2.4米，通道口位于距5号窟右侧壁0.8米处，宽2.2、高2.4米。

窟室进深10.7、宽3.6、高4.7、券高2.9米。窗户位于前壁上方，下方有一处两层的平台，下层长3.37、宽0.45、高0.4米，上层长3.37、宽0.6、高1.2米，上方有一窗户。**正壁**长3.8米，壁面上有1个龛，残存像台，龛位于距左侧壁1.3、地面0.9米处，宽0.68、进深0.5、高0.5米；像台靠近右侧壁残存像台痕迹，残长0.5、进深1.3、高0.15米。**左侧壁**总长11米，正壁距门长8.2米，壁面上有通往6号窟的通道口、1个立像龛、2个圆孔，通道口位于距前壁1.15米处，口宽1.3、高1.7、左侧门墙厚1.3、右侧门墙厚1.65米；立像龛位于距门3.45米处，宽2.2、进深0.4、高3米；立像龛上有一圆孔，距左侧1.3、右侧1.1、地面1.15米处，直径为0.33、进深0.5米，连通6号窟壁面；另一圆孔位于距正壁1.8、地面0.9米处，直径0.45、进深0.8米，连通6号窟壁面。**右侧壁**总长11米，正壁距通道口长8米，壁面上有1个立像龛，位于距正壁2.5米处，宽2.2、进深0.4、高3米（图9-8）。

内容与现状

窟室后壁呈平面。前壁上方的窗户后期重修，用红砖垒砌，涂抹水泥，宽2.55、高2.05米，内嵌木质窗框，宽1.1、高0.5、厚0.25米；左右两壁有高约3、厚约0.4米的券，左侧券从正壁延伸至窟门处，长约8.2米，右壁从正壁延伸至通道口，长约7.95米。窟内无壁画与题记。

第6窟

位置

北距第5窟1.95米。方向263°。

形制

长方形纵券顶窟。窟室进深9.9、宽3.4、高3米、券高1.95米。窟口宽4.3米。**正壁**长2.9米，壁面上部有1平台，平台位于距窟顶0.5—0.8米处，长2.4、进深1.1、厚0.4米。**左侧壁**总长8.45米，前部有1个通往7号窟的通道口，位于距窟口1.25米处，口宽1.2、高1.7、东侧厚1.8、西侧厚2.1米。**右侧壁**总长8.45米，前部有1个通往5号窟的通道口，通道口宽1.75、高1.75米；壁面上有2个圆孔，连通5号窟，一个圆孔位于距正壁2.5、地面0.8米处，呈"喇叭状"，口宽0.6、高0.65米；另一圆孔位

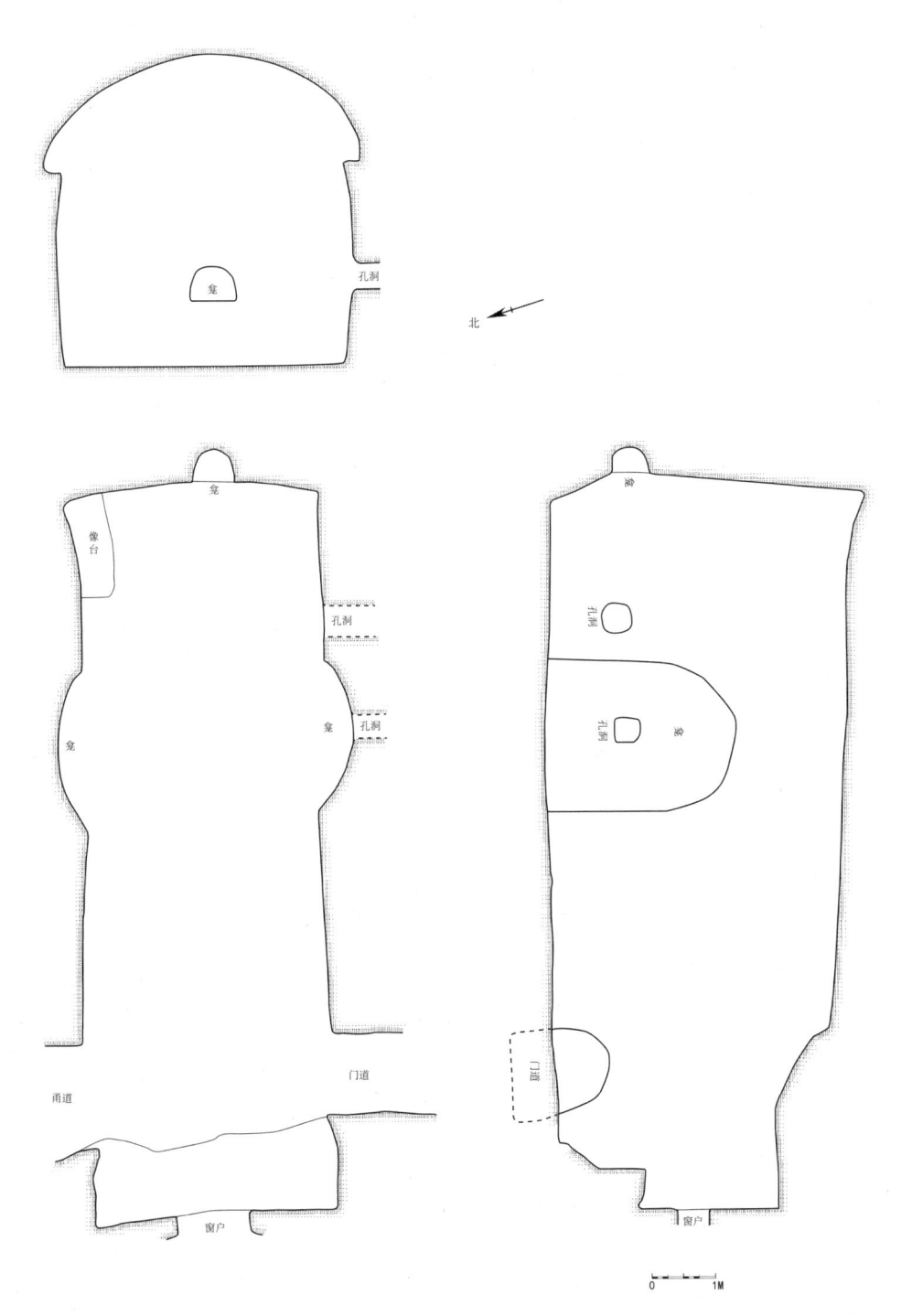

图9-8　第5窟平、剖面图

于距上一圆孔0.4、地面0.8米处，直径0.35米（图9-9）。

内容与现状

窟室后壁呈平面。窟口左侧是较危险的平台，窟顶右侧崖体向外突出。正壁处的平台左侧坍塌，坍塌面长0.8、进深0.6米。连接5号窟的通道口有后期红砖垒砌的台阶，顶部崖体有裂缝。窟室后部地面高出前部约0.4米。地面有一凹坑，坑口直径0.9、深0.3米。窟内无壁画和题记。

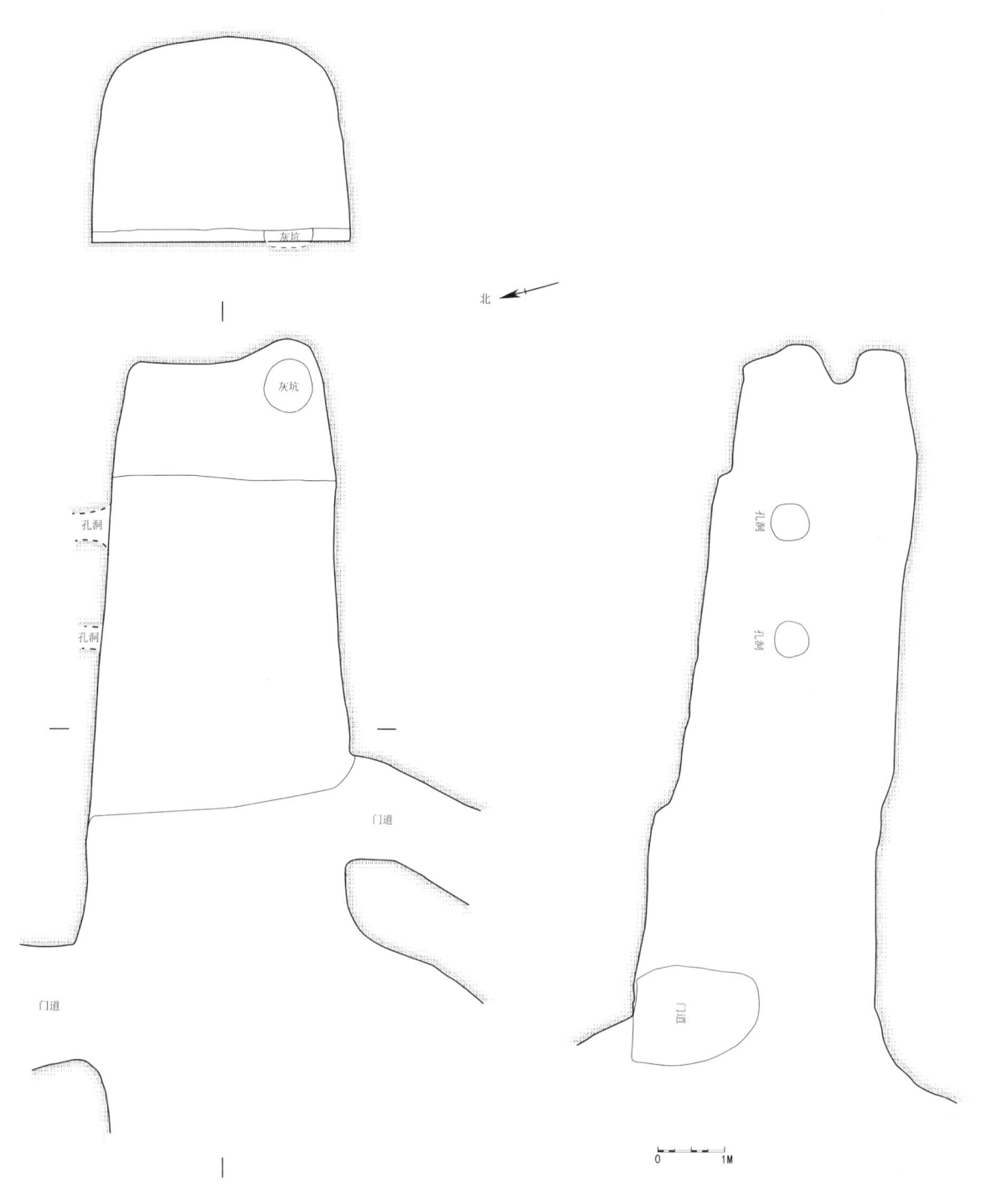

图9-9　第6窟平、剖面图

第7窟

位置

北距第6窟1.95米。方向274°。

形制

长方形纵券顶窟。窟室进深4.9、宽3.35、高2.6、券高1.6米。窟口宽3.4米。**正壁**长3米,有1个龛和像台,龛位于距左壁1.05、地面0.85米处,龛宽0.55、进深0.35、高0.4米;像台长1.25、宽0.5、高0.6米。**左侧壁**总长4.3米,有2个龛,一龛位于壁面前部,距正壁2.4、地面0.5米处,宽0.55、进深0.3、高0.45米;另一龛位于左侧壁东南角处,宽0.85、进深0.45、高0.7米。**右侧壁**总长4.5米,壁面有连通6号窟的通道口、2个龛,通道口位于距窟口0.95米处,口宽1.1、高1.7米;一个龛位于距正壁0.8、地面1.2米处,宽0.55、进深0.25、高0.4米;另一龛位于距上一龛0.75、地面1.4米处,宽0.65、进深0.4、高0.45米(图9-10)。

内容与现状

窟室后壁呈平面。6号窟通往7号窟的通道口处高出0.75米。左侧壁墙角上方有一洞,口宽0.85、进深0.45、高0.28米;左侧壁及正壁顶部涂抹厚0.02—0.03米的草拌泥,涂白灰、绘壁画,因氧化和烟熏呈黑色。有壁画。正壁上方绘卷草纹、隐约可见光圈外缘(火焰纹?),左侧壁起券处残留壁画,为人物像。

第8窟

位置

北距第7窟1.25米。方向282°。

形制

长方形纵券顶窟。窟室进深5.4、宽3.15、高2.8、券高1.9米。窟口宽3.5米。**正壁**长2.9米,有像台,像台残长3、宽1.05、高0.75米。**左侧壁**总长4.9米,壁面有通往9号窟的通道和1个龛,通道口位于距正壁2.8米处,口宽0.95、高1.3米、东侧壁厚1.7、西侧壁厚1.6米;龛位于距通道0.9、地面0.3米处,宽0.6、进深0.35、高0.3米。**右侧壁**长5米,壁面有2个龛,龛位于距正壁0.45、地面虚土层0.8米处,宽0.5、进深0.3、高0.27米;另一龛位于距前龛1.5、地面0.4米处,宽0.55、进深0.25、高0.4米(图9-11)。

内容与现状

窟室后壁呈平面。沿着崖体边沿可从7号窟进入8号窟。**左侧壁**前部有一处弧形坍塌面。**右侧壁**后部亦有一处弧形坍塌面,像台靠近右壁处有宽0.8米处的损毁。**窟顶**中后部有少量草拌泥,上残存壁画,白灰底上可见红色粗线条。

图9-10 第7窟平、剖面图

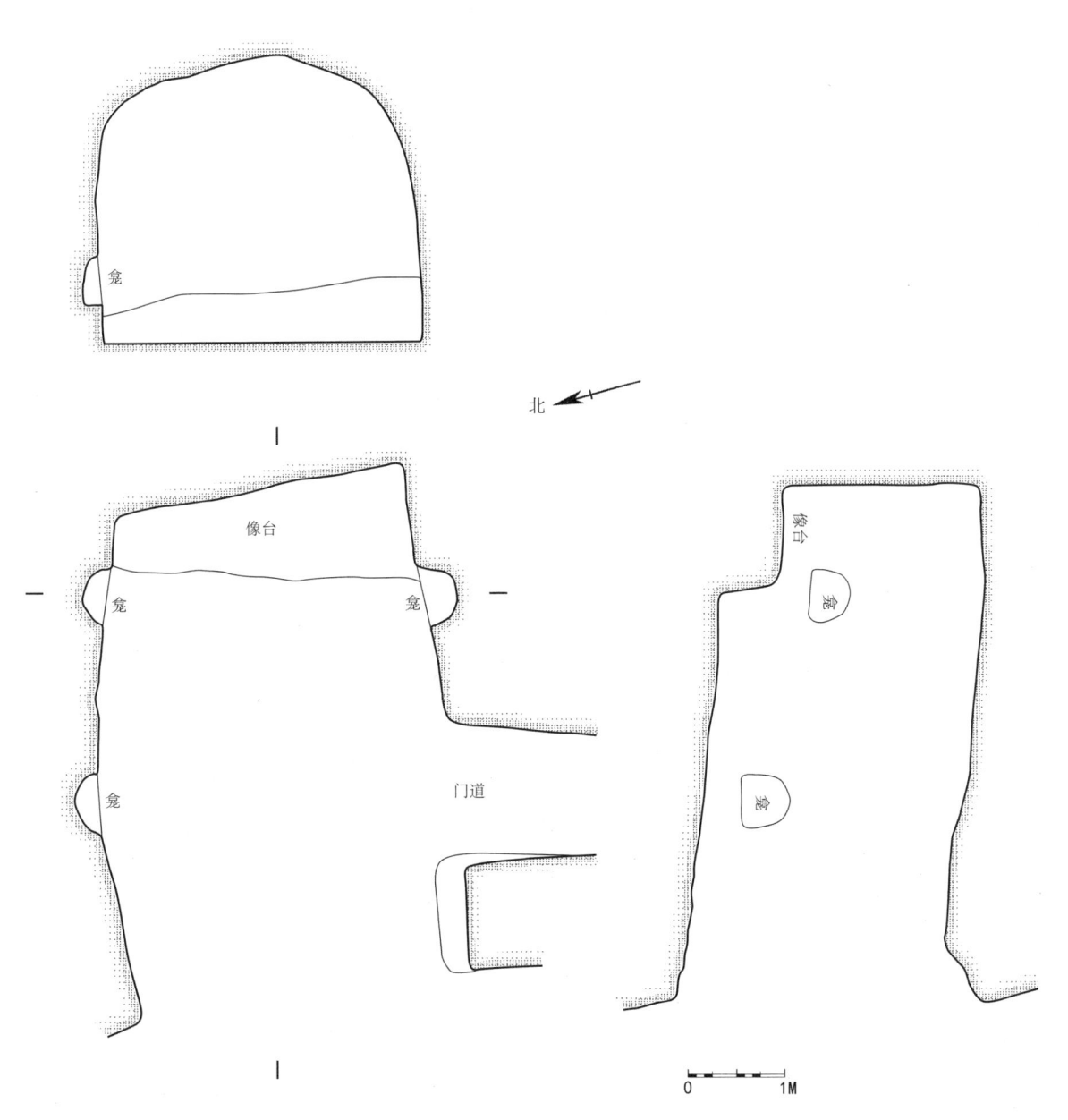

图9-11 第8窟平、剖面图

第9窟

位置

北距第8窟1.65米。方向267°。

形制

中心殿堂窟。9号窟由前室、主室和后室组成，前室原为长方形横券顶窟，主室为大型穹隆顶窟，后室为长方形纵券顶窟。**主室**窟室为大型穹隆顶窟，顶部呈覆斗状。窟室进深6.4、宽6.1、高4.05米。**正壁**长4.8米，壁面有一后室。**前壁**左侧残长1.8、厚0.75米。**左侧壁**长5米，壁面前部有一龛，位于距正壁3.65、地面1.2米处，宽0.95、进深0.4、高0.55米。**右侧壁**长4.2米，壁面有一龛，位于距后壁1.6、地面1米处，宽0.6、进深0.4、高0.5米。主室地面中后部有一佛坛，位于距正壁1.1米处，南北长3.7、东西长3、高0.65米，佛坛分为两层，上层比低层缩进0.25，底层高0.4、上层高0.25米；佛坛下层南侧居中位置有一方形缺口，距左右两侧均为1.6、口宽0.5、进深0.2、高0.3米。**前室**窟室进深2.1、宽6.9、高3.95米。窟口宽6.75米。因前室坍塌严重，左右两壁壁面损毁严重，长度均不可辨识。**左侧壁**有3个龛，一个龛位于窟口、地面2.2米处，宽0.6、进深0.3、高0.6米；一个龛位于主室前壁0.7、地面1.9米处，宽0.85、进深0.85、高0.45米；另一龛位于前室左壁夹角、距地面1.1米处，龛宽0.3、进深0.2、高0.25米。**右侧壁**壁面有通道和龛，通道位于距窟口1.1米处，口宽0.45、高1.1米，通道通往8号窟；龛位于通道口上方，距窟口1、地面1.15米，宽1.1、进深0.6、高1米。**后室**为长方形纵券顶，位于主室后壁居中位置，距左右两壁均为2.1、地面0.6米，口宽1、高1、进深2.2、高1.5米。**正壁**长1.25米，有一像台，佛像长1.4、宽0.35、高0.2米。**左侧壁**长1.4米。**右侧壁**长1.35米（图9-12）。

内容与现状

前室顶部有大块的草拌泥痕迹，右侧的草拌泥涂抹白灰。前室与主室之间的窟顶有很宽的大裂缝，贯穿左右两壁面，顶部裂缝最宽，常有砂砾漏下来，致地面上堆积大量砂石，此裂缝有很大的再次坍塌风险。后室整体因烟熏呈黑色，左侧壁涂抹草拌泥、涂白灰、有壁画痕迹，但漫漶不清。

第10窟

位置

北距第9窟0.8米。方向287°。

形制

长方形纵券顶窟。窟室进深3.1、残宽2.65、高1.45米。窟口残宽2.8米。**正壁**残长2.6米，因窟室坍塌严重，左右两壁呈不规则状，无法辨识长度。**左侧壁**有2个龛，一个龛位于距后室0.65、地面

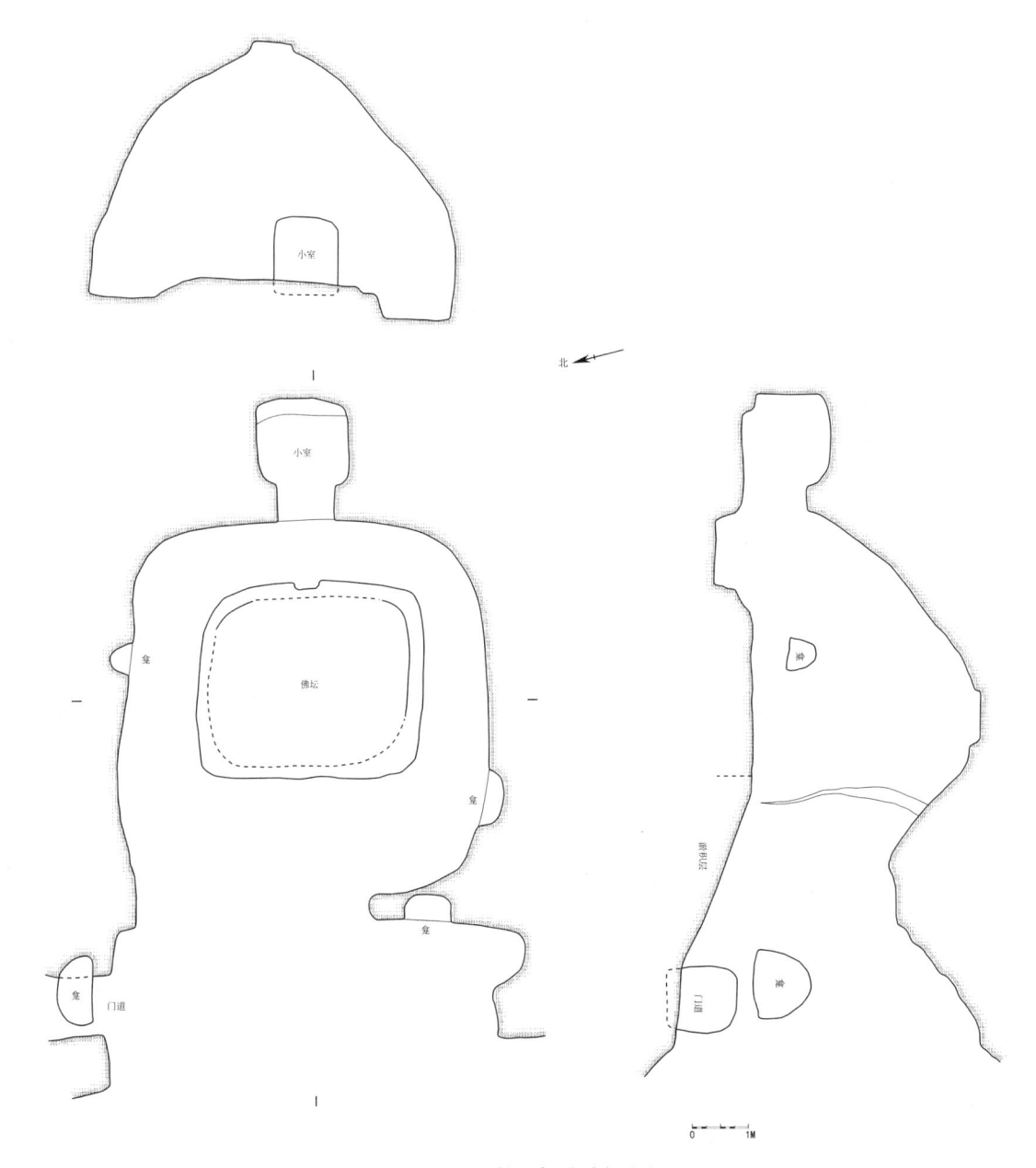

图9-12　第9窟平、剖面图

0.08米处，宽0.4、进深0.3、高0.37米；另一龛位于距前龛约1.25、地面0.35米处，宽0.65、进深0.35、高0.4米。有一后室，口宽1.6、进深1、高0.95米（图9-13）。

内容与现状

窟室后壁呈平面。沿着崖体边沿可从9号窟进入10号窟，地面比9号窟高出0.3米。窟室坍塌严重，窟口及顶部坍塌严重，窟室内无草拌泥；左侧壁2个龛之间有一道大裂缝。窟内无壁画和题记。

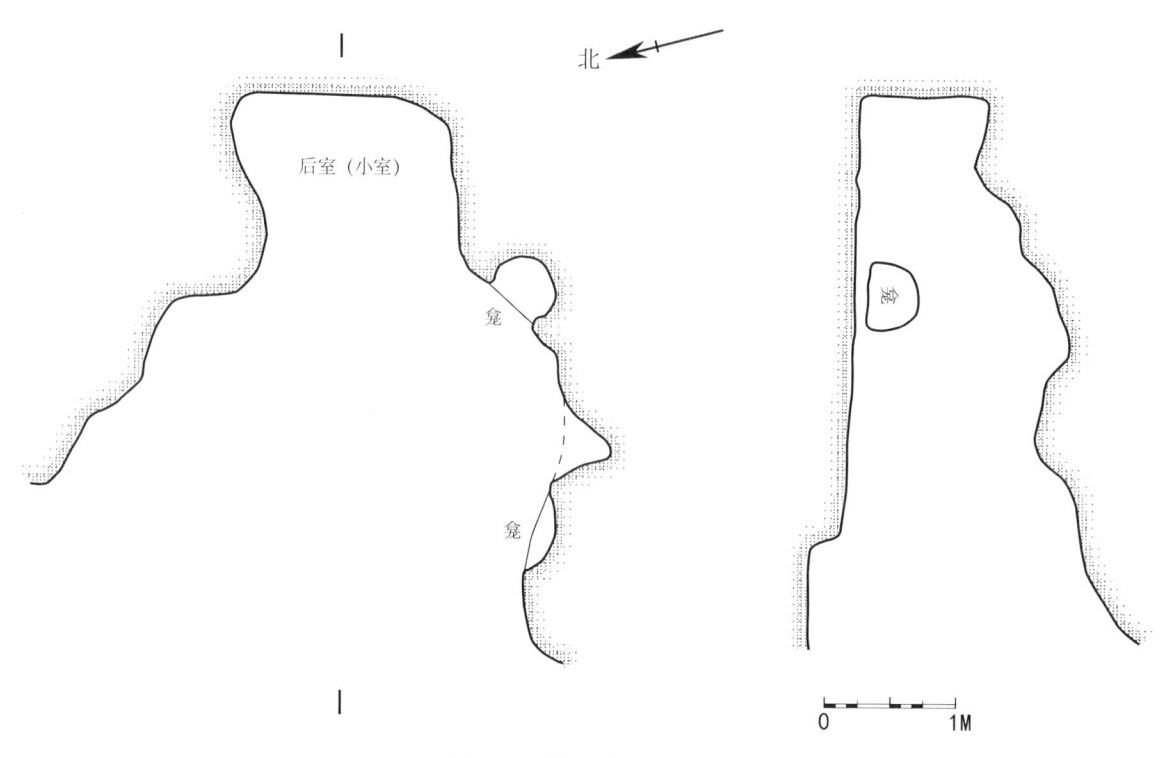

图9-13　第10窟平剖面图

佛塔

位置

位于葡萄沟一区石窟山顶上，第5窟上方。方向北8°。

形制

形制不明。南北长约7.8、东西长约6.35米，遗址面积约50平方米。佛塔遗址残存3处建筑遗迹，由土坯垒砌、涂抹草拌泥，土坯长0.4、宽0.2、厚0.1米。佛塔最北侧的建筑残留东墙、北墙2道墙体，东墙残长1.15、高1.3、厚0.4米；北墙残长3.4米、高2.4、厚0.4米（图9-14）。

内容与现状

中间的一处长方形券顶房址距北侧建筑遗址0.7米。东墙残长3.75、高1.8、厚0.4、券高1.2米，墙体南侧有明显的弧形起券痕迹，墙体下方有一处掏挖或坍塌缺口，缺口宽0.9、进深0.35、高0.45米。南墙残长2.5、墙高与券高均为1.8、厚0.4米，墙面上有明显起券痕迹。西墙残长1.35、高1.1、厚0.4米，墙体北侧坍塌。北墙完全坍塌，隐约可见墙基痕迹，残长2.2、厚0.4米。室内因坍塌堆积，地面明显比其余2处遗址高0.6米。

南侧建筑距中间长方形券顶房址0.7米，残留东墙、北墙2道墙体，东墙残长1.15、高1.1、厚0.4米；北墙残长3.3、高1.55、厚0.4米，墙体西侧即为陡峭的崖体。

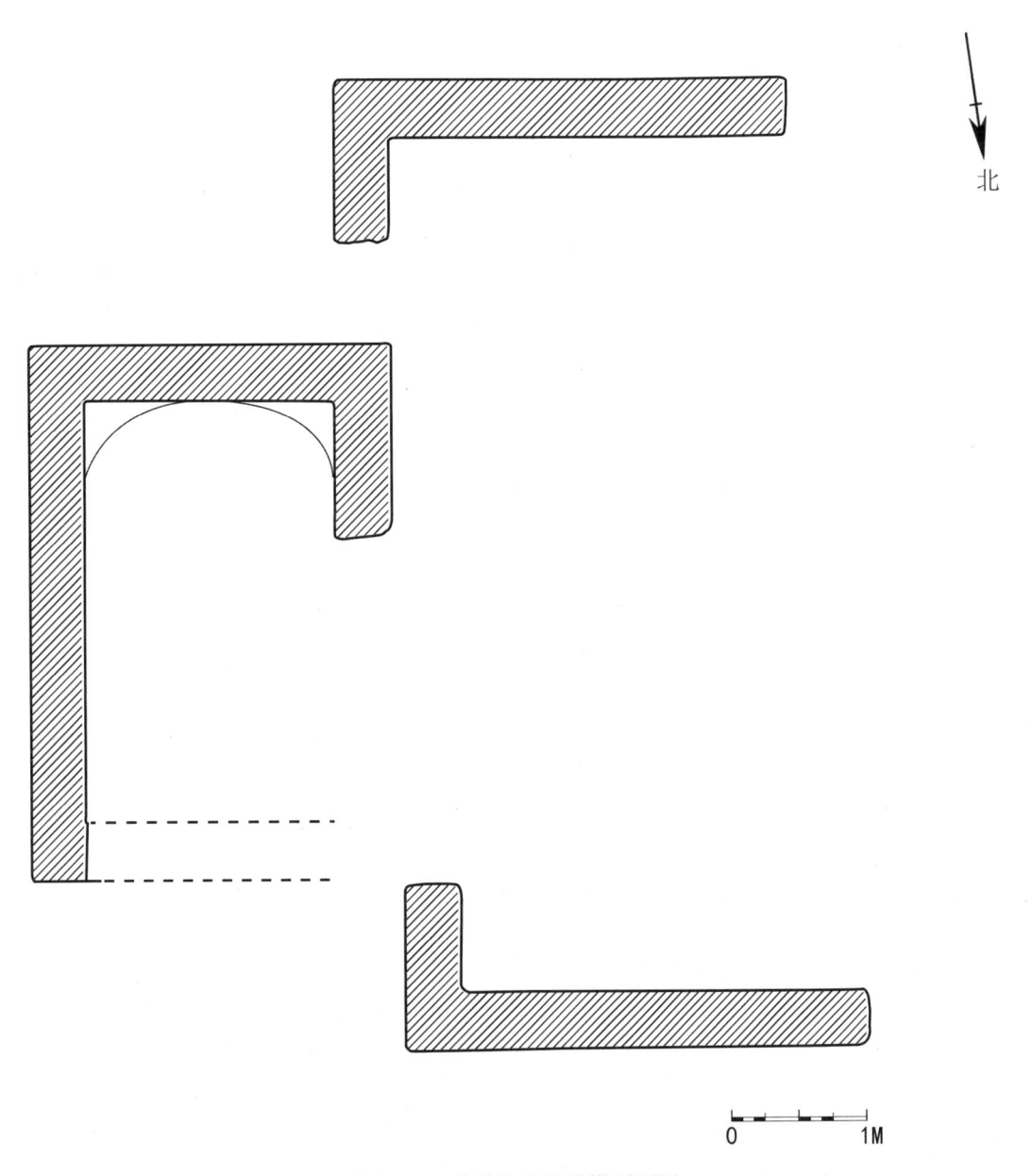

图9-14 葡萄沟Ⅰ区佛塔平面图

葡萄沟石窟Ⅱ区

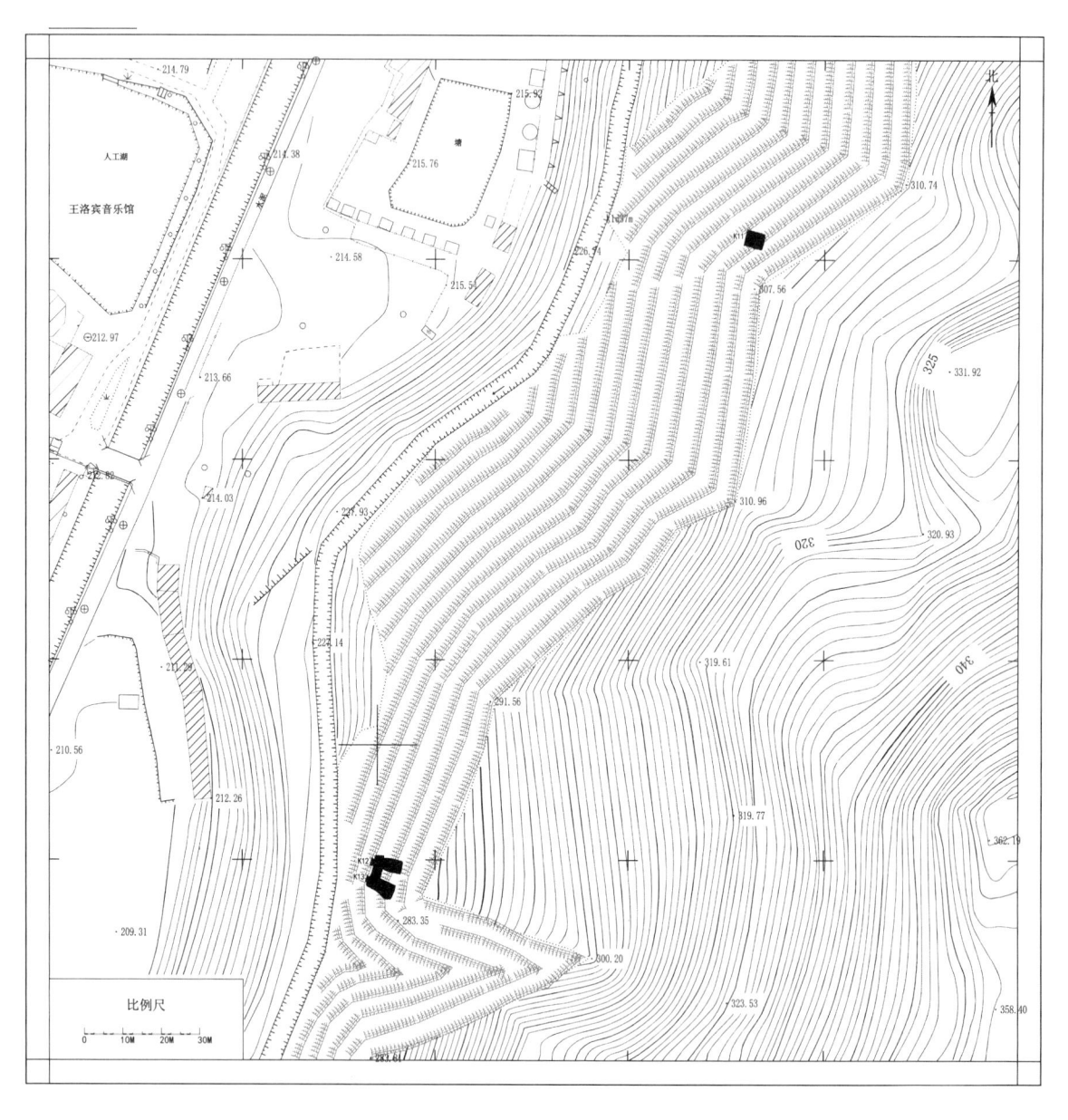

图9-15 葡萄沟石窟Ⅱ区分布图

图9-16 葡萄沟石窟Ⅱ区立面图

第11窟

位置

位于葡萄沟景区东侧崖体半山腰悬挂的"葡萄沟 彭真"（一九八八年九月八日），"葡"字下方的崖体上，高约30米斜坡上，坐东朝西。方向292°。南距2号窟100米。

形制

长方形纵券顶窟。窟室进深4.8、残宽3.95、高2.05、券高1.05米。因坍塌门宽无法辨识。**正壁**长3.8米，两侧墙角各有一对称的圆孔，左侧圆孔位于距地面1.2米处，宽0.15、进深0.1、高0.18米；右侧圆孔位于距地面1.3米处，直径0.15、进深0.1米。**左侧壁**残长4.6米，有一龛位于距左侧壁1.3、地面0.65米处，宽0.55、进深0.28、高0.45米；龛下方有7个圆孔，位于距地面0.35、龛底0.15米处，圆孔宽0.15、进深0.12、高0.15、间隔0.2—0.25米。**右侧壁**残长4.6米（图9-17）。

内容与现状

窟室后壁呈弧形。窟口处因坍塌不可辨识窟门，窟内地面存留虚土。窟室前半部有一道小裂纹从左壁延伸至右壁；**左侧壁**中后部偏上有一大凹坑，南北长0.8、东西宽0.6、进深0.25米。**窟顶**后部涂抹草拌泥、白灰，绘制壁画，壁画因烟熏呈黑色，可隐约辨识有圆形头光，有人为刻画痕迹。壁画因烟熏呈黑色，可隐约辨识有圆形头光。

第12、13窟的形制比较特殊，两窟共用一前室，前室为长方形横券顶窟，后室均为长方形纵券顶窟。两窟均有独立的窟口且上方有梯形天窗，开凿在前室的前壁上，前室左右两侧壁上方有2个对称的梯形龛。前室长8.3、宽2.3、高3.1米。12、13号窟门之间由长3米的墙体相连，后室之间的墙体长2.4米。

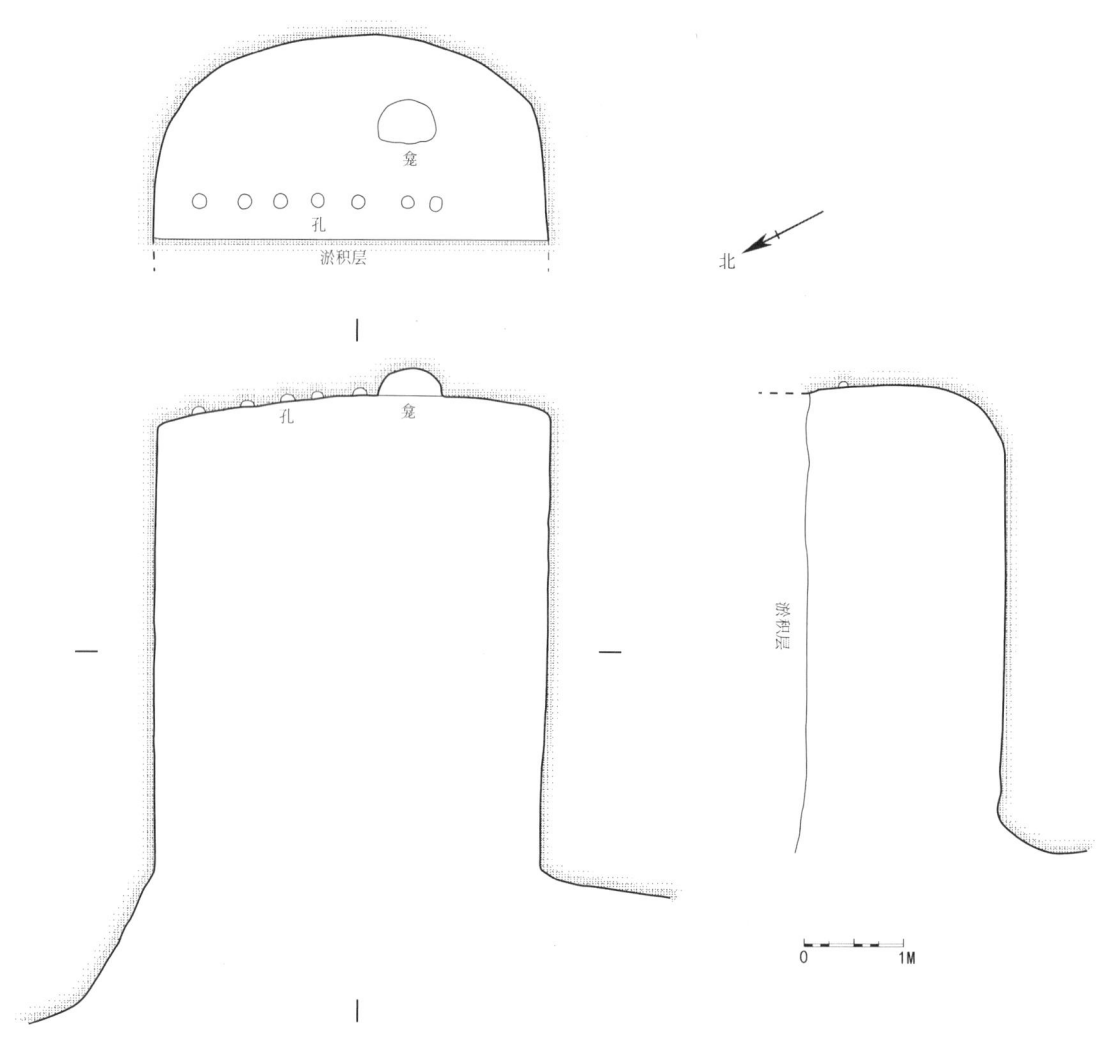

图9-17　第11窟平剖面图

第12窟

位置

位于葡萄沟景区"葡萄沟 彭真"（一九八八年九月八日）北侧约50米处第二层崖体上。方向260°。

形制

前室为长方形横券顶窟，后室为长方形纵券顶窟。前室窟门宽1.1、高2米，左侧门墙厚0.8、右侧门墙长1、厚0.9米；窟门上方0.5米处有一梯形天窗，宽1.25、高0.9、厚0.4米。前室右侧壁距右侧门墙1米处，长2米，壁面下方地面有一长方形台子、上方有一梯形龛，下方的长方形台子东西长2.1、宽0.8、高0.35米；龛位于距右侧门墙0.45、长方形台子1.65米处，龛上方长、宽0.9、下方宽0.8、进深0.45、高0.55米。**后室**进深5、宽3.3、高2、券高1.3米。口宽3.3米。左侧门墙残长0.5、高0.2、厚0.5米，右侧门墙残长0.7、高1.2、厚0.4、口处券厚0.45米。**正壁**长3.05米，正壁处有一长方形像台，长3.3、宽0.9、高0.7米。**左侧壁**长3.5米。**右侧壁**长4.3米（图9-18）。

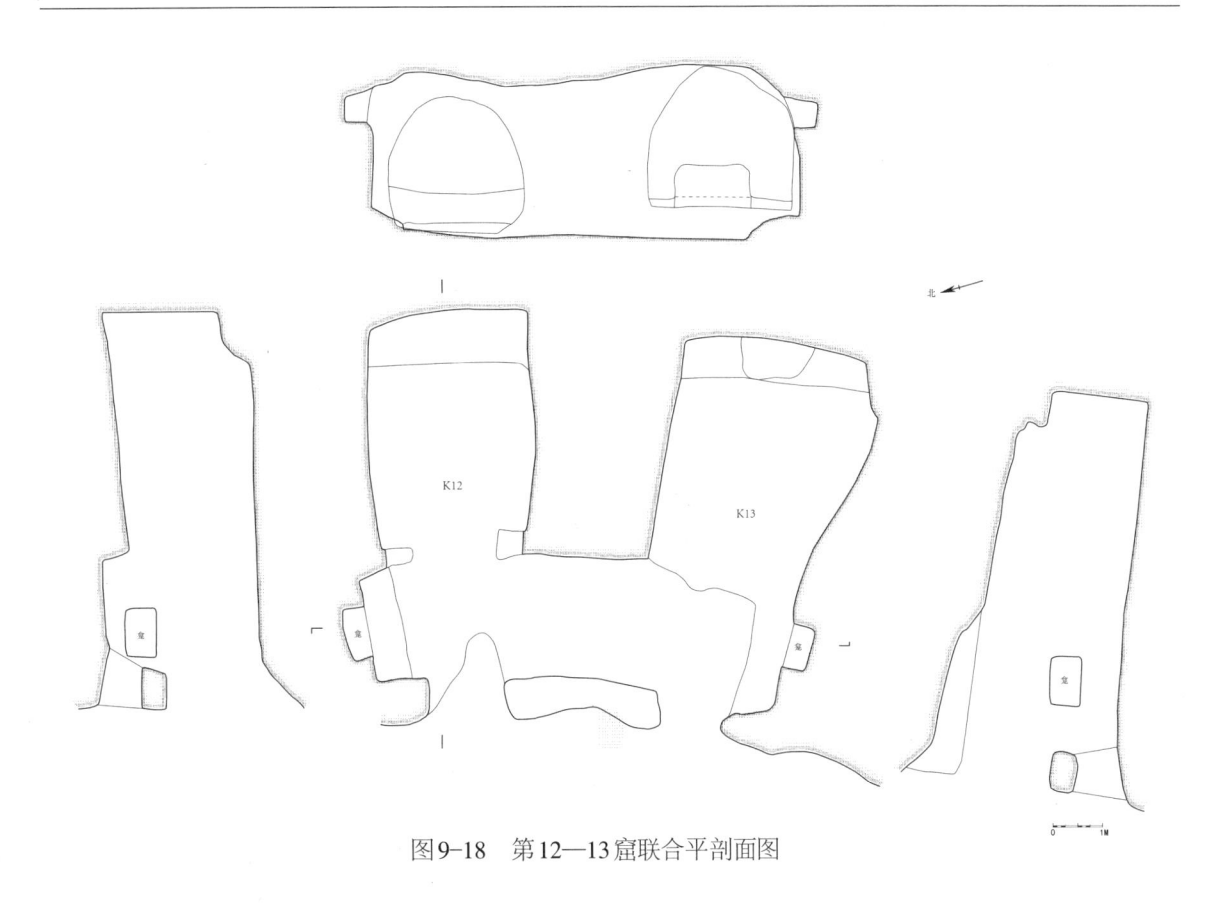

图 9-18　第 12—13 窟联合平剖面图

内容与现状

窟室后壁呈弧形。窟门下方处因坍塌或人为破坏有一处缺口，缺口东西长 1.85、南北宽 0.9、高 0.4 米。天窗保存完整，上方及两侧涂抹草拌泥，上抹白灰，有人为刻画。龛顶及两侧涂抹草拌泥，上土白灰，因烟熏呈黑色，有人为刻画，龛的西北角题记。窟室顶部及两侧因烟熏呈黑色。窟内无壁画。

第 13 窟

位置

北邻第 12 窟。方向 260°。

形制

前室为长方形横券顶窟。前室窟门宽 1.3、高 2.4 米，左侧门墙长 1.05、厚 0.55 米，右侧门墙厚 0.75 米；窟门上方 0.5 米处有一梯形天窗，宽 1、高 1、厚 0.8 米，下方地面有一长方形台子、上方有一梯形龛，台子东西长 1.95、南北宽 0.8、高 0.55 米；龛位于距左侧门墙 0.75 米、长方形台子 1.6 米处，龛上方宽 0.9、下方宽 0.85、进深 0.35、高 0.6 米。**后室**为长方形纵券顶窟。后室进深 4.9、宽 3.7、高 2.65、券高 1.7 米。窟口宽 3.7 米。后室地面比前室地面高出 0.55 米。**正壁**长 3.6 米，原有一长约 3.6 米的长方形像台，居中残存部分像台，残长 1.5、宽 0.85、高 0.65 米，两侧地面残留高约 0.1 米的像台痕迹。**左侧壁**长 4.5 米。**右侧壁**长 4.5 米。

内容与现状

窟室后壁呈弧形。窟门处窟室地面距崖面高0.55米。天窗保存完整,上方及两侧涂抹草拌泥,上抹白灰,有人为刻画。龛顶及两侧涂抹草拌泥,上土白灰,因烟熏呈黑色,有人为刻画。窟室顶部及两侧因烟熏呈黑色;像台的左侧下方有明显不规则砍挖痕迹。窟内无壁画和题记。

葡萄沟石窟Ⅲ区

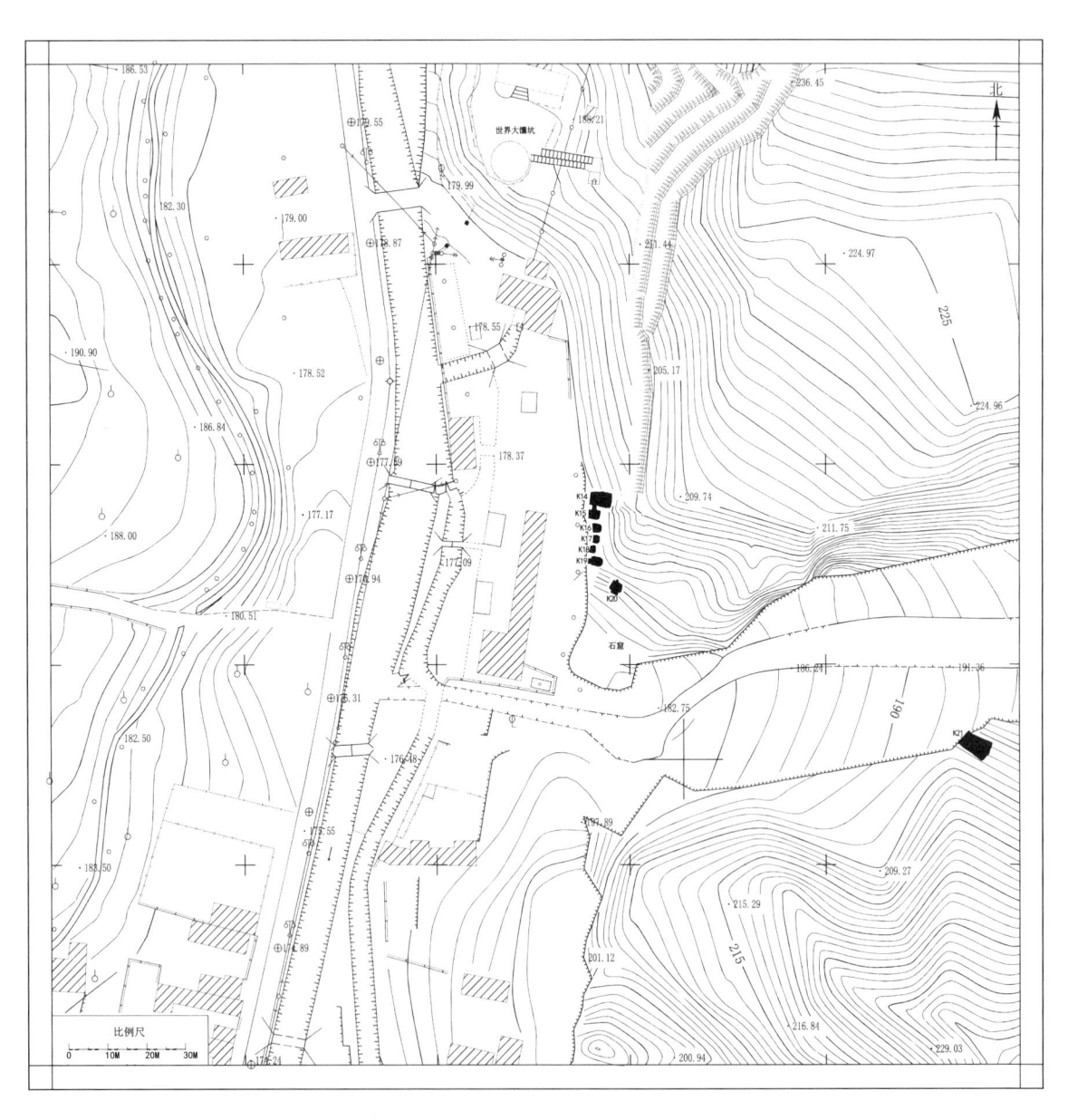

图9-19 葡萄沟石窟Ⅲ区分布图

图9-20 葡萄沟石窟Ⅲ区立面图

葡萄沟Ⅲ区为新发现的一处石窟,共8个洞窟,自北向南编号为14—21窟。其中,第14—19窟均是坐东朝西,位于崖体边缘,基本分布在一条直线上,南北长约21.3、东西宽约1—1.7米;第20窟是坐北朝南。石窟修建在高约8米的崖体上,崖体属于砂石质地。位于阿凡提风情园北侧约2公里处,西南临吐鲁番市金洲能源有限公司旅游接待及办公楼(新建),东北临达瓦孜景区,前方种植大量白杨树及少数核桃树,向西为自北向南、常年流水的人民渠。东侧、北侧为山体。

图9-21 第14—20窟联合平面图

第14窟

位置

位于石窟最北段,南距第15窟1.75米。方向276°。

形制

长方形平顶窟。窟室残深5.05、宽3.55、高2.5米。窟口宽2.85米。因坍塌门宽无法辨识,根据窟口上方残留的弧形壁面可推断门高约2.2米,门上方坍塌,上方原有一天窗,宽1、高0.5米。**正壁**长3.35米。**左侧壁**残长4.1米,有拱形通道口,口位于距正壁3.5米处,门宽0.9、高1.3、左侧厚1.35、右侧厚1.15米,与第2窟连接。**右侧壁**残长5.3米(图9-22)。

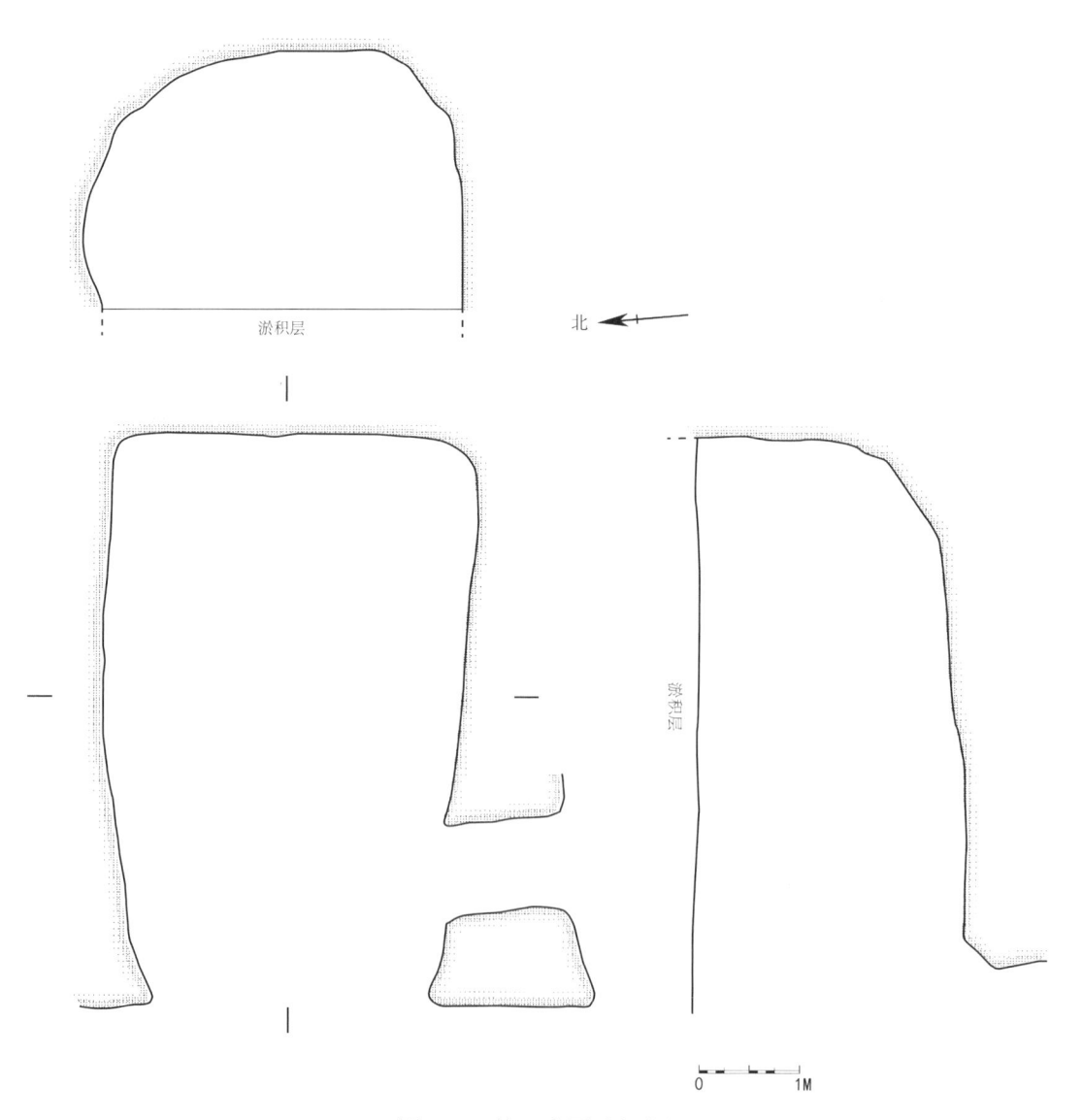

图9-22 第14窟平、剖面图

内容与现状

窟室后壁呈平缓弧形。窟口处因坍塌不可辨识门宽,门口地面处有厚0.3米的沙石地面;窟口前为崖体,南侧壁外侧残留宽约1米的崖体,初步推断窟口前原有平台或过道。石窟在沙石质的崖体上直接开凿而成,并在壁面上直接涂草拌泥。**左侧壁**的拱形门顶部残留宽0.5—1.15米的草拌泥,上涂白灰。左侧壁下部靠近窟口0.2米处可见草拌泥痕迹。隐约可见圆形头光,有白、黑、绿、红等颜色。**窟顶**后部及两侧壁上方颜色较深。

第15窟

位置

位于第14窟南侧1.75米处。方向275°。

形制

长方形平顶窟。窟室进深2.7、宽2、高2.2米。窟口宽2米。**正壁**长2米,**左侧壁**残长2.75米。**右侧壁**残长2.8米,有一拱形通道口,口位于距正壁1米处,门宽1.1、高1.4米,与第1窟连通(图9-23)。

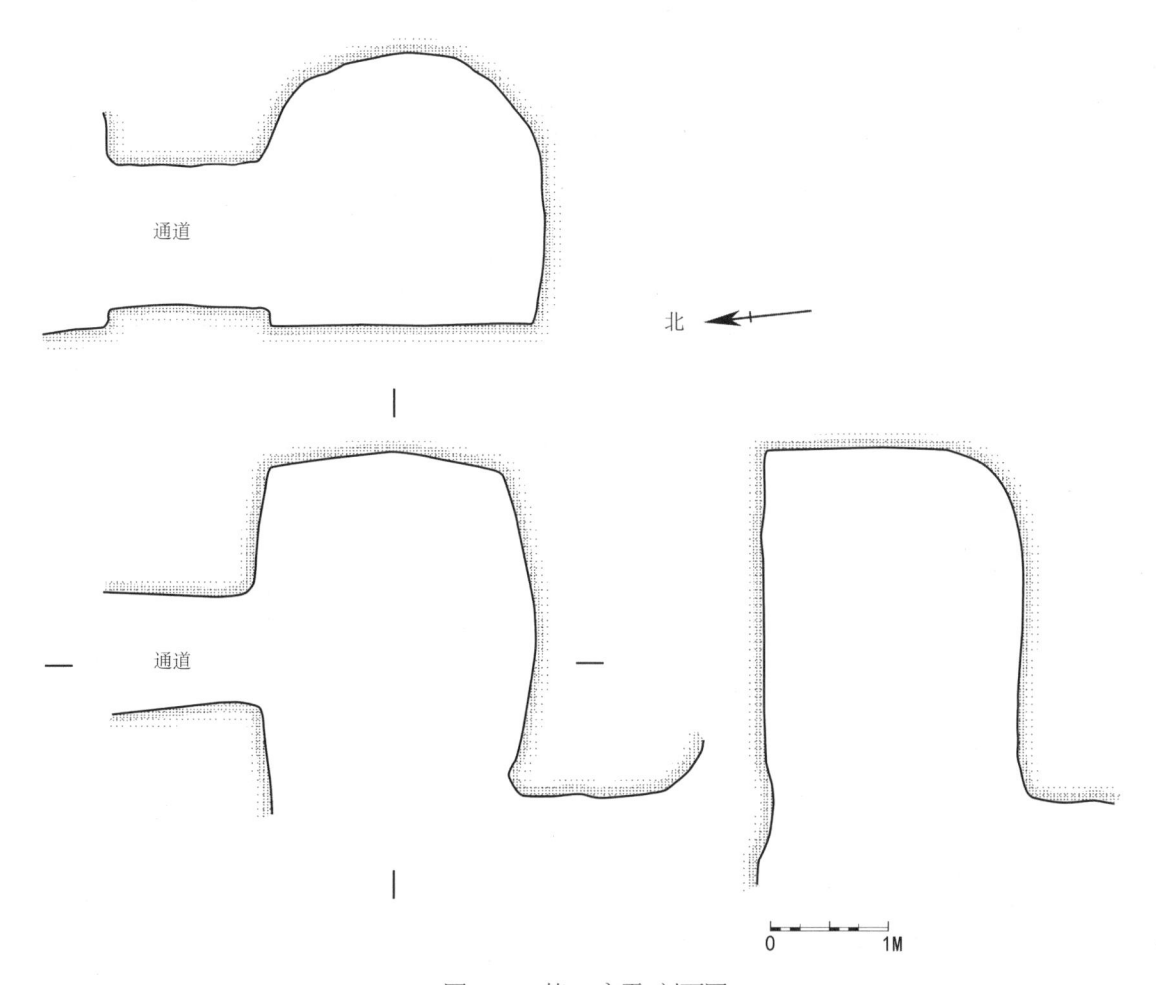

图9-23 第15窟平、剖面图

内容与现状

窟室后壁呈平缓弧形。窟口处因坍塌严重，无可辨识窟门位置，窟口前为崖体。窟顶及壁面均为原始砂石岩体。地面堆积有约0.2米厚的积土，积土内发现少量壁画残块。内容不详。

第16窟

位置

位于第15窟南侧1.45米处。方向278°。

形制

长方形平顶窟。窟室残深2.3、宽2.25、高1.6米。**正壁**长1.7米，有一长方形像台，长1.8、宽0.5、高0.35米。**左侧壁**残长1.8米。**右侧壁**残长1.2米（图9-24）。

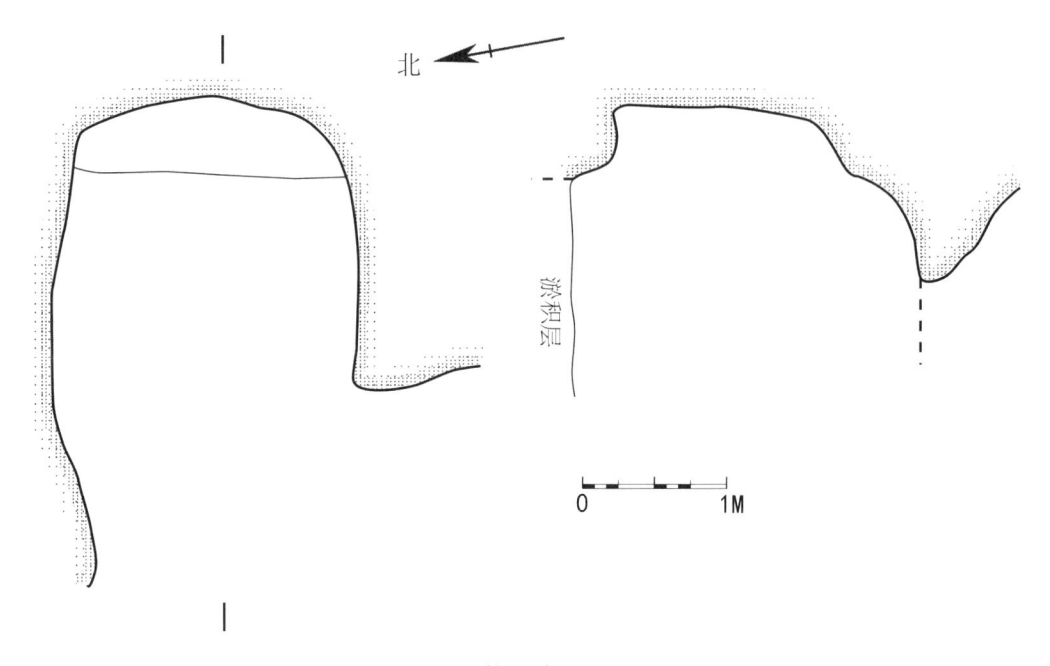

图9-24　第16窟平、剖面图

内容与现状

窟室后壁呈平缓弧形。窟口及窟顶坍塌严重，无可辨识，窟顶左侧残宽1.5、右侧残宽1.2米。壁面上涂抹2层较厚的草拌泥，内层厚0.025、外层厚0.03米，草拌泥上涂抹白灰，绘制壁画。左侧壁、距虚土层0.95米处残存壁画，有黑、白、红、蓝、蓝绿等颜色，可见流云及圆形头光；窟顶残存一身佛像，具覆钵形身光，着橘色袈裟。像台左侧下方及拐角处有橘色、红色等少许装饰性颜色。

第17窟

位置

位于第16窟南侧0.77米。方向275°。

形制

长方形平顶窟。窟室残深1.55、宽2、高1.7米。正壁长1.7米。左侧壁残长2.05米。右侧壁残长1.65米（图9-25）。

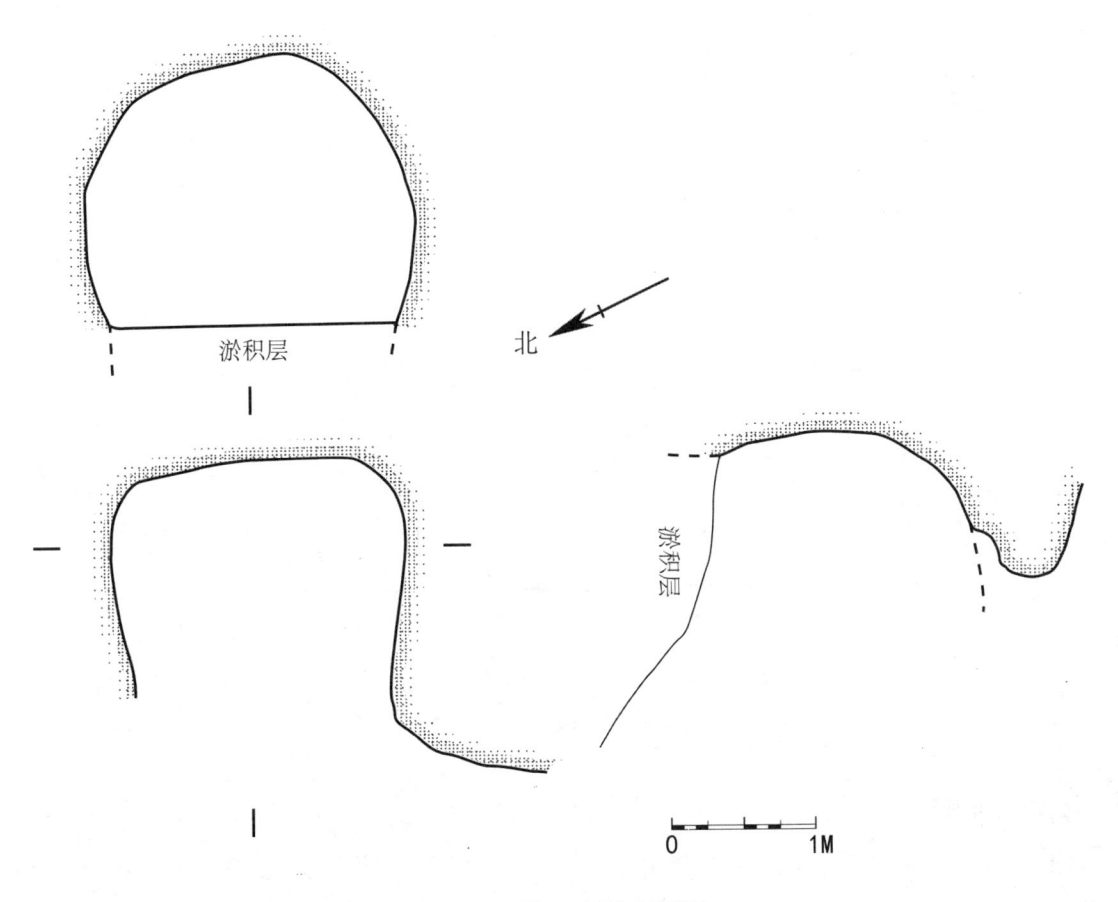

图9-25 第17窟平、剖面图

内容与现状

窟室后壁呈平缓弧形。窟口及窟顶坍塌严重，不可辨识窟门位置，窟顶残存宽0.6米。正壁偏北、右壁的壁面上保留2层较厚的草拌泥，正壁偏北残存面积为1×1.1平方米的壁画痕迹，隐约可见一大一小2个圆形头光。东北角的右侧壁上残留有0.5×0.5平方米的壁画痕迹，可见1个圆形头光。

第18窟

位置

位于距第17窟0.95米处。方向254°。

形制

长方形平顶窟。窟室残深1.4、宽1.5、高1.1米。**正壁**长1.7米。**左侧壁**残长1米，下方有一龛，位于距正壁0.25米处，宽0.7、进深0.3、残高0.3米。**右侧壁**残长1.2米（图9-26）。

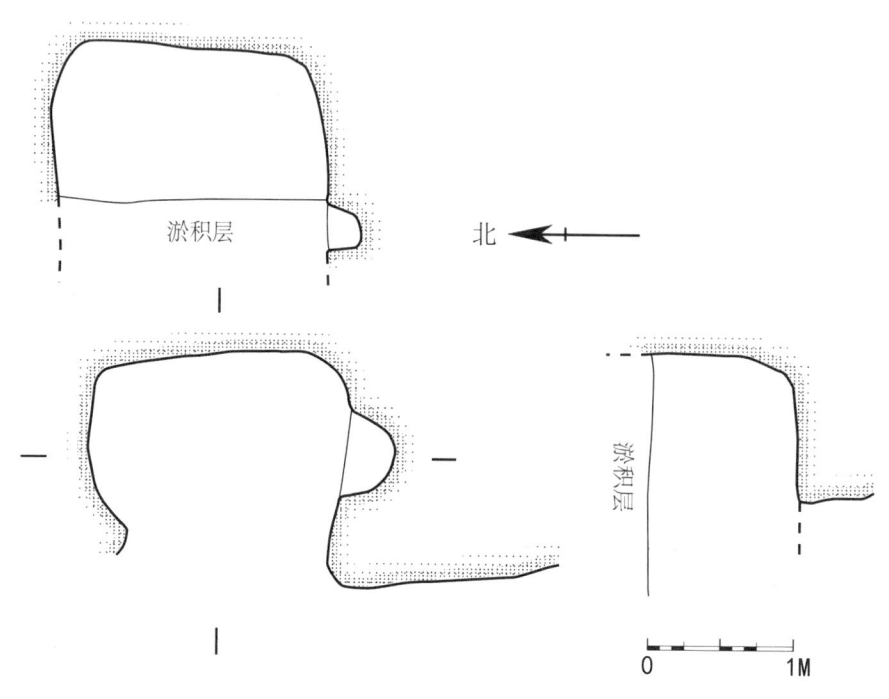

图9-26 第18窟平、剖面图

内容与现状

窟室后壁呈平缓弧形。窟口及窟顶坍塌严重，不可辨识窟门位置，窟顶残存宽0.9米，窟顶残存草拌泥。窟内无壁画与题记。

第19窟

位置

位于第18窟南侧1.7米处。方向263°。

形制

长方形平顶窟。窟室残深3、宽2.5、高1.65米。窟门残宽1米。**正壁**长2.15米，右侧有一道门墙,残长0.5、高0.55、厚0.45米。**左侧壁**长2.48米。**右侧壁**长2.9米,有一龛,位于距门墙0.85米处,宽0.75、进深0.75、高0.7米,龛后壁呈弧形(图9-27)。

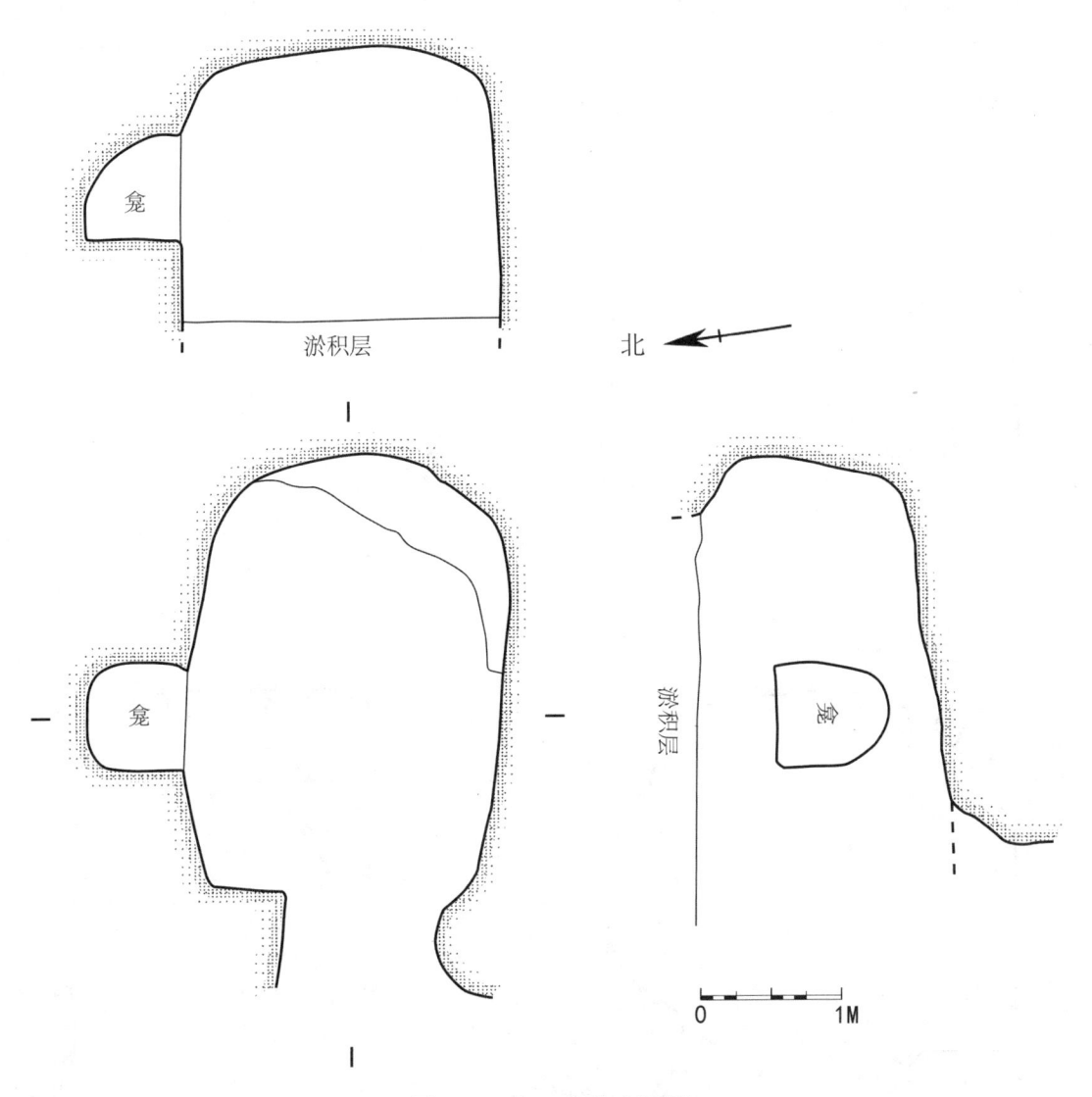

图9-27 第19窟平、剖面图

内容与现状

窟室后壁呈平缓弧形。窟口坍塌,保留右侧门墙,可初步判断门宽。窟顶及左壁偏东、靠近门处涂抹草拌泥,上有零星壁画痕迹。

第20窟

位置

位于第19窟南侧约6米,向东4.3米处。方向189°。

形制

长方形平顶窟。窟室残深2.8、宽2.9、高2.15米。窟口处总长2.9米,两侧残存门墙,左侧门墙残长0.45、高1.7、厚0.7米,右侧门墙残长0.95、残高0.4、残厚0.5—0.7米。**正壁**长2.1米。**左侧壁**长1.95米。**右侧壁**长2.4米,有2个龛,一龛位于距右侧门墙1.55米处,宽0.7、进深0.4、高1.25米;另一龛位于距前龛0.2米的西北角,宽0.52、进深0.4、高1.1米(图9-28)。

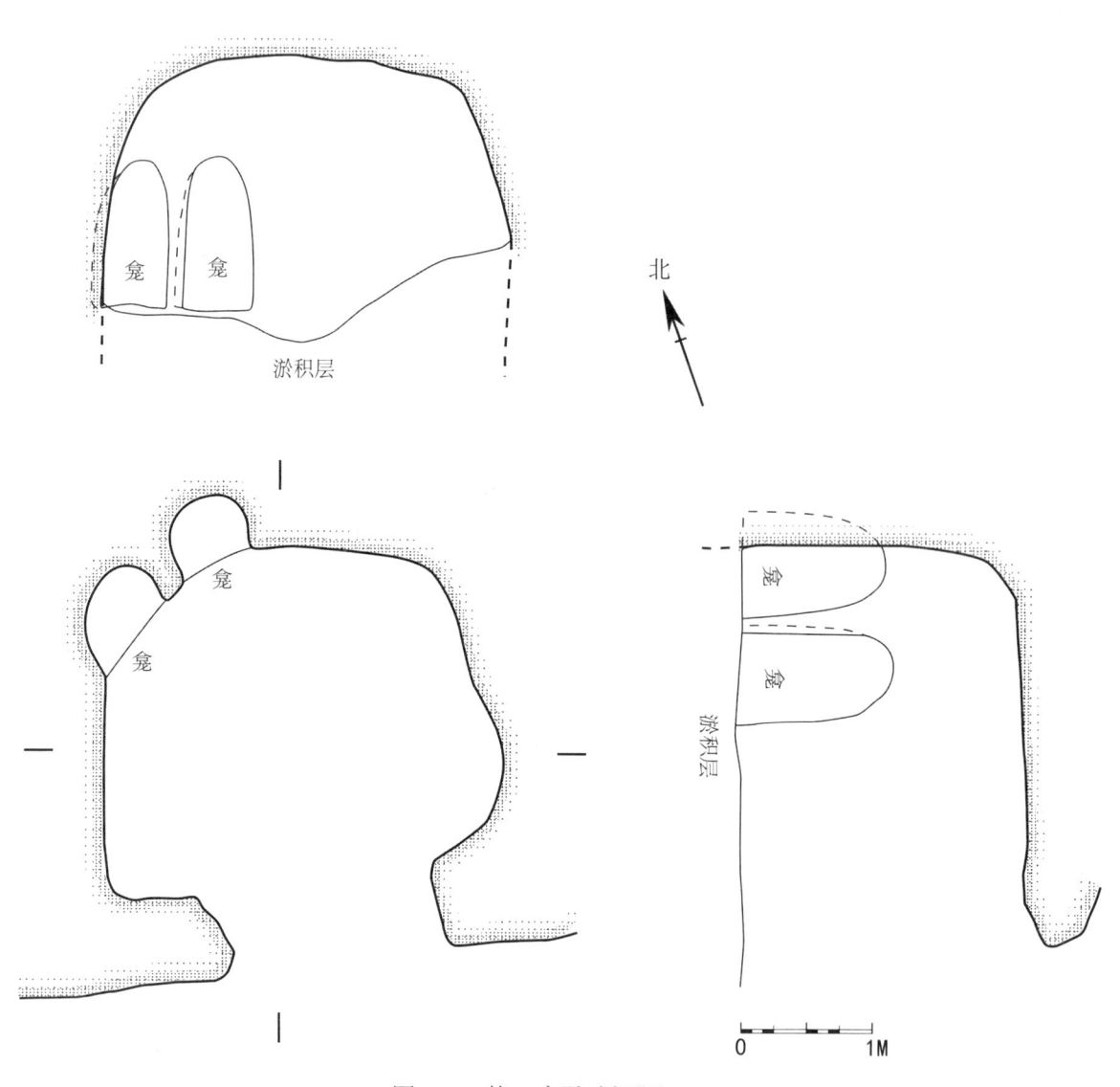

图9-28 第20窟平、剖面图

内容与现状

窟室后壁呈平缓弧形。窟口坍塌,残存左右两侧门墙,门宽不可辨识。窟室东北角有一道裂痕。西北角处的龛正壁及顶涂抹草拌泥,上涂白灰,因烟熏呈黑色。窟顶涂抹一层薄薄的草拌泥,因烟熏呈黑色。窟门前方是一处东西长12米,南北宽10米的平台。

第21窟

位置

位于第14—20号窟东南侧的另一处崖体下方,中间由一道水冲沟相隔。方向286°。

形制

长方形平顶窟。窟室进深3.35、宽2、高1.9米。窟口宽1.6米。**正壁**长2米,居中位置有一像台,位于距左右两壁均为0.65米处,像台残长0.9、进深0.6、高0.2米。**左侧壁**长3.1米。**右侧壁**长3.1米(图9-29)。

内容与现状

窟室顶部有小裂缝,后部涂抹草拌泥、涂白灰、绘壁画,壁画可见红色、黑色颜色,内容不可辨识。

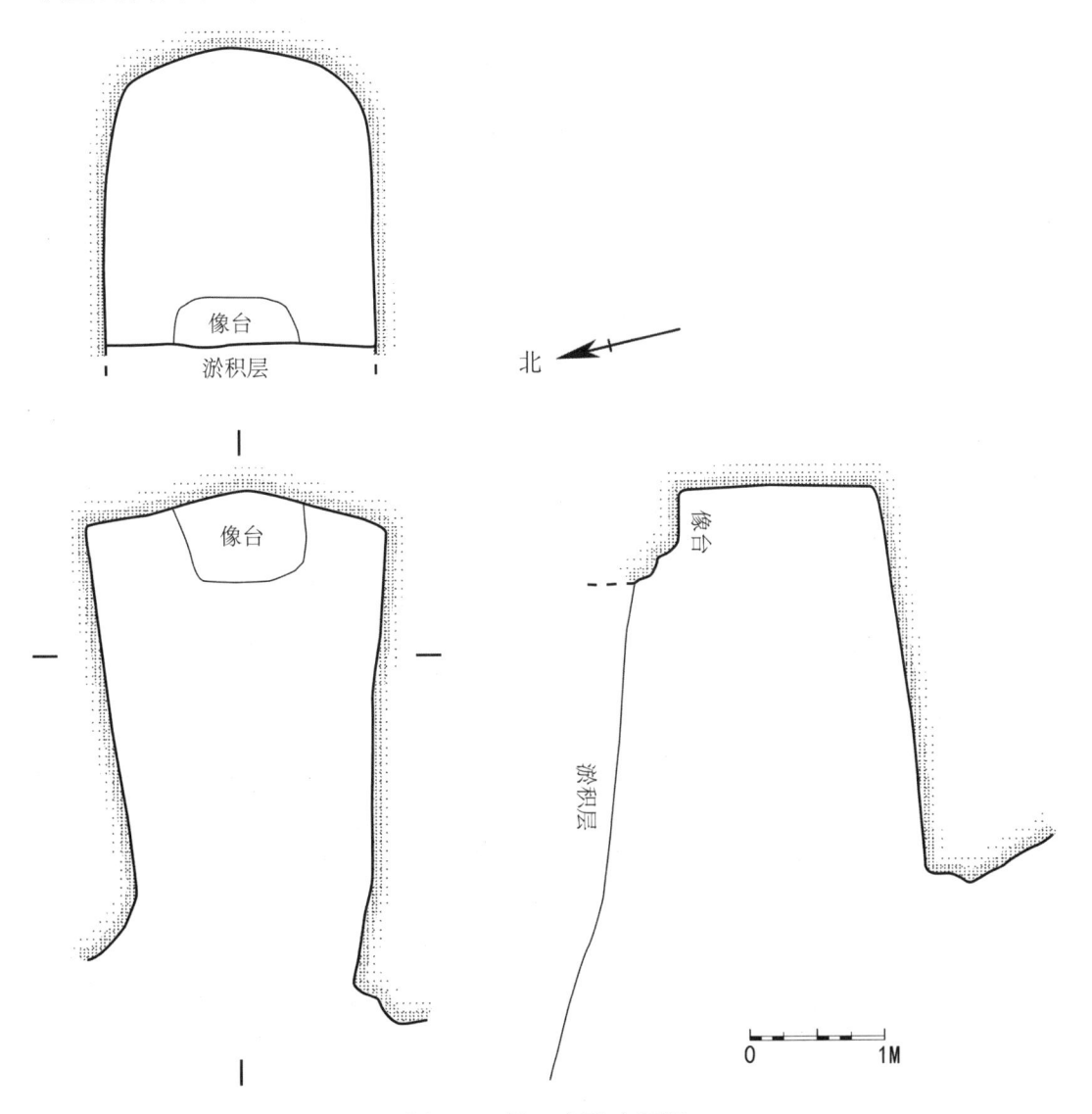

图9-29 第21窟平、剖面图

忙得古力石窟

第十章　忙得古力石窟

忙得古力石窟位于吐鲁番市鄯善县连木沁镇曲旺克尔村西南2千米处、火焰山北麓峡谷，开凿在色勒格克孜库木河北岸东西长约100米、高约20米的崖壁上。2007年，被鄯善县人民政府公布为县级文物保护单位。

忙得古力石窟现存洞窟12个，洞窟均为坐北朝南，多已坍塌，时代为晋至唐时期。石窟所在崖体可分为上下五层，洞窟沿着崖体上下错位分布在中间三层中。其中最下层（第一层）和最上层（第五层）无洞窟，仅于中间三层开凿有洞窟。第1、2窟为一组，在第二层；第3、4、5、6、7窟为一组，在第三层；第10、11、12窟为一组，在第四层。

洞窟形制有中心柱窟、长方形纵券顶窟与平顶窟。石窟所处之地隶属连木沁镇，为高昌国时期的临川县和唐西州时期的临川城，直至高昌回鹘时期该城仍在使用，因此，该石窟当为古代临川城居民与僧侣礼拜和禅修之地。

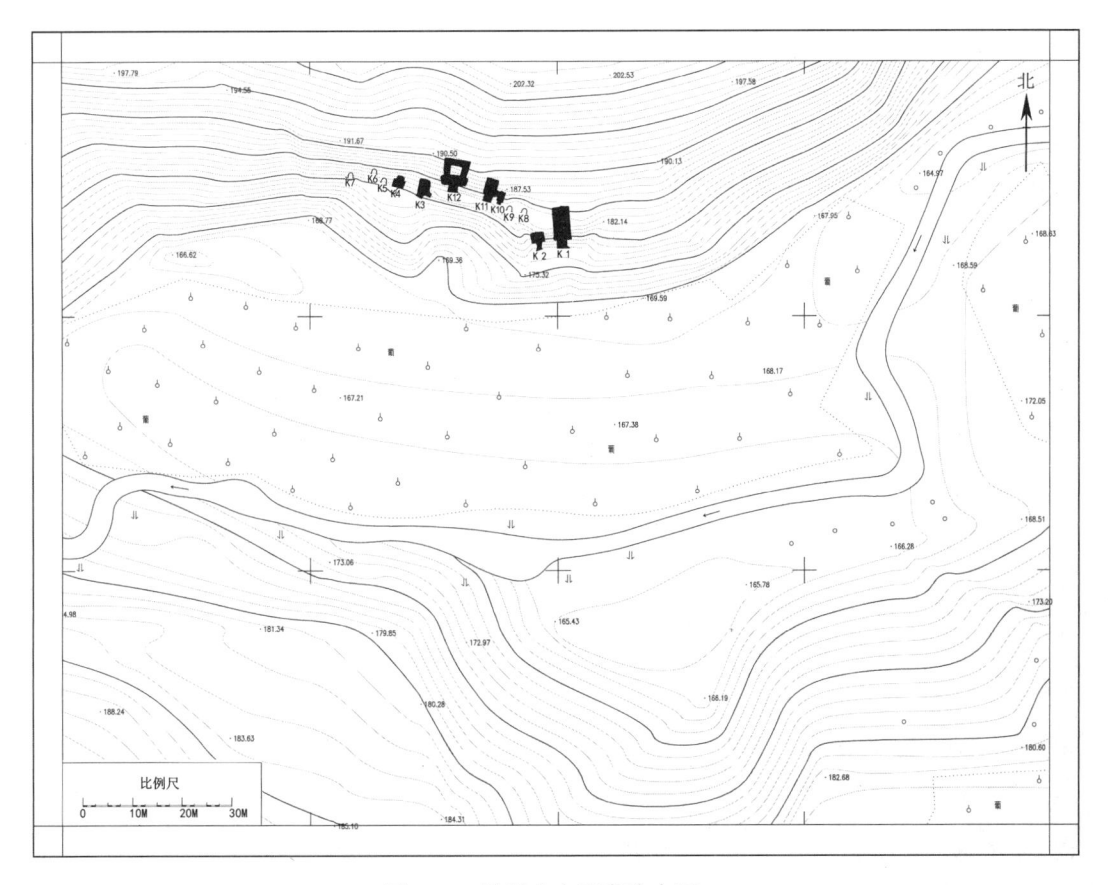

图10-1　忙得古力石窟分布图

图 10-2　忙得古力石窟立面图

第1窟

位置
位于第一层最东边。方向181°。

形制
长方形纵券顶窟。窟室进深6.5、宽3.2、高2.4米。窟口宽1.6、高1.55、门道厚1.5米,窟门距券顶0.6米。正壁长3.1米。左前壁长1、右前壁残长0.5米(图10-4)。

内容与现状
窟口坍塌,上方有一个块0.4×0.4平方米的缺口。窟室内顶部有很多裂缝,窟内有大量虚土,也有盗坑。在左前壁上一条长2.6、宽0.4、进深0.12米的烟道。无壁画无题记。

第2窟

位置
位于第一层西端,东临1号窟。方向185°。

形制
平顶窟。窟室进深2.2、宽2.65、高1.7米。窟口宽1.1、高1.88,门道厚1.15米,窟口距顶0.35米。左前壁长0.57、右前壁长0.83米(图10-5)。

内容与现状
窟内顶部有裂隙。门道右侧有一条长1.5、宽0.1、厚0.35米的烟道。窟内无壁画与题记。

第十章 忙得古力石窟

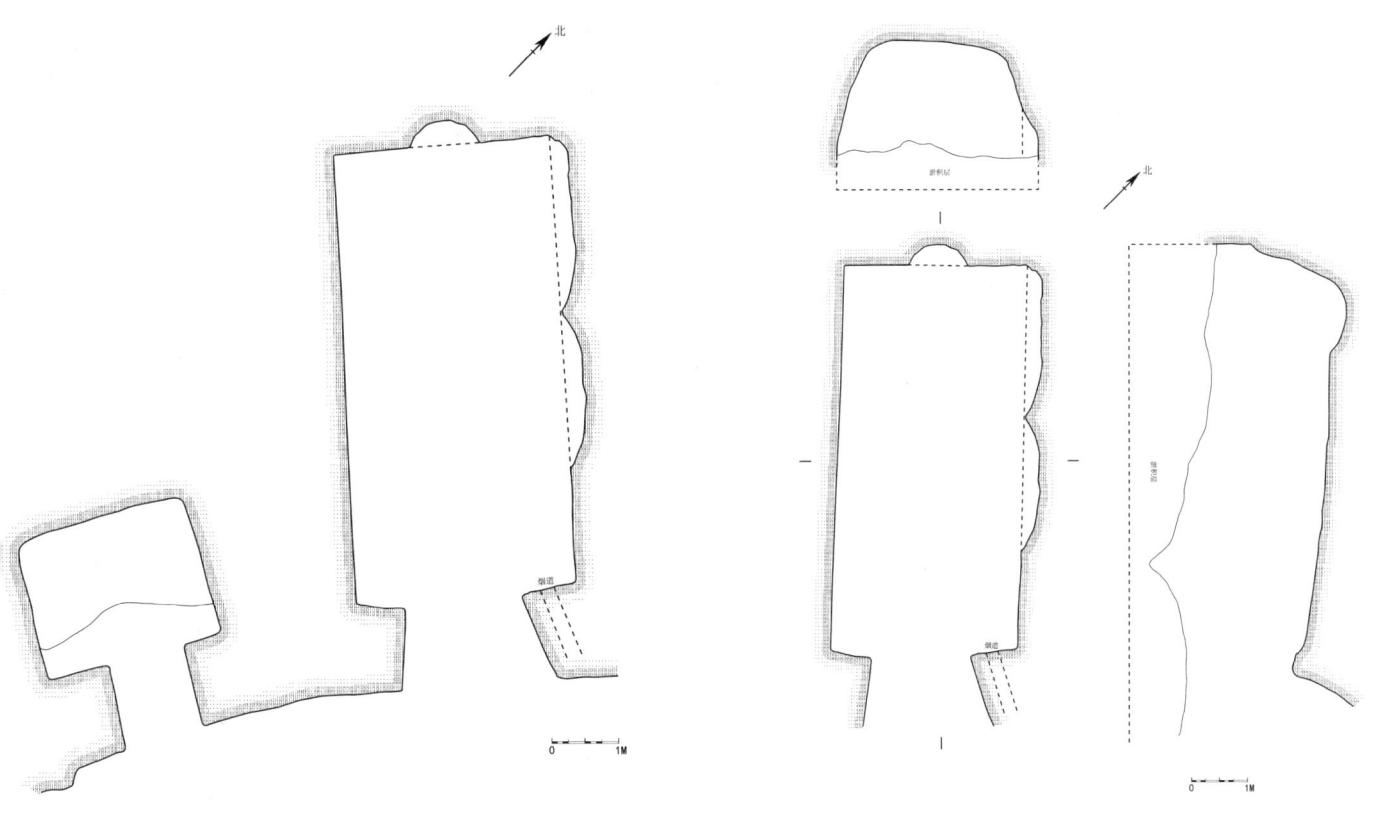

图10-3 第1—2窟联合平面图

图10-4 第1窟平、剖面图

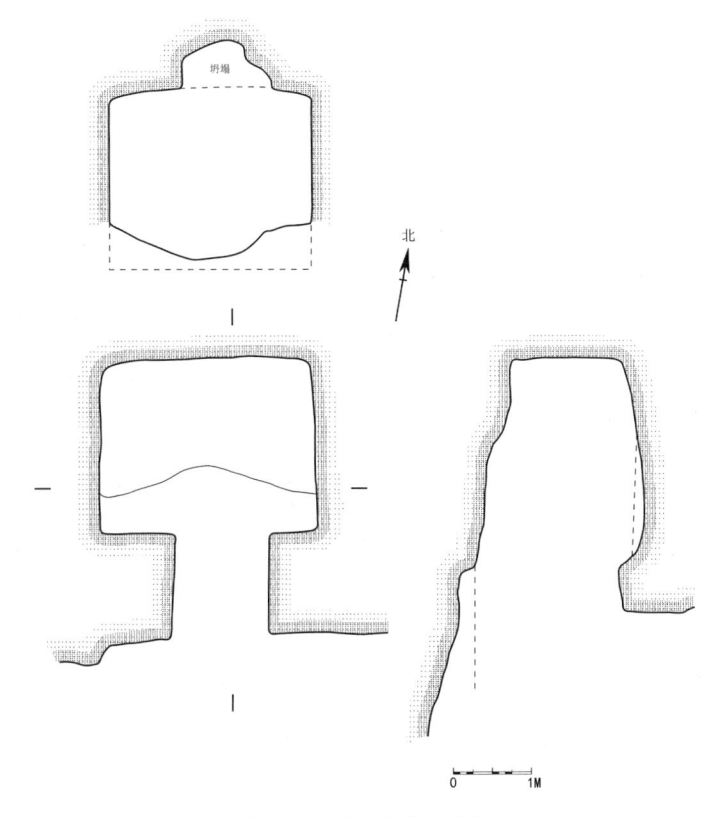

图10-5 第2窟平、剖面图

·225·

第3窟

位置

位于第二层最东边。方向194°。

形制

平面呈不规则状,稍近长方形。窟室进深1.7、宽2.7、高1.55米。窟口宽1、高1.7、门道厚0.75米。左前壁残长0.85米(图10-6)。

内容与现状

顶部坍塌,距窟口1.4米处有大盗坑,长1.75、宽1.1、深1.4米。窟内堆积大量虚土,内残留烟道一直延伸至窟门外侧,因存盗坑无法测量。窟室右壁有一门道通向第4窟。窟内无壁画与题记。

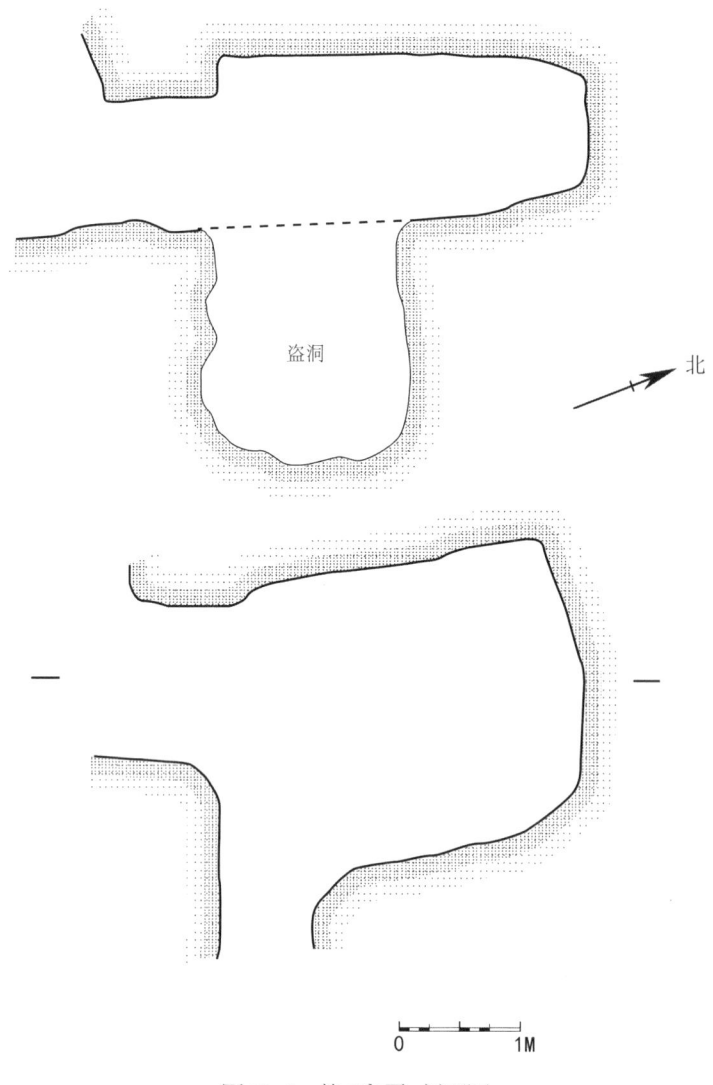

图10-6 第3窟平、剖面图

第4窟

位置

位于第二层,东临第3窟。方向188°。

形制

形制不明。从坍塌残存的一个斜面看,疑似覆斗形。根据残存遗迹判明窟门宽0.7、门道厚0.8米。**正壁**底部现存完整,长2.5、残高0.7米。**左侧壁**保存完整,长4.3、残高0.85—1.15米,左侧壁前部与前壁连接处有一门道通向第3窟,门道宽1.12、高1.07米,门道墙厚0.92米。**右侧壁**残长1.05、残高1.0米(图10-7)。

内容与现状

前壁左侧保存完整,有一长1.1、残高1.45米烟道斜向外伸出。窟室左壁、正壁底部保存完整。左壁通向第3窟的门道,残存起券痕迹,抹泥皮,上涂白灰,白灰上有氧化成黑色的颜料图形。

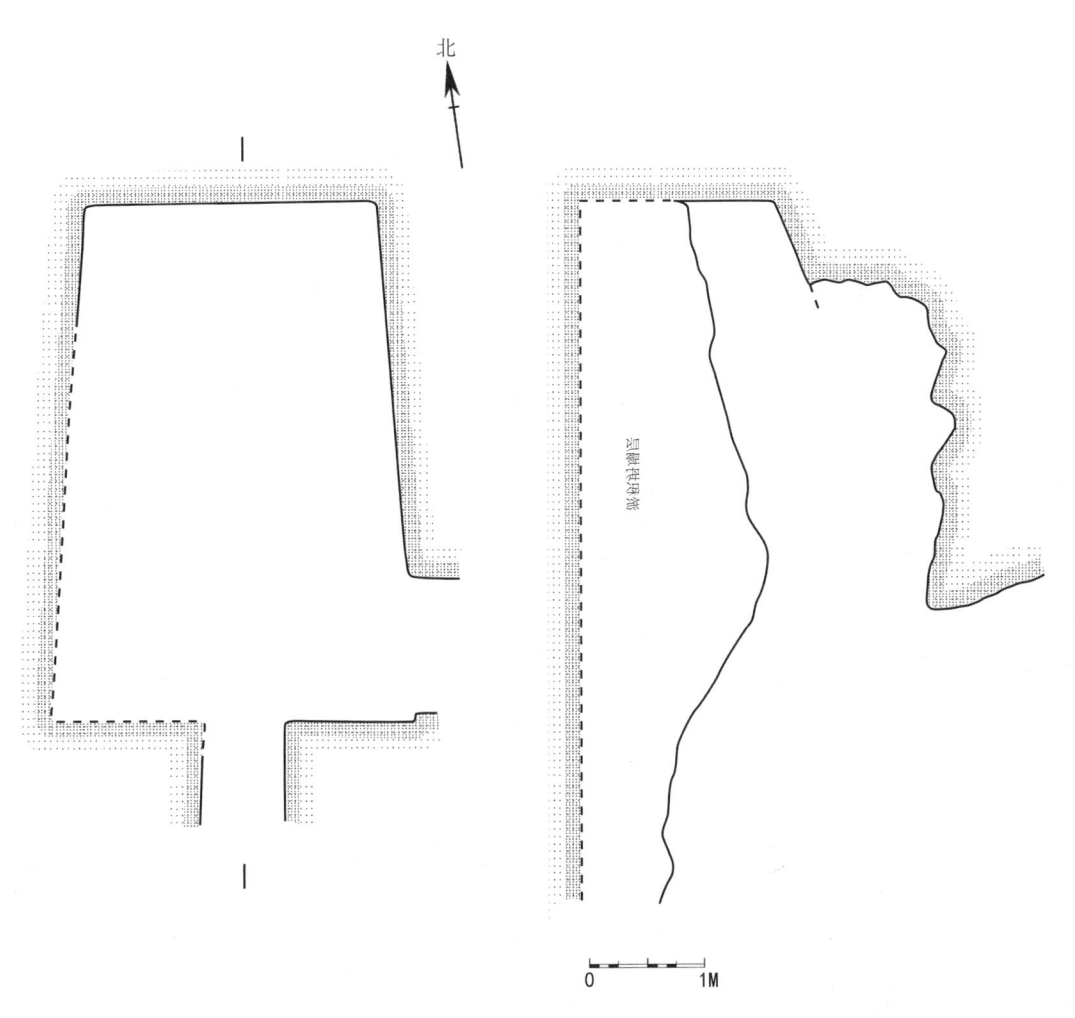

图10-7 第4窟平剖面图

第5窟

位置

位于第二层,东临第4窟。方向190°。

形制

形制不明。平面呈长方形。门道位于窟室左侧。门道宽0.95、残存券面宽0.7米,门道左侧残高0.23米,左侧壁及门道左壁总长3.95米;门道右侧残长1.8、残高0.15米。窟室正壁长2.8米。前壁长1.75米。右侧壁长1.2米(图10-8)。

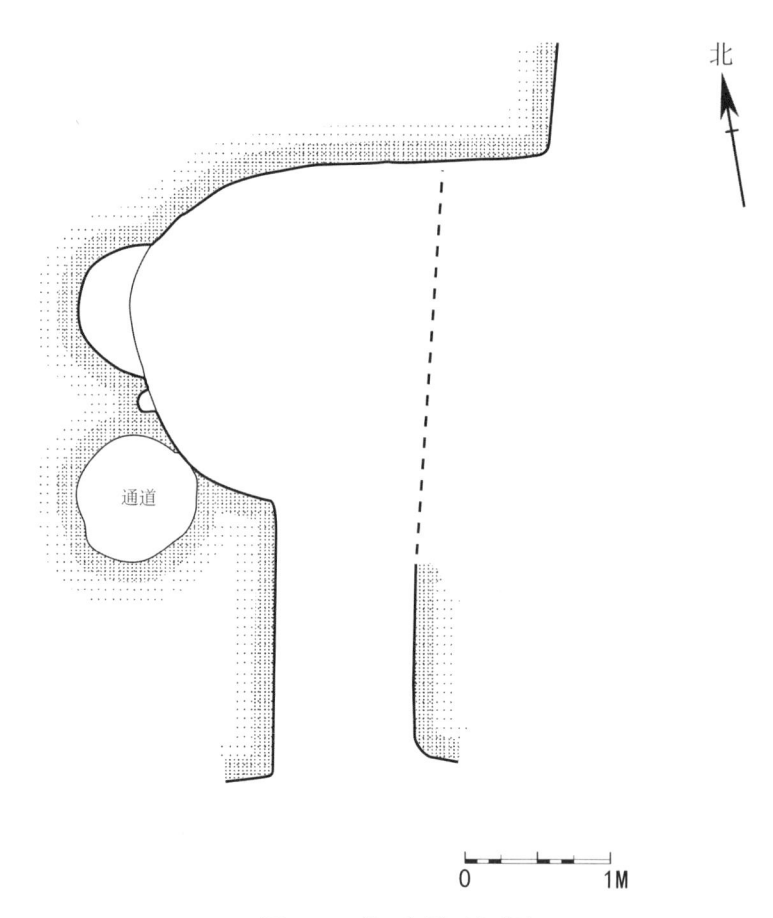

图10-8 第5窟平、剖面图

内容与现状

窟室坍塌,高度均不可测。**正壁**偏西有一直径0.8米的近似圆形的通道直上与第6窟的窟前平台相联通,上通道高1.7米,上通道的南侧壁有明显的脚窝3处,东侧壁有脚窝2处。**右壁**与前壁连接拐角处有一凹进处,左、右两侧各残存草拌泥两小块,似为像龛,宽0.9、进深0.4、高1.5米,内部有一直径0.17米、进深0.13米的柱孔。

从第4窟与第5窟坍塌处后部测量得二窟之间墙体厚度为0.85米，二窟之间是否相联通因坍塌严重不得而知。第4窟与第5窟窟前与窟顶整体坍塌，呈长4、高1.7、厚0.5—1米的大土块。大土块下部可见4号窟与5号窟门道的券面及泥皮，泥皮上有部分氧化的颜料。第5窟门前3米处有一长3、宽2、高3米的立方体土块，一面上有大片泥皮，系从第6窟窟前平台上坍塌下来部分。第3—5窟前有一东西长6.7、南北宽5.5米的平台。平台上似有墙体遗迹，因盗挖及坍塌大土块遮压，无法判明。窟内无壁画与题记。

第6窟

位置

位于第二层最高位置。方向178°。

形制

平顶窟。窟室宽2.3、高2.05米。**正壁**有一大龛，距窟顶0.5米、位置居中，宽1.6、进深0.85、高1.55米，为石质且石块较大，涂抹厚0.03米的草拌泥。**左侧壁**残长0.57米。**右侧壁**残长1.58米，涂抹草拌泥（图10-9）。

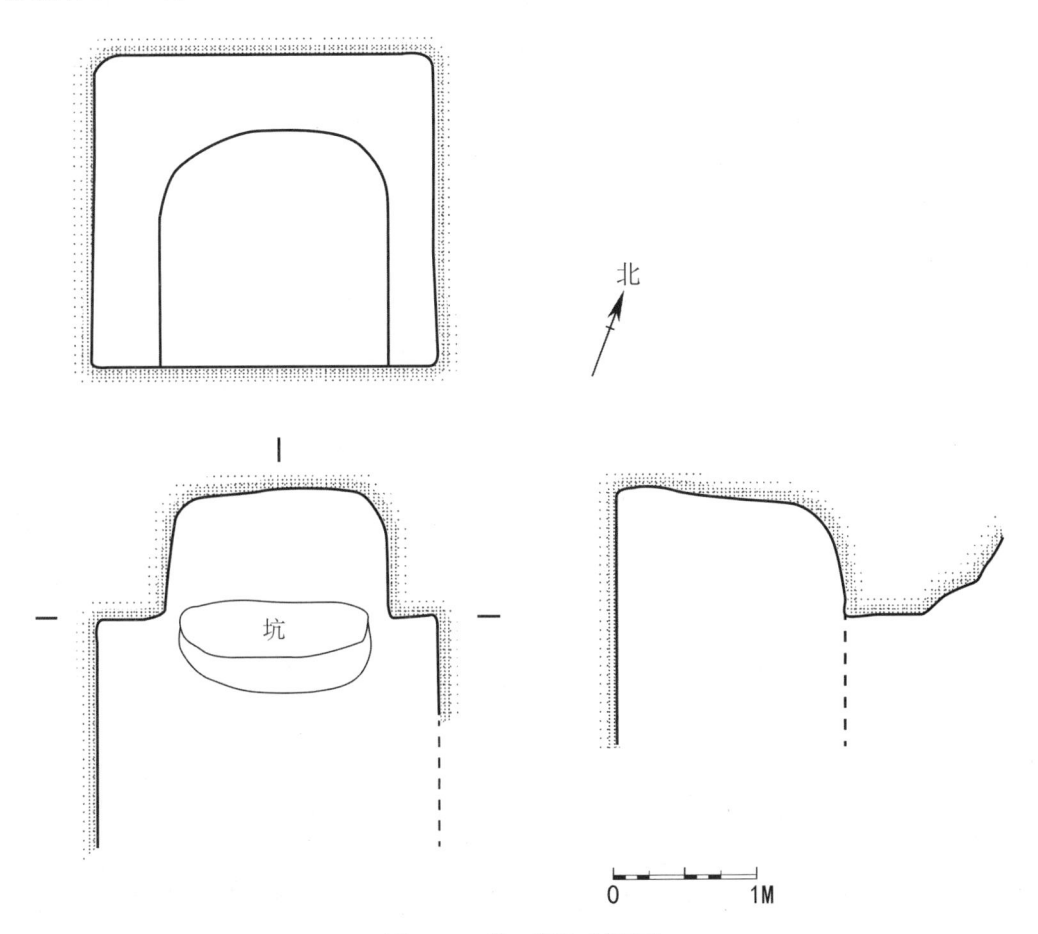

图10-9 第6窟平、剖面图

内容与现状

正壁有一大龛,龛正前方有一盗坑,东西长1.2、南北宽0.6、进深0.5米。左侧壁向东1.1米处有一竖通道,与第5窟连通,内抹泥皮、有脚窝。左侧壁以东当为一窟前平台,现有坍塌。窟内无壁画与题记。

第7窟

位置

位于第二层最西端。方向192°。

形制

形制不明。窟室进深2.6、宽2.93、残高1.5—2.7米。窟口残宽1.2米。

内容与现状

坍塌严重。前壁坍塌不存,窟内石质明显,且大块出现,夹杂岩片。窟内无壁画与题记。

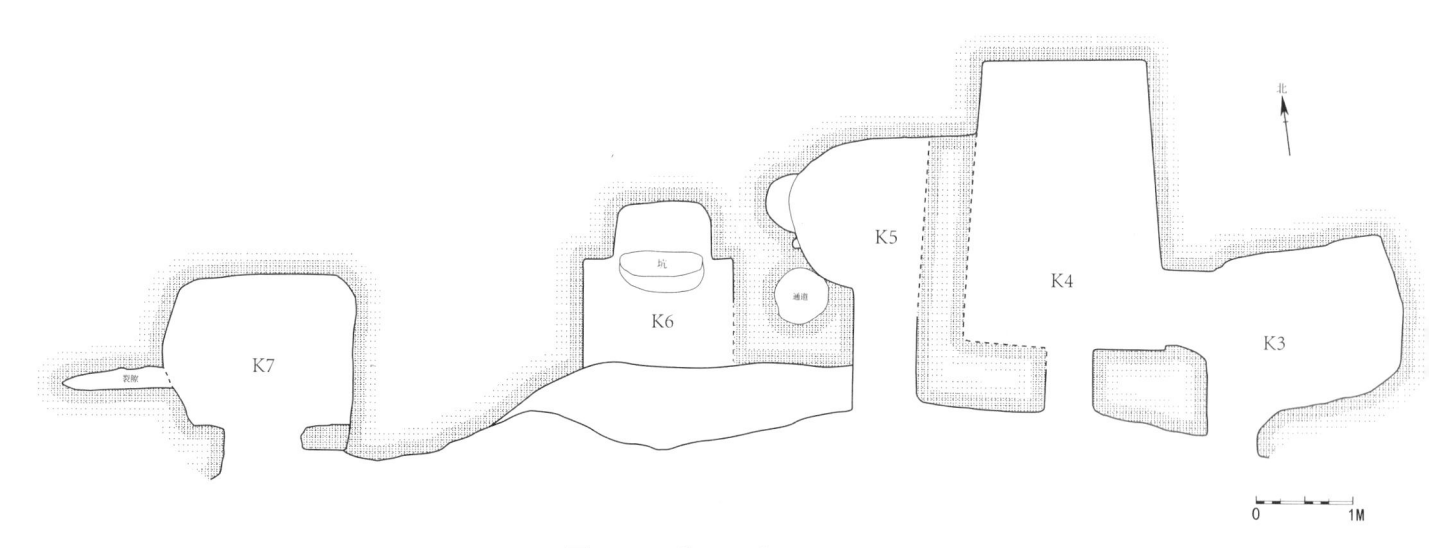

图10-10　第3—7窟联合平面图

第8窟

位置

位于第三层最东端,与第9窟相连。方向281°。

形制

平面呈南北长方形。窟室进深3.45、宽2.65、残高2.25米。南壁宽0.5—1.5米,距窟室地面高约1.1米(图10-11)。

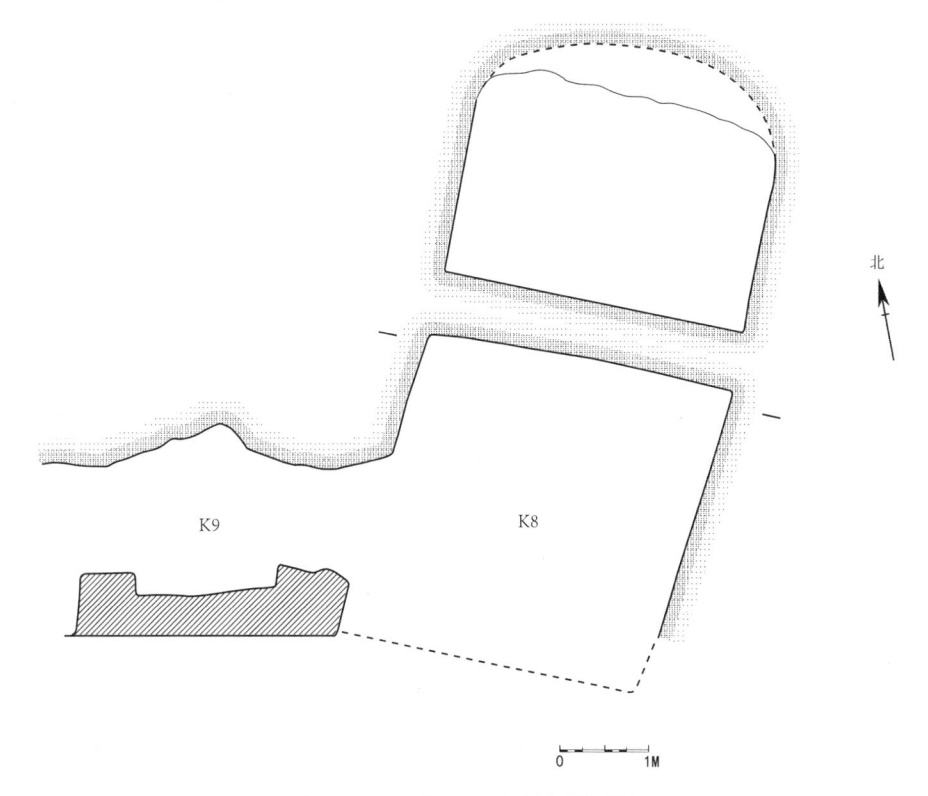

图 10-11　第 8—9 窟联合平面图

内容与现状

顶部已经完全坍塌，现存正壁、左壁、右壁均有草拌泥，前壁处多坍塌土块及积土，无法判明前壁处是否有窟门。前壁积土紧邻悬崖壁，正下方稍偏东为 2 号窟。左壁与第 9 窟有一通道连通，通道门宽 1.15、残高 1.15 米。北（正）壁因整块崖体结构失稳松动而稍下移，导致正壁处似有起券。右壁距正壁 0.4 米处有一被盗挖的洞，深入山体，长 0.5、宽 0.4、深 1.5 米。窟室地面距正壁 0.6 米处东西向被盗挖一条沟，长 2.6、宽 0.3—1.5、进深 0.4 米。窟内无壁画与题记。

第 9 窟

位置

位于第三层与 8 窟相连。方向 281°。

形制

长方形纵券顶窟。窟室进深 1.6、宽 1.6、残高 1.3 米。窟室内及窟门口有东西长约 3、南北宽约 1.2、深 10 米的大盗坑。

内容与现状

现存南壁及券面、下部完整的窟门南侧部分及东壁通向第 8 窟的通道。南壁存大片泥皮。顶部已经完全坍塌，第 9 窟通向第 8 窟的通道呈喇叭形，靠近第 8 号窟处口大。窟内无壁画与题记。

第10窟

位置

位于第三层中部,西临第11窟,并与之相通。方向183°。

形制

长方形纵券顶窟,顶部稍显平。窟室进深2.1、宽1.07、高1.45米。窟口宽0.8、高1.45、门道厚0.53米。左前壁长0.1、右前壁长0.15米。右、前壁连接处、距地面0.25米处有一龛,宽0.35、进深0.25、高0.3米。与10号窟相通的门位于距前壁0.95米处,门宽0.9、高1.35、门道0.5米(图10-12)。

内容与现状

左、右侧壁及窟顶上有草拌泥、涂白灰。正壁中部与地面连接处被盗挖一小洞,直径0.2、进深0.4米。窟门口是与9号窟窟内、窟口连接形成的大盗坑,现无法从该窟窟门口进出。窟内无壁画与题记。

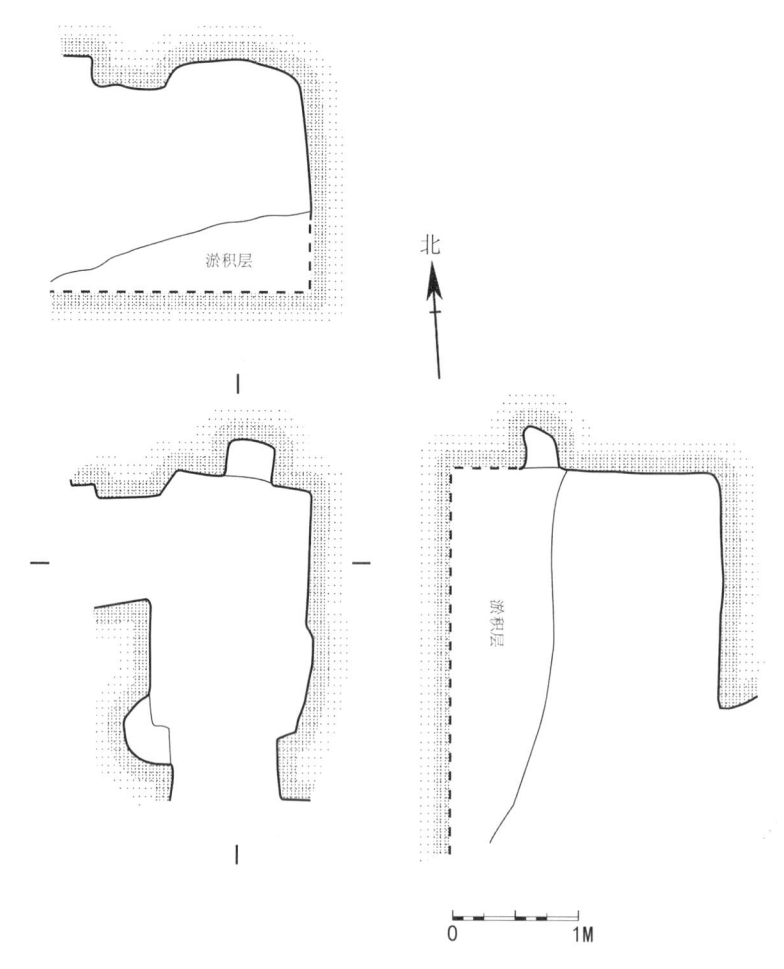

图10-12 第10窟平、剖面图

第11窟

位置

东临第10窟,并与之相通。方向189°。

形制

长方形纵券顶窟。由南北向长方形纵券顶窟及主室前壁以南的半椭圆形前室构成。窟室进深3、宽2.35、高2.25米。前壁残长2.45、墙体高1.07米。左侧壁长2.9米。左壁前部有通向10号窟的方形门框,宽1.1、高1.6、厚0.25米,抹泥皮,上涂白灰,门洞为券顶。左壁距正壁0.8、距地面0.7米处有横长0.6、深0.05、高0.1米的槽道,槽道向上0.4、距正壁0.8米处有一正方形小龛,边长0.2、进深0.13米。该正方形龛以北0.25米处有一方形柱洞,柱洞边长0.15、深0.25米。右侧壁长3米,有一龛,位于距正壁0.25、地面1.22米处,宽0.45、高0.42、进深0.4米;紧邻龛有一深洞,宽0.24、高0.17、进深0.5米(图10-13)。

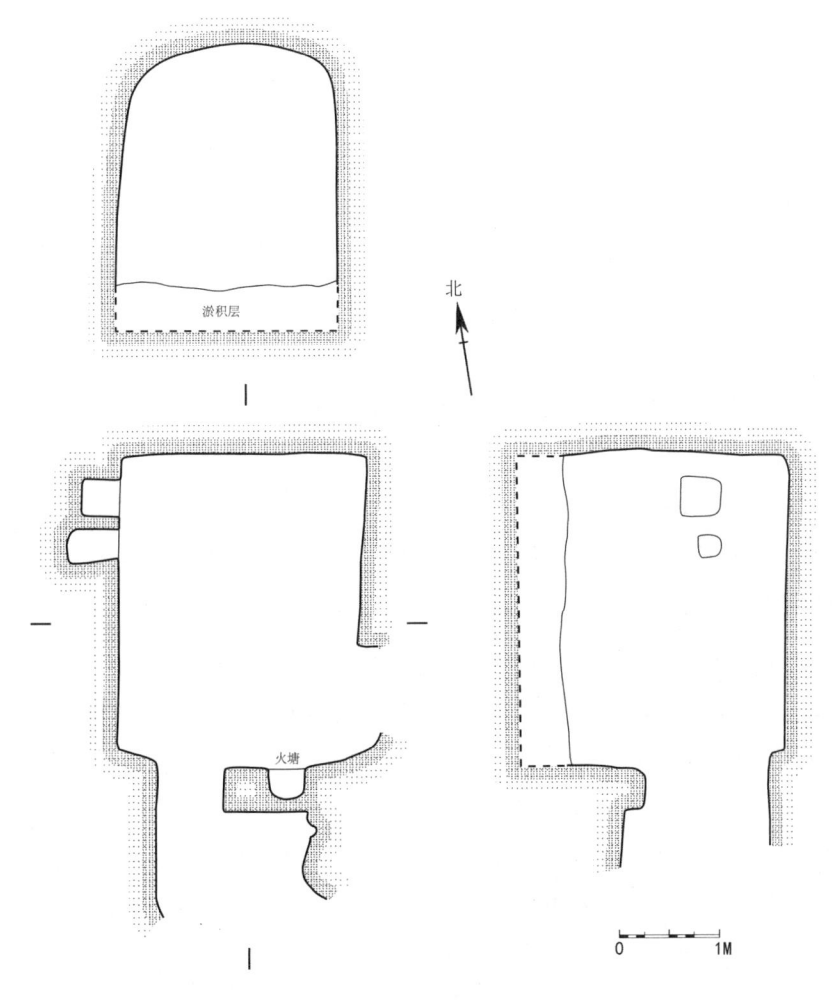

图10-13 第11窟平、剖面图

内容与现状

正壁、左壁、右壁、窟顶均涂抹有厚0.03米的草拌泥、涂白灰，有红色颜料痕迹。**正壁**紧靠左壁、距地面0.6米处有一近方形的后期人为破坏挖成的似龛的破损部分，边长0.45、深0.2米。窟室西北角被盗挖南北长1、东西宽0.8、深0.4米的坑，边上堆积土块虚土。正壁泥皮脱落处有现代汉文、维吾尔文杂乱刻划。**右壁**龛下0.35米处有一长1.15、进深0.1、高0.1米的槽道，槽道南端有一较大的方形龛状破损，系后期人为盗挖而成。主室前壁以南的半椭圆形前室的顶部被大部分破坏打开而形成现在进出该窟的门道，因10号窟前有大盗坑被阻挡出入。在前室与主室之间为前壁，厚0.3米，前壁右半全塌，与主室形成一级台阶形供出入；前壁左半上部坍塌，下部存宽1、高1米的墙体，系凿挖而成，中下部破一三角形孔洞，连接一烟道，或许为后期形成。前壁靠主室侧残存大片深红色颜料，为壁画，内容无法辨认。前室左、右壁较主室左、右壁均偏内，整体较小。疑前室早期为崖体之一部分，未破开或至少在其正南面开一小窗，现在部分坍塌而形成目前样式。前室正上方有一片泥皮，上涂白灰。残存有壁画颜料，壁画内容不清晰，无题记。

第12窟

位置

位于第三层最西端。方向184°。

形制

中心柱窟。窟门坍塌，窟口宽1.75、左门道厚1.05、右门道厚1.35米。前壁左侧长1米、右侧长1米。左侧壁长4.95米。**中心柱**位于距洞窟前壁1.85米处，中心柱的前壁长1.95、后壁长2.4、左壁长1.8、右壁长1.8米。中心柱四面均有像龛。**前壁**上的像龛宽1.5、高2、最深处为0.3米。像龛内中部距地面1.1米处有一方形孔洞，边长0.3、进深0.5米，当为固定塑像之用；从残存遗迹判断，该塑像带头光。**左、右壁**的像龛因积土及被盗挖的岩石块堆积，仅见头光部分，尺寸无法测量。**后壁**像龛下方及后甬道、中心柱后部被盗挖出一个大深坑，东西长1、南北宽0.5、深1.7米。前室左右两边各有一龛，左壁的龛位于距前壁0.1、距地面1.55米处，宽1.65、进深0.5、高1.1米。右壁长5.05米，龛位于距前壁0.1、距地面1.43米处，宽1.63、进深0.42—0.53、高1.35米。甬道后壁长5.3米，左、右两侧各有一龛，左侧龛宽1、进深0.4、残高0.8米；右侧龛宽1.05、进深0.35、高0.8米。甬道宽1.1、高2.35米（图10-14）。

内容与现状

前甬道为平顶，在左、右壁前部龛以上0.2米处及中心柱正壁像龛以上0.2米处均有横槽道，高约0.15米。左、右壁及中心柱正壁上方各有两个正方形柱孔，边长0.2或0.25、进深0.2米。从这些遗迹可以判断出原来有檐前建筑。后甬道后壁上草拌泥泥皮厚度约0.01米。后甬道左、右两侧龛内均有用于固定塑像的柱孔，龛内裸露大块岩石，土质极少。窟内有多处壁画残迹，泥皮上涂白

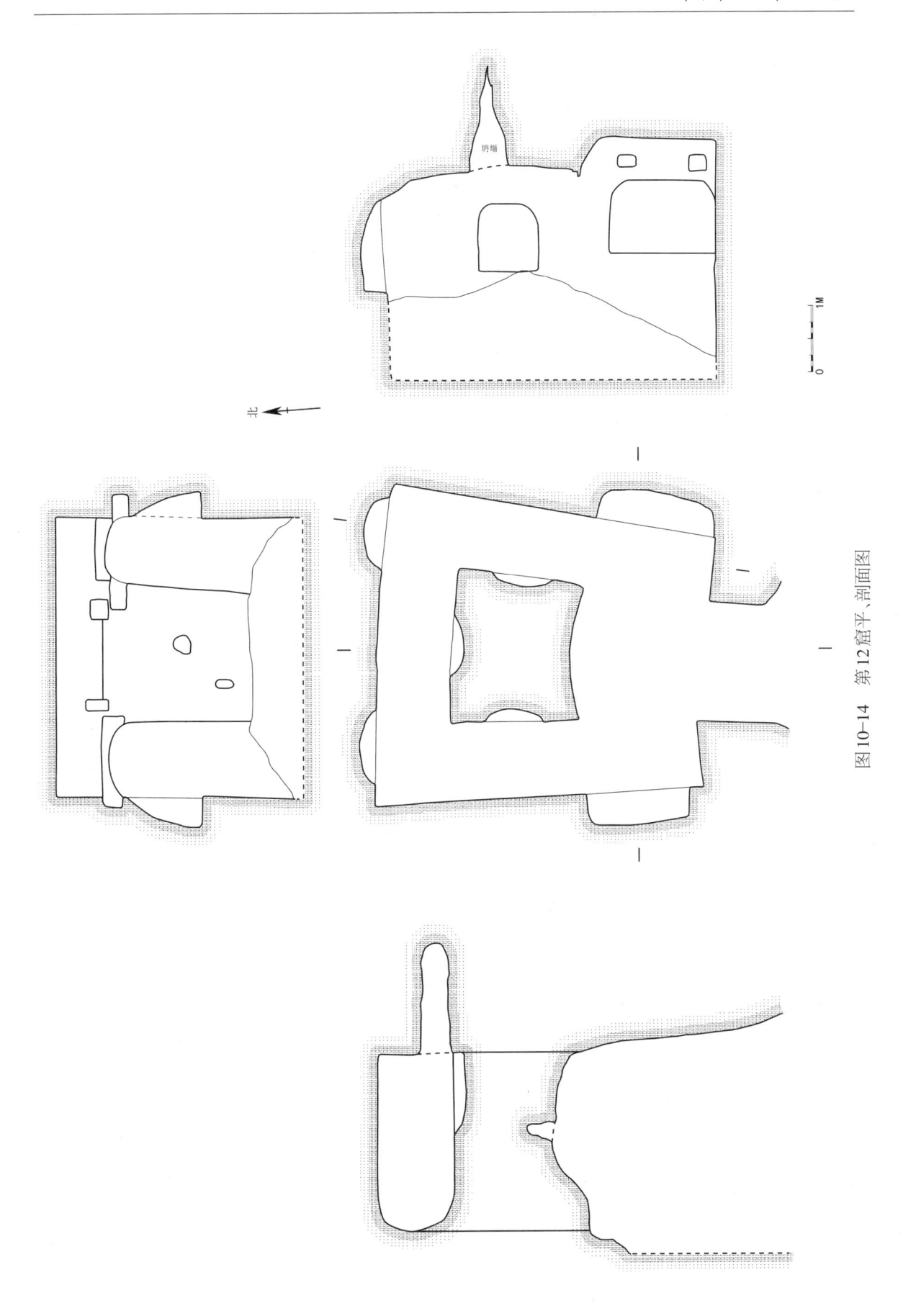

图10-14 第12窟平、剖面图

灰，上有红色壁画。前甬道墙角下残存多处壁画。右甬道右壁处存大片壁画，被积土及岩石块掩埋，可见者有宽0.2、高0.25米的千佛，上下可见5排，前后残存3竖排，整片千佛处残破不完整。千佛以北当为一立佛。左甬道左壁下部亦有壁画大片被掩埋。后甬道后壁中部有一片壁画，但多已漫漶不清。无题记。

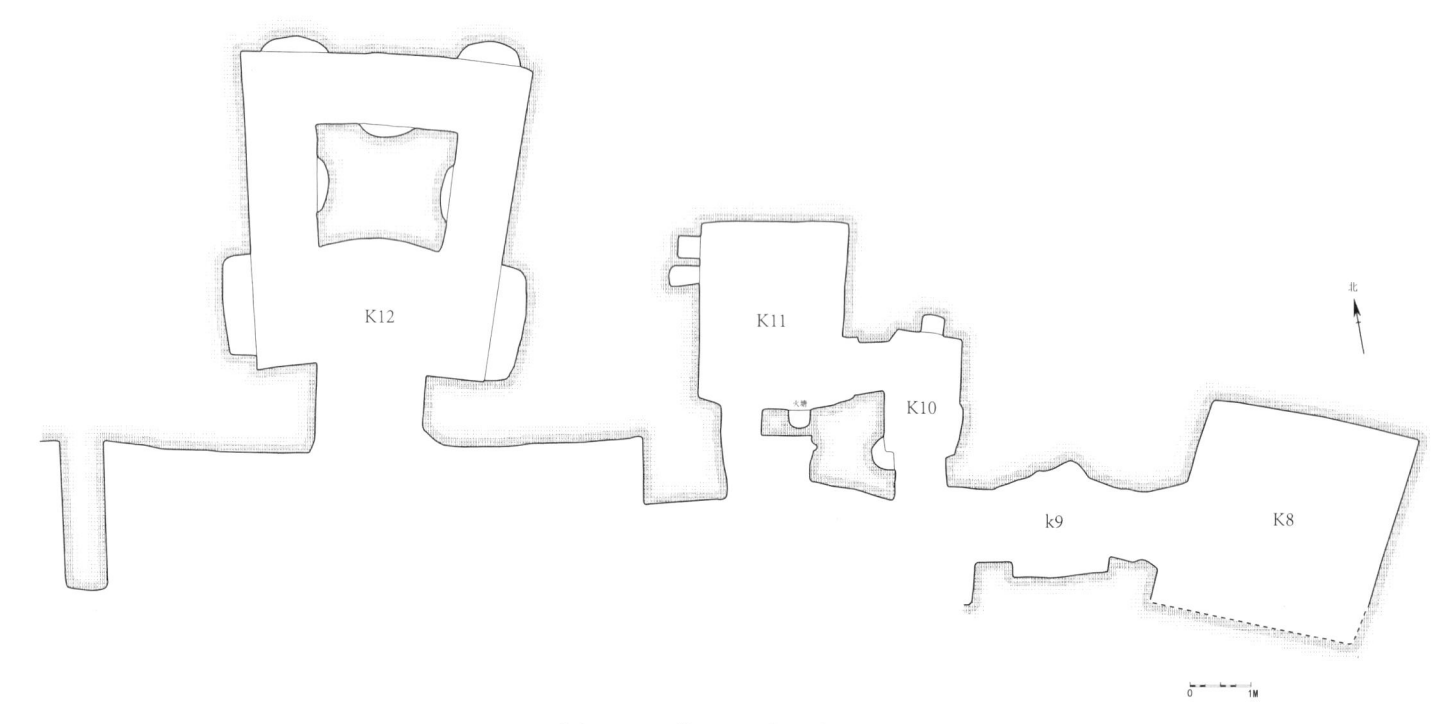

图10-15　第8—12窟联合平面图

苏贝希石窟

第十一章 苏贝希石窟

苏贝希石窟位于吐鲁番市鄯善县吐峪沟乡苏贝希夏村西南约2.5千米。2006年，被鄯善县人民政府公布为县级文物保护单位。

苏贝希石窟坐西朝东，其所在的吐峪沟大峡谷崖壁的崖体为砂石土山质。洞窟距地面约20米，距悬崖顶部约25米。苏贝希河穿过大峡谷，在石窟崖体底部经过。石窟所在崖体上部为苏贝希遗址，毗邻苏贝希墓群。在苏贝希遗址和苏贝希墓群中间修建有南北向连心路依山穿过。

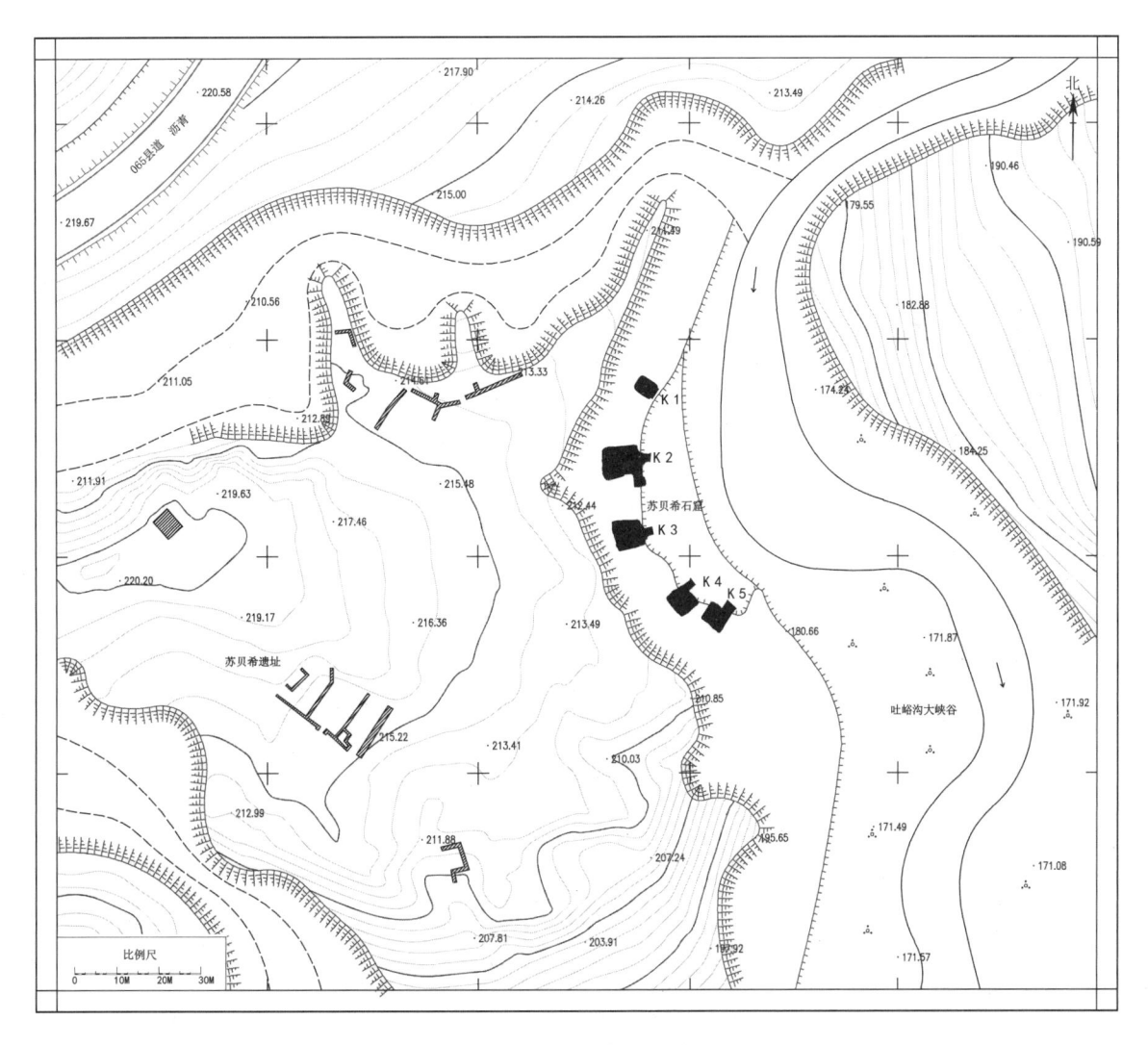

图11-1　苏贝希石窟分布图

图11-2 苏贝希石窟立面图

苏贝希石窟修建于元代。现存5个洞窟，从北向南依次编为第1—5窟，形制均为平面呈长方形的纵券顶窟。其洞窟布局和形制与大、小桃儿沟石窟相似，窟内坍塌损毁情况严重，壁画无存。

第1窟

位置

位于崖体最北端。

形制

平面呈圆角长方形，拱顶。窟室进深2.97、宽2.4、高1.60米。窟门宽1.7、深0.2、高0.92米。

内容与现状

呈长方形，没有任何装饰[1]，因窟前崖体坍塌及大裂缝无法通过、未能测量。

---

[1] 因窟前崖体坍塌及大裂缝无法通过、未能测量。参照1988年《遗址调查发掘记录》中数据。

第2窟

位置

南邻第3窟。方向90°。

形制

长方形纵券顶窟。窟室残深5.2、残宽3.7、残高2.75米。窟口宽0.9、高0.48米,顶部向上0.7米坍塌(图11-3)。

内容与现状

窟室坍塌严重。窟口处有大量堆土,厚约1.35米。窟顶及壁面有大面积的坍塌痕迹,室内有大量积土和大土块。其中,右壁前部有一处似通道的坍塌口,宽1.45、深2.1、高1.5米。窟内无壁画与题记。

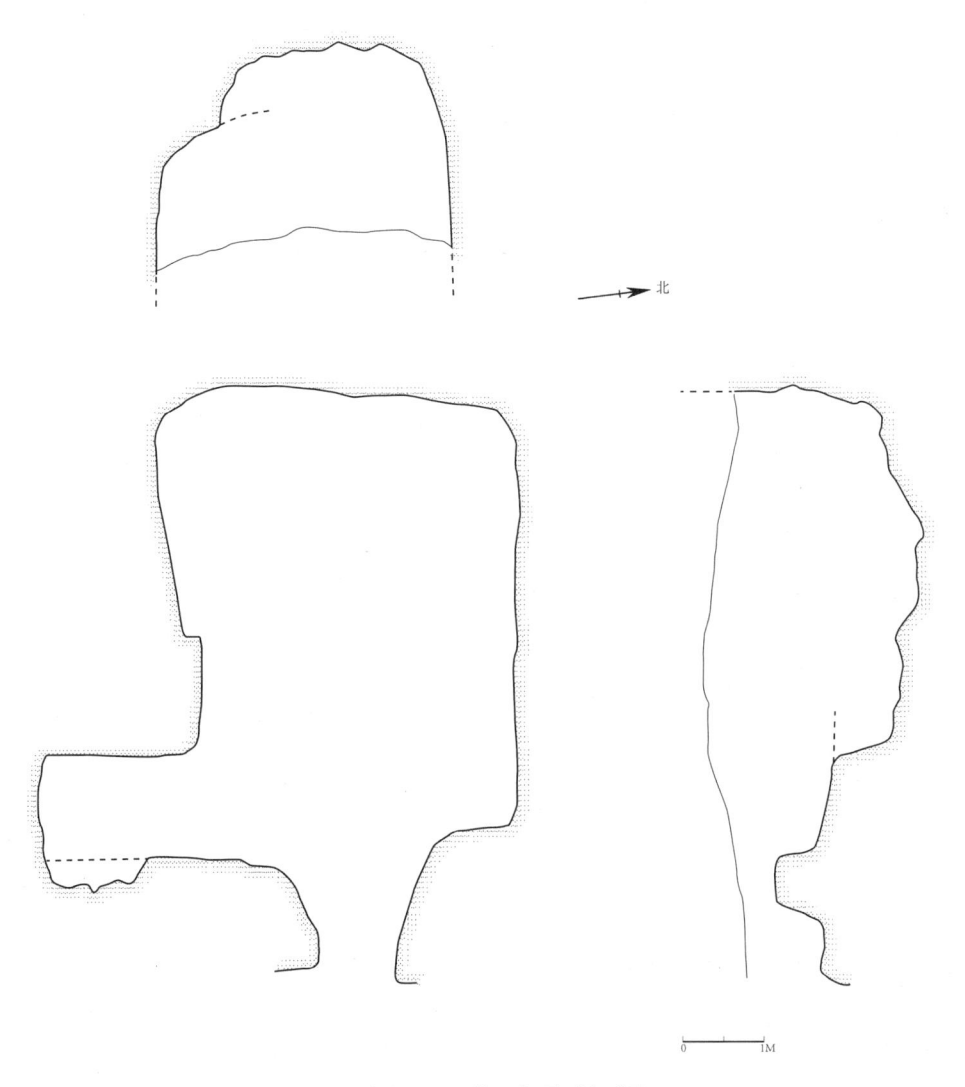

图11-3 第2窟平、剖面图

第3窟

位置

北邻第2窟,南邻第4窟。方向76°。

形制

长方形纵券顶窟。窟室残深4.05、残宽3.75、残高2.9米。窟口宽1.05、高1.15、门壁厚1.3米,顶部向上有0.5米的坍塌缺口。位于距窟口坍塌处0.96米,有一个窗户,宽0.4、高0.8米,厚度无法测量(图11-4)。

内容与现状

窟室坍塌严重。窟顶及壁面有大面积的坍塌痕迹,前壁右侧上方有一窗户,室内有大量积土和大土块,几乎填满窟室。窟内无壁画与题记。

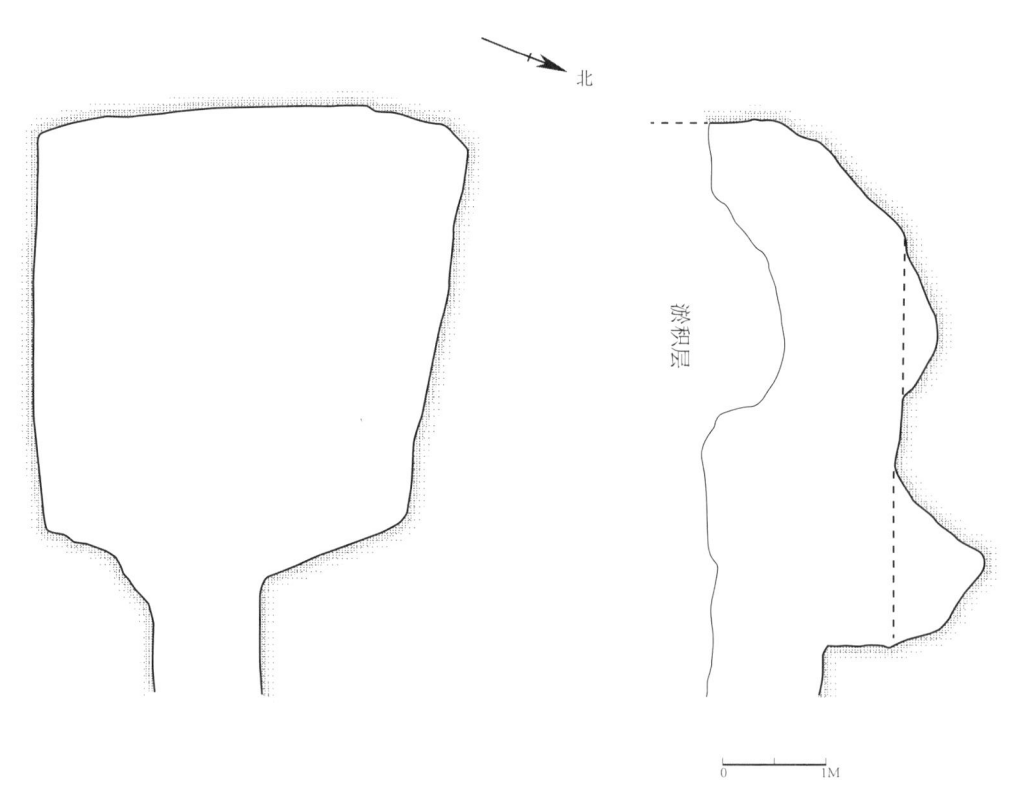

图11-4 第3窟平、剖面图

第4窟

位置

北邻第3窟,南邻5窟。方向65°。

形制

方形纵券顶窟。窟室残深3.3、残宽3.3、残高2.05米。窟口宽0.8、高1.3、门壁厚1.45米,窟口距左壁0.2、距右壁2.3米。窗户宽0.52、高0.43、深(厚)1.3米(图11-5)。

内容与现状

窟室坍塌严重。窟口处有大量积土,仅容人蹲跪进入。窟顶及壁面有大面积的坍塌痕迹,前壁右侧有一窗户,位于距窟口1.1、地面虚土层0.75米处,窟室后部顶部有东西长1.4、南北宽1.1、进深0.5米的坍塌面。窟内无壁画与题记。

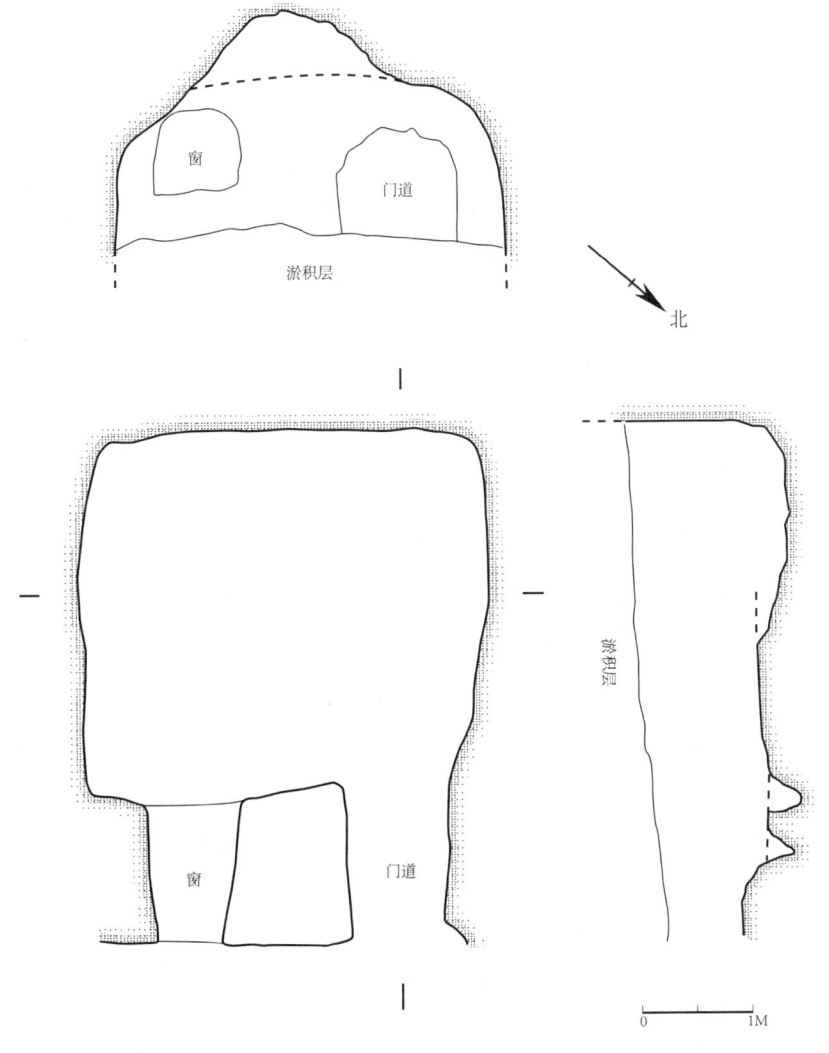

图11-5 第4窟平、剖面图

第5窟

位置

北临4号窟。方向57°。

形制

长方形纵券顶窟。窟室残深2.9、残宽3.2、残高2.63米。窟口宽1.2、高1.15、门壁厚1.7米,窟口与窟室左壁位于同一条直线上,距右壁1.85米,上方坍塌0.2米(图11-6)。

内容与现状

窟室坍塌严重。窟顶及壁面有大面积的坍塌痕迹,地面有大量积土和大土块,其中窟口处有一大土块几乎将窟口堵住。窟内无壁画与题记。

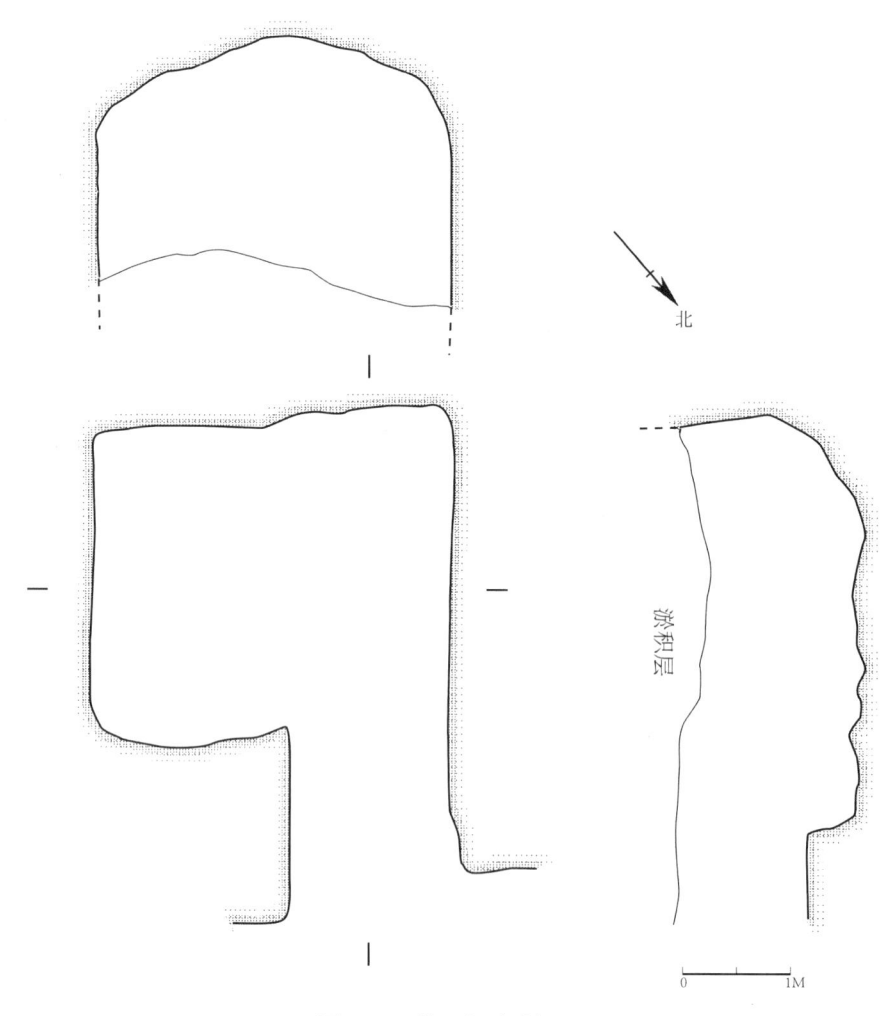

图11-6 第5窟平、剖面图

连木沁石窟

第十二章　连木沁石窟

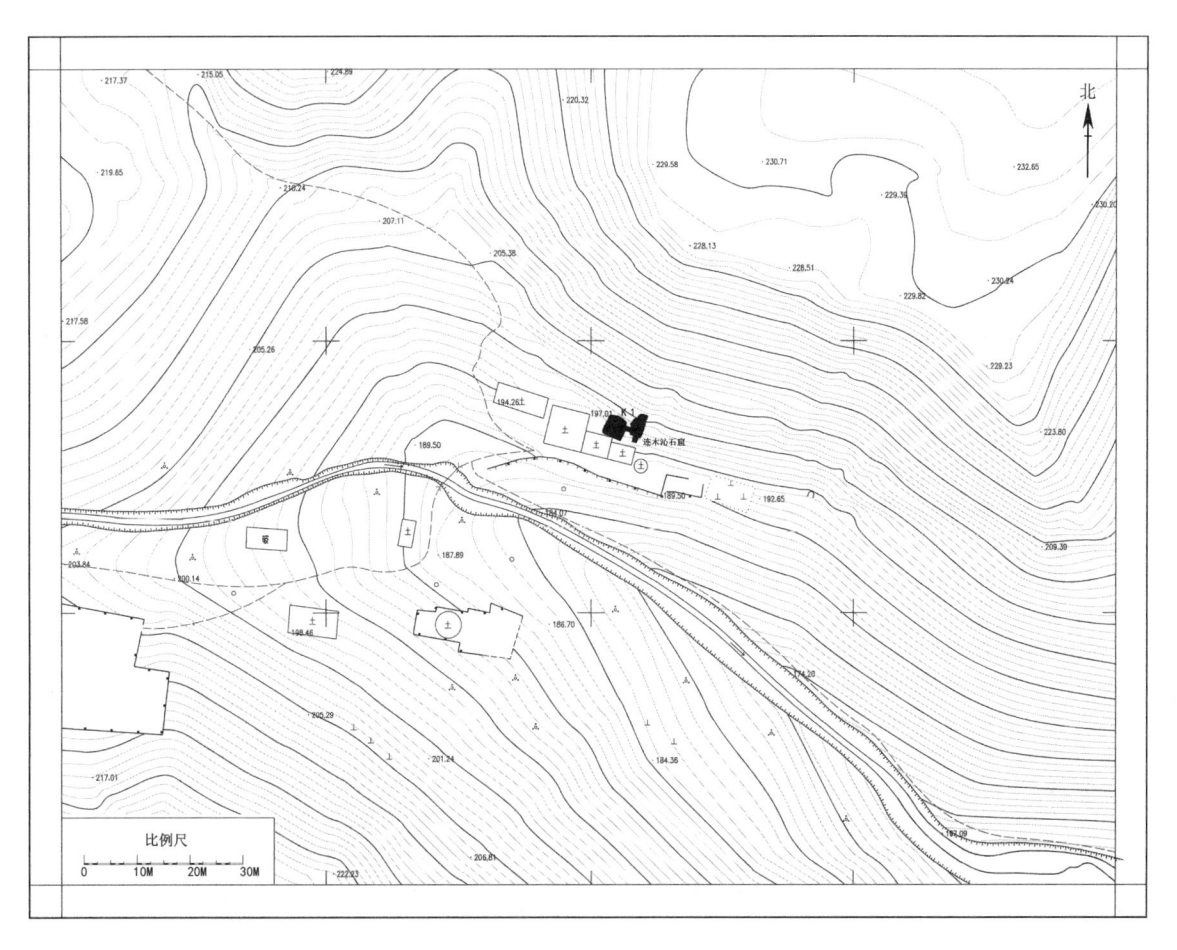

图12-1　连木沁石窟分布图

图12-2　连木沁石窟立面图

连木沁石窟位于吐鲁番市鄯善县连木沁镇连木沁巴扎村色尔甫克沟北面缓坡上。

石窟被散布的墓葬与现代民房所包围，有不少洞窟被改建或毁损，无法判断原来的形制与年代。第三次全国文物普查中提及仅见1个洞窟，分布在沟北民房北边，被利用作为民房后室。

第1窟

位置

位于山体北侧，门朝南。方向215°。

形制

形制不明。分上下两层，西侧有一侧室。**上层窟室**进深2.9、宽1.7米，左壁有宽0.2米的墙体、右壁有宽0.4米的墙体。正壁长1.75米，有一龛，位于距地面0.3、左壁0.9米处，宽0.6、进深1.4—1.7、高0.75米。**下层窟室**门宽0.87、高1.48、门道厚1.28米，门距左壁0.4、距右壁0.75米。窟室进深2.9、宽2.45米。**正壁**长2米，有一龛宽1.7、进深0.95、高2米。**左壁**长3.35米。**右壁**长3.15米。**西侧室**的通道口位于下层洞窟右壁距前壁0.33米处，窟室进深4.7、宽3、高2.05米。窟口宽0.66—0.96、高1.47、门道厚1.15米（图12-3）。

内容与现状

洞窟现为一间现代民房的后室，窟内已被熏黑。窟顶采用圆木做梁，用枝条加泥土覆盖，墙体抹泥皮。洞窟上层北墙可见壁龛，斜向东伸入；上层南墙处有用于采光的不规则开口；下层西墙南侧可见侧窟，平顶，系利用坍塌下来大块崖体开凿底部且下挖形成一现居民房，空间较主室大，内有生活物品，南墙顶有不规则采光口。应为近期仍在使用的民房。

第十二章 连木沁石窟

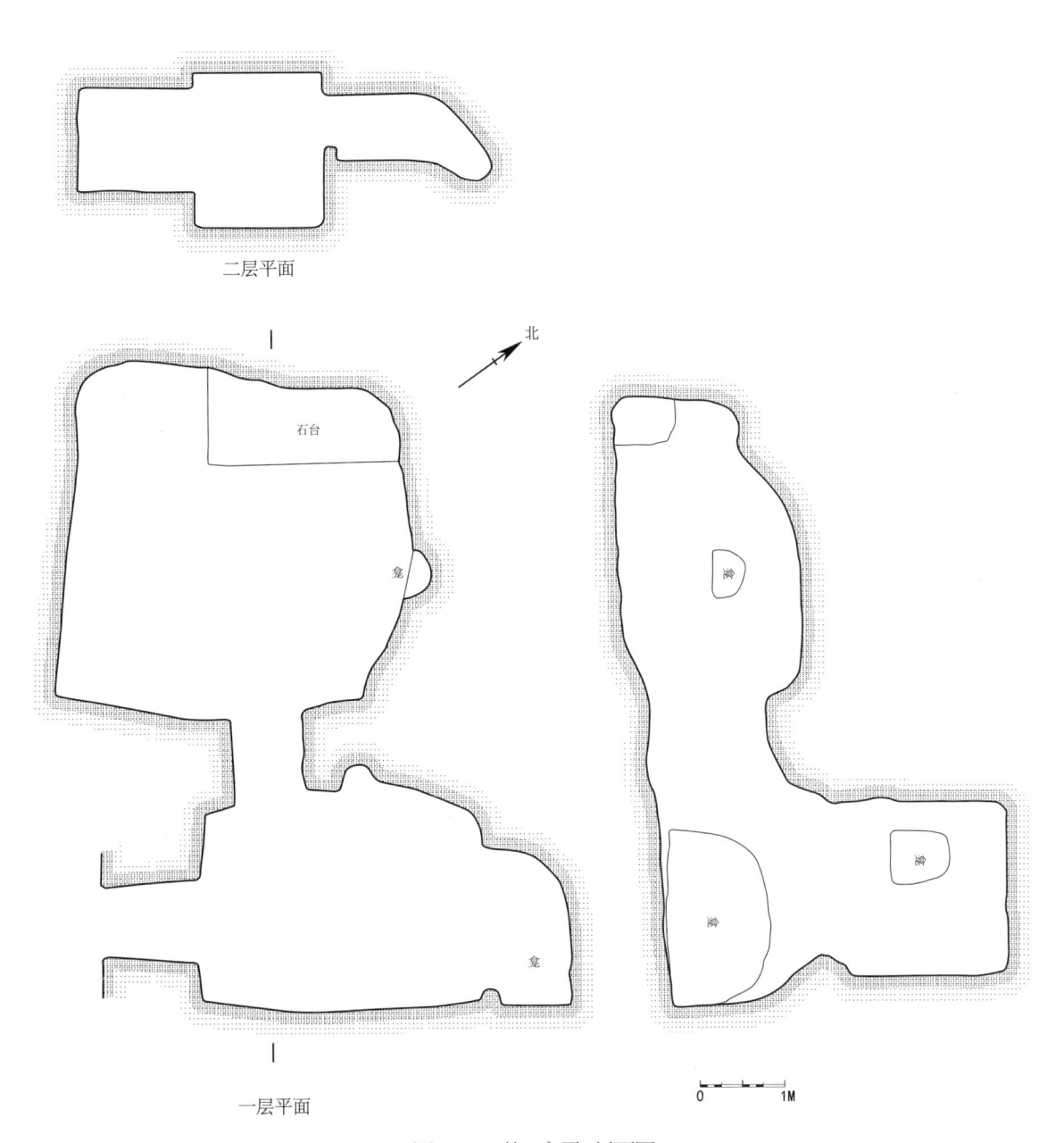

图12-3 第1窟平、剖面图

图　　版

图版一　胜金口石窟10号寺院遗址外景

图版二　胜金口石窟10号寺院第5窟左侧壁

图版三　胜金口石窟10号寺院第6窟主室左壁　经变画

图版四　胜金口石窟9号寺院

图版五 胜金口石窟6号寺院（窟）顶部

图版六 胜金口石窟5号寺院航拍

图版七 胜金口石窟1号寺院航拍

图版八　伯西哈石窟航拍

图版九 伯西哈石窟第4窟右侧壁 药师经变

图版十　伯西哈石窟第2窟主室顶部　逾城出家及图案

图版十一　伯西哈石窟第3窟主室顶部　月天

图版十二　七康湖石窟航拍

图版十三　七康湖石窟第4窟后甬道内侧

图版十四　七康湖石窟第4窟后甬道

图版十五　七康湖石窟第13号窟后甬道内侧

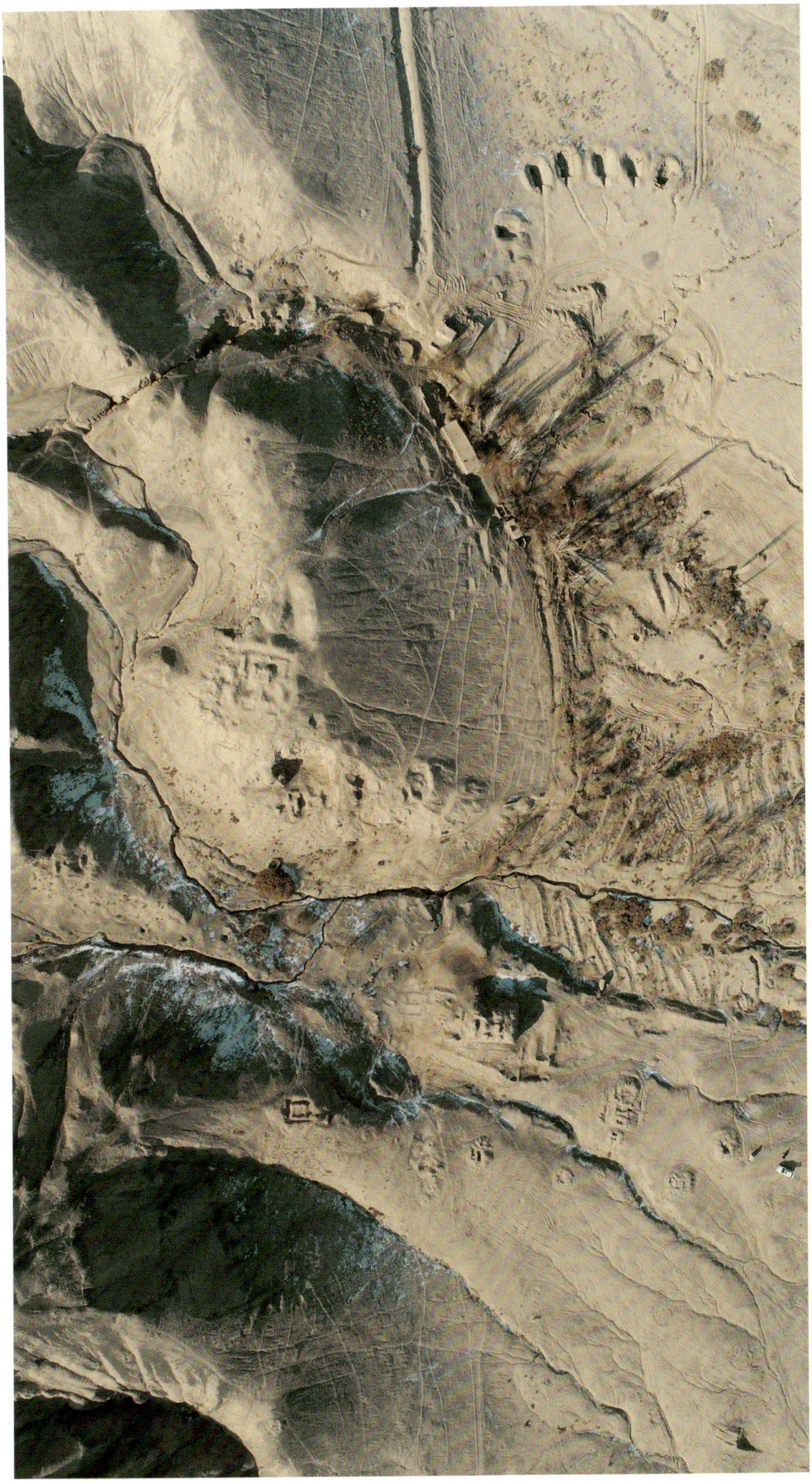

图版

图版十六　乌江布拉克石窟航拍

· 263 ·

图版十七　雅尔湖石窟沟西区

图 版

图版十八 雅尔湖石窟沟北区

图版十九 雅尔湖石窟沟西区第4窟主室全景

图版二十 雅尔湖石窟沟西区第7窟主室券顶 净土化生

图版二十一　雅尔湖石窟沟西区第4窟后室左壁　天像部

图版二十二　雅尔湖石窟沟西区第7窟券顶　净土图（局部）

图版二十三　亚尔乡石窟航拍

图版二十四　亚尔乡石窟第3窟中心殿堂的穹隆顶部　莲花及千佛

图版二十五　亚尔乡石窟第3窟中心殿堂北壁　毗沙门天王

图版二十六 大桃儿沟石窟全景图

图版二十七　大桃儿沟石窟纳卡波笛大师（原为第9窟壁画，现藏德国柏林亚洲艺术博物馆）

图版二十八　大桃儿沟石窟　2号佛塔

图版二十九　大桃儿沟石窟第10窟主室右壁　观无量寿经变

图版三十　小桃儿沟石窟全景图

图版三十一 小桃儿沟石窟第5窟券顶 千佛

图版三十二 小桃儿沟石窟第6窟主室正壁 塔和比丘

图版三十三　小桃儿沟石窟第5窟正壁

图版三十四　小桃儿沟石窟第5窟主室正壁上层及顶部　佛背光及千佛

图版三十五　葡萄沟石窟Ⅲ区外景

图版三十六　葡萄沟石窟Ⅲ区第15窟　回鹘文残片

图版三十七　矿得古力石窟全景图

图版三十八 苏贝希石窟全景图

图书在版编目（CIP）数据

吐鲁番中小型石窟内容总录/吐鲁番学研究院编
.—上海：上海古籍出版社，2022.11
ISBN 978-7-5732-0488-2

Ⅰ.①吐… Ⅱ.①吐… Ⅲ.①石窟-介绍-吐鲁番地区 Ⅳ.①K879.29

中国版本图书馆CIP数据核字（2022）第201264号

吐鲁番中小型石窟内容总录

吐鲁番学研究院　编
陈爱峰　主编
上海古籍出版社出版发行
（上海市闵行区号景路159弄1-5号A座5F　邮政编码201101）
（1）网址：www.guji.com.cn
（2）E-mail：guji1@guji.com.cn
（3）易文网网址：www.ewen.co
苏州市越洋印刷有限公司印刷
开本889×1194　1/16　印张15.75　插页20　字数352,000
2022年11月第1版　2022年11月第1次印刷
ISBN 978-7-5732-0488-2
K·3282　定价：98.00元
如有质量问题，请与承印公司联系